国家出版基金项目
NATIONAL PUBLICATION FOUNDATION

中国共产党治国理政丛书

主编 武国友

中国共产党领导的

经济建设

(1949—1978)

苏少之 于东阳 著

海峡出版发行集团 THE STRAITS PUBLISHING & DISTRIBUTING GROUP | 福建人民出版社 FUJIAN PEOPLE'S PUBLISHING HOUSE

图书在版编目（CIP）数据

中国共产党领导的经济建设 ：1949—1978 / 苏少之，于东阳著. -- 福州 ：福建人民出版社，2024. 10.（中国共产党治国理政丛书）. -- ISBN 978-7-211-09423-3

Ⅰ. F124

中国国家版本馆 CIP 数据核字第 2024KY4475 号

中国共产党领导的经济建设（1949—1978）

ZHONGGUOGONGCHANDANG LINGDAO DE JINGJI JIANSHE

著　　者：苏少之　于东阳

责任编辑：陈斯敏

美术编辑：陈培亮

责任校对：陈　璟

出版发行：福建人民出版社　　**电　　话：**0591-87533169(发行部)

网　　址：http://www.fjpph.com　　**电子邮箱：**fjpph7211@126.com

地　　址：福州市东水路 76 号　　**邮政编码：**350001

经　　销：福建新华发行（集团）有限责任公司

印　　刷：福建新华联合印务集团有限公司

地　　址：福州市晋安区福兴大道 42 号　　**电　　话：**0591-88208420

开　　本：787 毫米×1092 毫米　1/16

印　　张：19.5

字　　数：294 千字

版　　次：2024 年 10 月第 1 版

印　　次：2024 年 10 月第 1 次印刷

书　　号：ISBN 978-7-211-09423-3

定　　价：78.00 元

本书如有印装质量问题，影响阅读，请与发行部联系调换。

《中国共产党治国理政丛书》编委会

总　序

中国40多年的改革开放取得了举世瞩目的成就，整个国家和社会发生了翻天覆地的变化。在这个时候，世界上关心中国改革发展的政治家、经济学家，又会再次思考这个曾使他们深感困惑的问题：中国的改革为什么会如此成功？中国经济社会的持续发展与改革开放前29年的建设探索究竟有着怎样的深层联系？

基于此，我们把改革开放前29年的历史经验，分别从经济、政治、文化、社会、国防和军队建设、党的建设几个方面加以总结，编纂成《中国共产党治国理政丛书》，共6种，以献给这一伟大事业的创业者和建设者，献给行将参加到这一事业中来的新的建设者，献给世界上一切关心中国发展的朋友们。

在中华民族的文明史上，中华人民共和国的历史是最辉煌的篇章之一。在社会主义革命和建设时期，尽管经历了一些曲折、失误，但各项事业都取得了前所未有的成就。前29年的探索、实践向世人宣告，有着古老文明的中华民族，在中国共产党的领导下，依靠社会主义制度，完全有能力在比较短的时间内，以较快的发展速度，迎头赶上发达国家，跻身于世界先进民族之林。

中国共产党领导的社会主义革命和建设的历史，是一部艰难的社会主义创业史。其原因，一是由于旧中国各方面的基础太差，社会主义建设的起点太低；二是没有在经济基础极其薄弱的条件下建设社会主义的经验；三是受到国际上严峻的冷战环境的制约。怎样把一个贫穷落后的半殖民地半封建的旧中国改造和建设成为一个富强先进的社会主义新中国，不仅在中国的历史上前无古人，而且在世界范围内也缺乏先例。中国虽然可以参考和借鉴别国的一些经验，但从根本上来说只有依靠自身的力量，独立地认识和把握特殊的国情，勇往直前地、创造性地实践，以严格的科学精神，探寻出一条中国自己的建设社会主义的道路。在战争年代，中国共产党把马克思主义基本原理和中国革命实际相结合，形成了适合中国国情的新民主主义革命道路。新中国成立以来的历史实践同样表明，能否把马克思主义普遍真理和中国建设实际相结合，是我国社会主义事业成败的关键。

我们这套丛书，将中国人民为建设新中国付出巨大努力，备尝创业艰辛和失误痛苦的建设史，如实地呈现于世人，以此烘托党的十一届三中全会以后，中国共产党总结前 29 年正反两方面的历史经验，在探索建设中国特色社会主义的道路上，进行了一系列具有重大创新意义的改革，取得了重大的成就。对此，邓小平指出："把马克思主义的普遍真理同我国的具体实际结合起来，走自己的道路，建设有中国特色的社会主义，这就是我们总结长期历史经验得出的基本结论。"

不断深入地总结以往的经验教训，在中国共产党的领导下，全国各族人民扎扎实实地艰苦奋斗，就一定能把中国建设成为富强民主文明和谐美丽的社会主义现代化强国。作为党史、国史、军史的研究工作者，我们有责任把中国走过的道路和取得的经验认真地、系统地总结出来，与人民共享，与世界共享。中国人民必能从中吸取到道路自信、理论自信、制度自信、文化自信的可贵教益，国外一切关心中国的人们也能够由此增进对中国特色社会主义的了解。这就是我们编撰出版这套丛书的目的。

《中国共产党治国理政丛书》遵循实事求是的科学精神，以可靠翔实的资料，如实地反映改革开放前 29 年社会主义建设的历史，力求为后代留下一部可资鉴戒的信史。我们深信，只要把前 29 年社会主义建设的成功和挫折，运用马克思列宁主义、毛泽东思想、邓小平理论、“三个代表”重要思想、科学发展观、习近平新时代中国特色社会主义思想一一加以科学的总结，就会使之成为传诸后世的信念支撑和智力支撑。

历史经验的可贵，在于提供给人们继续前进的力量，在于给人们研究和解决新问题以智慧和启示。而今，为了实现中华民族伟大复兴的中国梦，必须不断提高改革的科学性和预见性，努力驾驭时局，推动国家社会不断走向发展进步。在全面深化改革的新的历史条件下面临的重大新课题，虽然不可能从既往的历史经验中找到现成的答案，但是仍有助于我们在正确总结社会主义革命和建设的历史经验的基础上，把握其中规律性的认识，去迎接我们全面建成社会主义现代化强国、实现中华民族伟大复兴的中国梦的崇高使命。

丛书编委会

目　录

第一章
中国共产党建设新中国的经济方略

一、新中国成立的经济起点

新中国的经济建设，是从旧中国的废墟上开始起步的。生产力的发展是有继承性的。要了解新中国经济工作的起点与经济发展的特点，必须深刻认识对经济发展起长期或中长期作用的经济发展环境和旧中国生产力的状况，以及半殖民地半封建社会的基本特点。

（一）资源和人口

中国拥有广阔的疆域、优越的自然条件和丰富的自然资源，为国民经济的发展提供了良好的条件。温带和亚热带占国土面积绝大部分，光热比较充分，适合于多种农作物生长。水土资源比较丰富，但人均资源少。1949 年人均耕地面积为 2.7 亩，不到世界人均占有量（5.5 亩）的一半。水土资源分布不均。东南部湿润、半湿润地区，占全国土地面积的 48%，降水量占全国的 80%以上，河川径流量占 90%以上。西北部地区水资源贫乏，矿产资源种类多、储量丰富、分布地区广阔，生物资源极其丰富。世界上仅美国、俄罗斯等极少数国家具有这样好的条件。

辽阔的领土和丰富的资源，是中国经济发展的有利条件。但在新中国成立前，并没有很好地加以利用。一是矿产资源遭到帝国主义掠夺性开发的破坏；二是农业生态受到破坏，主要河流中的泥沙比重增加，水旱频繁，部分土地沙化、碱化、退化。

自有人口统计以来，中国人口数量一直为世界各国之冠。1949 年，中国人口已达 5.4 亿人，占世界人口的 25%。人口众多是中国国情的特点之一。

人口在地区间和城乡之间分布很不均匀。如果从黑龙江省的爱辉画一条线到山西的大同、陕西的延安、四川的松潘高原边缘、西藏的康定及云南的腾冲，将全国分为东南和西北两部分，则占全国面积 40%的东南部地区，人口占全国总数的 96%，人口密度每平方千米近 200 人。1949 年城镇人口占全国人口的 10.6%。城市主要集中于东半部，特别是东南沿海。人口城乡分布状况反映中国是一个以农业为主的国家。

人口素质比较差，对于经济发展来说是一个重要问题。广大人民体质弱，疾病多。在旧中国，全国人均寿命 35 岁，20%～40%的婴儿活不到周岁就夭折。文化水平低。新中国成立前教育发展非常落后，各类各级学校学生总数仅占人口的 5.6%，全国人口中 80%以上是文盲。

中国是由 56 个民族组成的统一的多民族国家。在全国人口中，少数民族占 6%以上。新中国成立后，实行民族自治的地方占国土 60%以上。由于多方面的原因，特别是历代统治阶级推行错误的民族政策，新中国成立前，少数民族地区人口稀少，经济发展落后，部分少数民族尚处在社会发展的低级阶段。

新中国成立前，在城市存在大批失业人口，在农村，存在大量过剩人口。这种状况是帝国主义、封建主义、官僚资本主义残酷剥削的产物。

（二）旧中国经济形态的主要特点

在旧中国，存在过殖民地、半殖民地半封建和新民主主义三种性质的经济形态。其中，半殖民地半封建社会经济形态贯穿近代经济史的全部过程，并占大部分地区，始终是基本形态。深刻剖析半殖民地半封建经济，对于认识国情有着重要的意义。

1. 社会生产力落后。

从全国范围看，生产力结构呈现多层次状况。在不同地区，并存着从原始生产工具到近代机器的各个层次的生产工具与生产技术。在同一地区、同一城市、同一行业内部也是如此。在生产力多层次结构中，占比重最大的一层是手工劳动，在工农业总产值中，手工劳动产值所占比重，1936 年是 89.2%，1949 年是 76.8%。古老的、中世纪的生产力在中国占统治地位。

在国民经济中，近代工业占的比重很小，主要是轻工业，重工业占的比重很小。工业总产值和近代工业产值在工农业总产值中所占比重，1936 年分别为 34%和 10.8%，1949 年分别为 30.1%和 23.2%。工业总产值中，轻工业和重工业所占比重，1936 年分别为 77%和 23%，1949 年为 71.2%和 28.8%。

重工业的生产设备和技术落后，大多数是外国资本在中国设立的修理厂，以及为其提供原料和半成品的矿山和工厂。这种状况的重工业，无力为轻工业、农业及自身提供近代化设备，不能成为工业独立发展的基础。工业生产能力低，如电、钢、煤、棉布等主要工业品的人均占有量大大低于经济发达国家，甚至低于长期是殖民地的印度。农业生产经营是以个体手工劳动为特征，以家庭经营为形式，劳动生产率低。农业生产水平低的另一个主要表现是，1949 年，平均每亩粮食产量 137 斤，棉花产量 21 斤。全国人均占有粮食 417 斤，棉花 1.6 斤，油料 9.5 斤。全国人口的 80%以上从事农业生产，还要进口粮食和棉花。

概括地说，以手工劳动为特征，以家庭经营为形式的个体经济，是旧中国基本的生产形式。这主要是指农业经济。这种经济形势内部结构很严密，与外部联系很少，具有自我供给的封闭特点。它是社会生产力落后的产物与表现。不改变这种形式，中国社会生产力和商品经济难以得到较大的发展。旧中国的经济是一种半自然经济。

中国的经济本已十分落后，再加上 1936 年以后十二年的战争动乱，工农业生产受到严重破坏。1949 年与 1936 年前相比，工业总产值大约下降 50%，其中，重工业产值大约下降 70%，轻工业产值大约下降 30%；粮食产量下降 22.1%，棉花产量下降 48%。这使新中国成立时面临着严重的经济困难。

2. 多层次的复杂的所有制结构。

1927 年后，半殖民地半封建经济形态包含七种所有制：(1) 原始共产所有制；(2) 奴隶所有制；(3) 封建主义所有制，其中包括领主所有制和地主所有制；(4) 私人资本主义所有制；(5) 国家垄断资本主义所有制；(6) 帝国主义所有制；(7) 劳动者个体所有制，或称小资产阶级所有制。这七种所有制，前两种只存在于人口极少的几个少数民族地区；后五种存在于广大地区，在整个国民经济中影响大，也是中国民主革命和社会主义革命要着重解决的对象。

1840 年鸦片战争以后，由于外国资本主义侵入，商品经济和资本主义经济的发展，中国原有的封建经济结构发生重大变化。到新中国成立前夕，从整个国民经济结构看，已不是完整的封建经济了。以封建土地所有制为基础的生产关系，在农村中仍占统治地位，但其总趋势是走向瓦解。对国民经济起决定性影响的部门，为帝国主义和官僚主义所有制经济。封建主义所有制已逐渐失去在国民经济中的主导地位，变成帝国主义和官僚资本主义剥削农民的基础。封建主义所有制是一种过时的、严重阻碍生产力发展的所有制。

帝国主义所有制，即在中国的外国资本家所有制。鸦片战争后，帝国主义依据在不平等条约中取得的多种特权，在中国建工厂、开矿山、设银行、办商店、修铁路，强占或购买地产，渗入经济的各个部门，在中国国民经济中形成了一种经济成分，或直接或间接控制中国的财政经济命脉。在中国的外国资本，属于帝国主义国家的占绝大多数。在相当长的一段时间里，英国在华资本最多，后来日本占主导地位。抗日战争胜利后，美国在华投资获得空前优势。在华的帝国主义所有制，掠夺中国财富，剥削中国人民，压制中国资本主义的发展，是阻碍中国生产力与民族经济发展的生产关系。

国家垄断资本主义所有制，通俗称谓是“官僚资本主义”，或简称“官僚资本”。1927 年国民党政府建立后，凭借政权的力量，通过横征暴敛，逐步建立起一个国家资本主义经济体系，垄断着国家的经济命脉。抗日战争胜利后，国民党政府接收了敌伪产业，官僚资本的实力迅速膨胀。国家垄断资本主义是国民党政府的经济基础，它不但压迫工人农民，而且压迫城市小资产阶级，损害中等资产阶级。

帝国主义、封建主义和国家垄断资本主义，是压在中国人民头上的三座大山，严重阻碍了中国社会生产力的发展，是新民主主义革命的对象。

私人资本主义所有制，或称为“民族资本主义”，具有两重性。一方面，它以新的生产力为物质基础，是封建经济的对立面，是抵抗帝国主义经济侵略、反对官僚资本垄断行为的力量，是中国近代社会新生的生产关系。另一方面，它和帝国主义、封建主义、官僚资本主义在剥削劳动者方面有利益一致的地方，在经济上发生千丝万缕的联系。一部百余年的中国近代经济发展的历史事实说明，在中国，资本主义的经济必然有所发展，又必然不能得到充分发展，不能发展到在国民经济中占主要地位。许多人想在中国建立资本主义社会，都没有成功。在近代中国，资本主义道路没有走通。

劳动者个体所有制，包括生产领域的小生产者和流通领域中的小商小贩。在近代，这种经济发生了重要变化。个体农民经济的家庭农业和家庭手工业逐步分离，产品中进入市场的部分日益增多，朝着从自给自足的生产到为市场生产的方向转变；农民经济从原来完全依附于封建经济，变为部分依附于封建经济，部分依附于资本主义经济，并受国际市场上垄断资本主义的支配。城镇中个体手工业者的产品，大部分受到机器工业生产的产品排挤，小部分得到保留或发展。小生产者在竞争中加速分化，小商小贩大量增加，其中也有少数成了工商资本家。

3. 对帝国主义经济及其控制的世界市场的依附性。

从鸦片战争开始，帝国主义依靠武力，迫使中国对他们的商品和资本实行开放。他们凭借其获得的政治经济特权，在中国倾销商品，设立企业，掠夺原料，并逐步控制中国的经济命脉。在这种历史条件下，中国从自然经济逐步转向商品经济，中国市场变为世界市场的一部分的过程，必然是中国经济对帝国主义经济及其市场依附性逐步加深的过程。

依附性逐步加深首先表现在市场上。中国市场变成世界市场的一部分，与世界市场发生关系的许多农民、手工业者，其命运逐渐操纵在外国垄断资本手里。在工业方面，依附关系表现在机器、设备、技术上依赖外国，部分原料要从外国进口，一些企业依靠外资银行调剂资金；在工业结构与部门方面，那些为帝国主义在中国进行侵略与掠夺活动服务的行业先行得到发展；在地区分布上，中国工业主要集中于上海、天津等口岸城市，依靠于外国投资兴建的社会公共设施，便于融通资本，获取原料和设备。在金融业方面，汇率由外国金融资本操纵；国民党统治时期的法币采用汇兑本位制，这是货币依附性的典型表现。

中国经济上的不独立，首先是由于政治上的不独立。没有政治上的独立，不可能有独立的民族经济。

4. 国民经济发展的极端不平衡性。

鸦片战争前，中国经济发展就存在不平衡。鸦片战争后，经济发展不平衡加剧，带有浓厚的半殖民地的性质，这种不平衡性主要表现在以下三个方面。

第一，地区之间发展不平衡。外国的侵略活动，大多是从沿海向内地推进的。这就造成沿海地区半殖民地经济特征的演进程度，商品经济、资本主义、近代工业交通的发展程度，都高于内地。全民族抗日战争前，沿海一带占国土面积12%，拥有全国工业净产值的70%。内地的工业主要集中于长江沿岸的武汉、重庆等大城市。全民族抗日战争期间，大后方工业有所发展。日本占领东北后，为了掠夺资源和建立扩大侵略战争基地，在东北建立了一些为军事服务的重工业。

第二，部门之间和部门内部发展不平衡。资本主义关系在近代工业与交通运输业中有所发展，使用的机器日益增多。农业中的生产力与生产关系的性质变化不大。在工业内部，生产生产资料的工业特别薄弱。在农业内部，经济作物有所发展，粮食产量没有多少增加。

第三，城乡之间经济发展不平衡。少数城市得到畸形发展，人口大增，近代工厂、交通设施、大中小学相继出现，商店林立，银行众多，而农村经济陷入慢性危机之中。城乡之间不平衡是帝国主义、官僚资本主义对广大农民掠夺、盘剥的结果，少数大城市畸形发展，是以广大农村衰败为代价的。

5. 经济形态的过渡性。

半殖民地半封建经济是人类历史上一种特殊的、过渡性的经济形态。其过渡性表现在它的历史地位和经济结构不稳定性两个方面。

在帝国主义时代，存在着宗主国、依附国和既非宗主国也非依附国的独立国家。在依附国中有三种状况或三种类型：第一种是被战败且订有不平等条约、但政治上保持独立的一般依附国；第二种是丧失政治独立的殖民地；第三种是处于前二者之间的状况，即从前者向后者过渡的半殖民地国家。“半殖民地”是指一个国家在世界政治经济体系中所处的地位，即一个国家和其他国家关系的状况。“半封建”则是指一个国家内部的经济、政治结构的状况，即原有的封建经济处于瓦解过程中，从中产生了资本主义经济，封建经济已不完整，但仍占统治地位。“半殖民地”和“半封建”这两个概念，从不同的方面反映社会经济的过渡性质。

半殖民地半封建经济结构不稳定性的根源，在于没有相应的生产方式，没有一种独立的半殖民地半封建生产方式。半殖民地半封建经济形态是由多种生产方式构成的。各种生产方式的相互关系在不断变化，所以不可能是稳定的。只有过渡到以一种与本身性质相同的、独立的生产方式为基础的经济形态，才可能相对稳定。

从世界范围看，半殖民地半封建社会发展前途有三种可能性：一是沦为殖民地社会，二是过渡到资本主义社会，三是经过新民主主义社会过渡到社会主义社会。在中国，围绕着社会发展前途曾展开长期的激烈的斗争。1927 年，国民党右派叛变革命，建立南京国民党政府，资产阶级曾把在中国构建强大的资本主义经济的希望寄托在他们身上。以后几十年的历史证明，在中国，想走独立发展资本主义道路是不可能成功的，其结果，只能仍然是一个半殖民地半封建社会。也是在 1927 年，中国共产党以马克思主义为指导，实践着由新民主主义革命到社会主义革命的道路，在它领导的工农武装割据地区内，创建了新民主主义经济形态。日本继占领台湾、东北之后，于 1937 年发动全面侵华战争，企图把中国变成它的殖民地，中国将走哪一条道路，取决于哪一种经济形态有利于社会生产力的发展和大多数中国人的利益。1945 年，中国人民抗日战争取得胜利，除香港、澳门两个地区外，各种类型的殖民地经济形态都被消灭了。1946 年至 1949 年，国民党政府统治下的半殖民地半封建经济形态的地区，工农业生产萎缩，通货恶性膨胀，物价飞涨，投机盛行，市场混乱，财政入不敷出，无以为继，国民经济不能正常运行；国民党政府无法维持统治；人民痛苦不堪，不能照旧生活下去，国民党的统治已失尽了人心，政治、军事、经济走向全面崩溃。半殖民地半封建经济形态的末日到来了。饱受磨难的中国人民，通过切身的体验，在中国共产党的领导下，选择了从新民主主义到社会主义的光明大道，这是中国发展社会经济的最佳道路。

二、中国共产党对新民主主义经济理论的探索

在近代，中国社会经济性质是半殖民地半封建经济形态，前资本主义的经济关系在数量上仍占很大比重，生产力落后，商品经济不发达，资本主义没有得到充分发展。在这样一个落后的东方大国，无产阶级及其政党——共产党如何领导人民群众开展革命斗争，走适合本国国情的道路，并最终实现社会主义，这在共产主义运动史上还是一个崭新的课题。

在中国共产党成立之初，来不及对中国近代社会的性质和革命的性质进行深入的分析。1921 年党的一大提出的纲领是推翻资本家政权，建立无产阶级专政，消灭私有制。会后，把主要精力用于开展工人运动。在列宁民族和殖民地理论的指导下，1922 年 7 月党的二大对中国近代社会的半殖民性、半封建性进行了初步的分析，提出了打倒封建军阀、推翻帝国主义的压迫的民主革命性质的最低纲领，开始确立了革命分两步走的思想。但这还只是认识的初步提高，还没有形成系统的理论，没有

真正实现政策和方针的转变。只是在领导工人运动成功和失败的经验教训中，特别是经过1923年二七惨案，中国共产党深切认识到，没有广泛的同盟者，不可能战胜强大的敌人。1923年6月党的三大后，中国共产党与孙中山为代表的资产阶级民主派结成了统一战线，并在农村开展农民运动。在大革命的危急关头，1927年党的五大通过了《土地问题的决议案》，但已没有机会付诸实施了。

大革命的失败，使中国共产党人更加深刻认识到与农民结成巩固同盟的重要性。他们通过开展独立领导的武装斗争，建立农村根据地，实行土地革命，组织动员农民参加革命战争。在革命根据地内，工农民主政权建立公营经济，允许工商业者的存在，实行农民土地所有制，兴办各种形式的合作社，产生了新民主主义经济形态的雏形。1928年党的六大肯定了中国革命的资产阶级民主主义的性质，在其政策分析中，已经出现了新民主主义经济的理论形态。但是，这些认识还没有形成完整的体系，认识还不巩固，在政策上还经常发生动摇。例如，夸大中国近代资本主义的发展程度，强调在革命中反对资产阶级的斗争，“不间断的革命论”“毕其功于一役”等违背国情的理论和思想在中国共产党内部仍有一定的影响，有时占据主导地位。在根据地内，对工商业的政策也摇摆不定，经常发生破坏工商业的行为。这对革命斗争，对根据地的建设都造成了恶劣的影响。

在第二次国内革命战争期间，中国共产党创建了全国最大的一块革命根据地——中央苏区即中央革命根据地，位于江西南部、福建西部。中央苏区的建立实现了中国共产党的局部执政，是中国共产党领导经济建设的系统性初步尝试。1931年11月，中华苏维埃第一次全国代表大会通过《中华苏维埃共和国宪法大纲》，提出了全部政权属于工人农民红军士兵及一切劳苦民众。1933年1月，毛泽东在《我们的经济政策》中提出，要“进行一切可能的和必需的经济方面的建设，集中经济力量供给战争”。中央苏区的经济发展首先从农业生产开始，同时发展小型手工业和工业，并且开办了苏维埃共和国国家银行。以中央苏区为生长的土壤，寻求经济发展的办法，充分发挥经济建设对“创造历史”的决定性作用，是中国共产党较系统全面地进行经济建设的一次伟大实践。

抗日战争时期，民族矛盾上升为社会主要矛盾，这一时期党将民族利益置于首位，经济工作以抗战为中心。为了团结贫苦农民为首的进步势力与广大群众，维护共同抗日的阶级条件与共同局面，中国共产党重新审视农村经济发展的实际，遵循实事求是的原则，统筹兼顾各阶级的矛盾关系与利益，领导根据地军民共同开展经济建设工作，制定了一系列政策。党停止实行没收地主土地的政策，普遍实行减租减息政策，在不改变地主阶级土地所有制的前提下，通过调整产品分配关系来解决农民土地问题，在激发农民生产与抗日积极性的同时，照顾了地主及其他社会阶层的利益，达到了依靠农民、团结社会各阶层共同抗日的政策目的。

抗日战争进入相持阶段后，由于战争对国力民力的不断消耗、日军与国民党势力明干暗扰，抗日根据地面临着日益严峻的经济形势。1939年6月，延安高级干部会议召开，毛泽东号召：用“自己动手”的方法解决吃饭、穿衣等问题，克服经济困难，一切为了抗日战争。各根据地迅速展开大生产运动，这是党在抗日战争时期克服困难、发展经济、保障供给的重要举措。在大生产运动期间，在生产形式上，实行了以农业为主，农业、畜牧业、工业、手工业、运输业和商业全面发展的方针；在公私关系和军民关系上，实行“公私兼顾”“军民兼顾”的方针；在上下关系上，实行统一领导、分散经营的方针；在生产和消费的关系上，实行努力生产、厉行节约的方针；在组织经济中，实行合作互助、开展生产竞赛、奖励劳动英雄的方针。这些措施有力解决了根据地物资短缺问题，人民负担大大减轻，军民生活明显改善，为抗战胜利提供有力保障。在此期间，以毛泽东为代表的中国共产党领导人抓紧取得相对稳定环境的有利时机，为解决中国革命的根本问题进行理论研究。毛泽东在总结建党以来的经验教训的基础上，写出了《中国革命和中国共产党》《新民主主义论》等一批代表作，对近代中国社会的性质，主要矛盾，革命的性质、领导、同盟者、对象、前途，两个革命阶段的区别与联系等一系列问题进行了系统的阐述，提出了新民主主义革命，新民主主义社会，新民主主义的政治、经济、文化等全新的范畴，奠定了新民主主义理论体系的基础。在抗日战争胜利前夕召开的党的七大上，毛泽东对于中国革命胜利后，资本主义经济作为一种经济成分仍需有一个较大发展的问题作了深入的论述。

在解放战争时期，中国共产党在战略大反攻以前整体上沿用抗战期间的经济方针。战略大反攻后，1946 年的《五四指示》指出，土地政策应转变为“没收地主土地分给农民”。各解放区乘势而上开展土地革命，在中国历经千年之久的封建土地制度逐渐消失。同时，制定税收政策考虑生产激励，废除累进税制度，在物资紧缺的条件下首先保障农民利益与军事需要。这些政策举措为解放战争取得胜利提供了必要条件。在党的正确领导下，国内大中城市逐步解放，中国共产党的中心任务从夺取战争胜利转向经济建设，经济工作的中心也从以农村农业为主转向农工并重。1947 年，在《目前形势和我们的任务》的报告中，毛泽东对中国的国家垄断资本主义（俗称官僚资本主义）的性质、形态作了科学的分析，提出了新民主主义革命三大经济纲领。一是解决农民土地所有权问题，没收封建阶级的土地归农民所有；二是没收垄断资本归新民主主义的国家所有；三是保护民族工商业。1947 年 9 月颁布的《中国土地法大纲》规定，废除封建剥削土地制度，实现耕者有其田。中国共产党在解放区进行的土地改革运动极大调动了农民革命与生产的积极性，对保证战争胜利起了重要作用。1949 年 3 月，在全国革命胜利前夕召开的党的七届二中全会的政治报告中，提出了新民主主义经济形态的范畴，勾画了新中国经济体制的蓝图，规定了中国共产党工作重心的转移和今后的中心任务、基本经济政策，最终形成了新民主主义的经济理论。

中国共产党创立的新民主主义经济理论认为，中国近代社会经济形态的性质不是资本主义的，而是半殖民地半封建的，社会基本矛盾不是资本主义的私人占有与生产社会化的矛盾，而是封建主义、帝国主义和官僚资本主义这三种所有制阻碍了中国社会经济的发展。中国共产党人最终的奋斗目标是实现社会主义和共产主义，但在半殖民地半封建社会经济条件下领导革命的中国共产党人，所要完成的历史任务，首先是消灭封建主义、帝国主义、官僚资本主义所有制，推翻三座大山，解放生产力，实现工业化和现代化。在消灭官僚资本主义、帝国主义所有制时，也就产生了社会主义的国营经济。由于中国经济的落后性，私人资本主义经济、劳动者个体经济在社会经济生活中还有促进生产力发展的积极作用。因此，中国共产党领导的新民主主义革命胜利在经济上的直接结果，只能是以社会主义国营经济为领导的多种经济成分并存的新民主主义经济形态。在不断增强社会主义国营经济的同时，充分利用各种非社会主义经济成分的积极作用，经过较长时间生产力的发展，建立社会主义必备的物质文化基础，然后转向社会主义。

新民主主义经济理论，与对半殖民地半封建经济的批判、新民主主义革命斗争理论有机地相结合，形成了一个在经济文化落后的国家走向社会主义前途的全新的理论，它是中国共产党人把马克思列宁主义的基本原理与中国实际相结合的伟大创举，为马克思列宁主义的发展作出了巨大的贡献。

党的七届二中全会根据新民主主义经济理论设计的新中国经济体制蓝图，通过1949年9月新中国成立前夕中国人民政治协商会议第一届全体会议制定的《中国人民政治协商会议共同纲领》（以下简称《共同纲领》）具体化为宪法和法律条文，成为新中国政府制定经济方针政策的依据和全国各阶层人民的行为规范。

三、新中国经济体制构思的形成

（一）多种经济成分并存的经济形态

新民主主义经济形态的基本特点是以社会主义国营经济为领导，多种经济成分长期并存。

社会主义国营经济是社会经济中的领导成分。《共同纲领》规定：

“国营经济为社会主义性质的经济。凡属有关国家经济命脉和足以操纵国民生计的事业，均应由国家统一经营。凡属国有的资源和企业，均为全体人民的公共财产，为人民共和国发展生产、繁荣经济的主要物质基础和整个社会经济的领导力量。”①

国营经济是社会经济中的领导力量，不仅因为它是社会主义性质的，是全体人民的公共财产，公共产品的生产和具有垄断性质的行业应该由它经营，以维护社会和全体人民的整体利益，同时也因为它具有领导社会经济的物质力量。在旧中国，以封建土地所有制为基础的生产关系，虽在农村经济中仍占统治地位，但已失去了在国民经济中的主导地位，私人资本主义在三座大山的束缚下，发展缓慢。对国民经济起决定影响的近代经济部门，为帝国主义和官僚资本主义所有制经营。“中国的现代性工业的产值虽然还只占国民经济总产值的百分之十左右，但是它却极为集中，最大的和最主要的资本是集中在帝国主义者及其走狗中国官僚资产阶级的手里。没收这些资本归无产阶级领导的人民共和国所有，就使人民共和国掌握了国家的经济命脉，使国营经济成为整个国民经济的领导成分。”② 在新中国成立之初的新民主主义经济中，国营经济虽然在整个国民经济中占的比重还不大，但由于它经营着有关国家经济命脉和足以操纵国民生计的事业，在近代化的事业中占主导地位，因此成为决定整个社会经济性质、领导其他经济成分和决定整个社会经济发展方向的经济成分。

私人资本主义经济是新民主主义经济的一个基本的经济成分。“由于中国经济现在还处在落后状态，在革命胜利以后一个相当长的时期内，还需要尽可能地利用城乡私人资本主义的积极性，以利于国民经济的向前发展。在这个时期内，一切不是于国民经济有害而是于国民经济有利的城乡资本主义成分，都应当容许其存在和发展。这不但是不可避免的，

---

① 《中国人民政治协商会议共同纲领》，中共中央文献研究室编《建国以来重要文献选编》第 1 册，中央文献出版社 1992 年版，第 7—8 页。

② 毛泽东：《在中国共产党第七届中央委员会第二次全体会议上的报告》，《毛泽东选集》第 4 卷，人民出版社 1991 年版，第 1431 页。

而且是经济上必要的。”① “凡有利于国计民生的私营经济事业，人民政府应鼓励其经营的积极性，并扶助其发展。”②。

但是中国新民主主义经济中，私人资本主义经济的存在和发展，不是如同资本主义国家那样不受限制的。限制的目的是不能“任其泛滥”，发展成为在国民经济中占统治地位的经济成分，改变社会经济的发展方向和性质。“有利于国计民生”是新民主主义经济中私人资本主义存在和发展的一个根本界限。为了发挥其积极作用，限制其消极作用，私人资本主义经济“将从几个方面被限制——在活动范围方面，在税收政策方面，在市场价格方面，在劳动条件方面。我们要从各方面，按照各地、各业和各个时期的具体情况，对于资本主义采取恰如其分的有伸缩性的限制政策”；“为了整个国民经济的利益，为了工人阶级和劳动人民现在和将来的利益，决不可以对私人资本主义经济限制得太大太死，必须容许它们在人民共和国的经济政策和经济计划的轨道内有存在和发展的余地”。③ 认为不要限制资本主义是完全错误的。但是反过来，如果认为应当对私人资本主义限制得太大太死，或者认为简直可以很快地消灭私人资本，也是完全错误的。

在新民主主义经济中，还存在着为数众多的农民个体经济和手工业个体经济。根据全民族抗日战争前的统计，手工劳动的产值占工农业产值的比重为90%左右，在1949年比重为78.6%。在完成土地改革、废除封建土地所有制后，个体农民就从封建主义的束缚下解放出来，取得了农业和手工业逐步地向着现代化发展的可能性。“但是，在今天，在今后一个相当长的时期内，我们的农业和手工业，就其基本形态来说，还是和还将是分散的和个体的”，这就构成了全国性的新民主主义经济形态建

① 毛泽东：《在中国共产党第七届中央委员会第二次全体会议上的报告》，《毛泽东选集》第4卷，人民出版社1991年版，第1431页。

② 《中国人民政治协商会议共同纲领》，中共中央文献研究室编《建国以来重要文献选编》第1册，中央文献出版社1992年版，第8页。

③ 毛泽东：《在中国共产党第七届中央委员会第二次全体会议上的报告》，《毛泽东选集》第4卷，人民出版社1991年版，第1431—1432页。

立之后中国国情的一个重要特点，“谁要是忽视或轻视了这一点，谁就要犯‘左’倾机会主义的错误”。[①] 这是因为，广大个体经济的存在，与其说是中国经济落后的原因，不如更确切地说是中国经济落后的表现。要改变传统的手工劳动方式和与之相适应的小私有的所有制，前提是大力发展生产力。就当时的生产力状况而言，通过土地改革，使农民个体经济从封建主义的束缚下解放出来，实现了“耕者有其田”，已经是一个重大的历史进步，有利于促进农业生产力的发展，“为发展生产力和国家工业化的必要条件”。因此，“凡已实行土地改革的地区，必须保护农民已得土地的所有权”[②]，鼓励个体农民努力生产，劳动致富，创造农业进一步走向集体化和社会化条件。

“合作社经济为半社会主义性质的经济，为整个人民经济的一个重要组成部分。人民政府应扶助其发展，并给以优待。”[③] “占国民经济总产值百分之九十的分散的个体的农业经济和手工业经济，是可能和必须谨慎地、逐步地而又积极地引导它们向着现代化和集体化的方向发展的，任其自流的观点是错误的。必须组织生产的、消费的和信用的合作社，和中央、省、市、县、区的合作社的领导机关。这种合作社是以私有制为基础的在无产阶级领导的国家政权管理之下的劳动人民群众的集体经济组织。中国人民的文化落后和没有合作社传统，可能使得我们遇到困难；但是可以组织，必须组织，必须推广和发展。单有国营经济而没有合作社经济，我们就不可能领导劳动人民的个体经济逐步地走向集体化，就不可能由新民主主义社会发展到将来的社会主义社会”[④]。

---

① 毛泽东：《在中国共产党第七届中央委员会第二次全体会议上的报告》，《毛泽东选集》第 4 卷，人民出版社 1991 年版，第 1430—1431 页。

② 《中国人民政治协商会议共同纲领》，中共中央文献研究室编《建国以来重要文献选编》第 1 册，中央文献出版社 1992 年版，第 7 页。

③ 《中国人民政治协商会议共同纲领》，中共中央文献研究室编《建国以来重要文献选编》第 1 册，中央文献出版社 1992 年版，第 8 页。

④ 毛泽东：《在中国共产党第七届中央委员会第二次全体会议上的报告》，《毛泽东选集》第 4 卷，人民出版社 1991 年版，第 1432 页。

国家资本与私人资本合作的经济为国家资本主义性质的经济，在必要和可能的条件下，应鼓励私人资本向国家资本主义的方向发展，例如为国家企业加工，或与国家合营，或用租借形式经营国家的企业，开发国家的资源等。

“国营经济是社会主义性质的，合作社经济是半社会主义性质的，加上私人资本主义，加上个体经济，加上国家和私人合作的国家资本主义经济，这些就是人民共和国的几种主要的经济成分，这些就构成新民主主义的经济形态。”①

（二）新中国经济建设的根本方针

《共同纲领》规定：“中华人民共和国经济建设的根本方针，是以公私兼顾、劳资两利、城乡互助、内外交流的政策，达到发展生产、繁荣经济之目的。国家应在经营范围、原料供给、销售市场、劳动条件、技术设备、财政政策、金融政策等方面，调剂国营经济、合作社经济、农民和手工业者的个体经济、私人资本主义经济和国家资本主义经济，使各种社会经济成分在国营经济领导之下，分工合作，各得其所，以促进整个社会经济的发展。”②

“公私兼顾”，就是在新民主主义经济建设中，既要大力发展国营经济，也要给予私人资本主义经济发展的余地。但是，私人资本主义要接受国营经济的领导，在国家根本大法和法律容许的范围内实现自身的利益。

“劳资两利”，主要是指兼顾私人资本主义企业主和私人资本主义企业中的工人的利益。容许资本家获得利润，同时，也要维护工人群众的基本权益。“私人经营的企业，为实现劳资两利的原则，应由工会代表工人职员与资方订立集体合同。公私企业目前一般应实行八小时至十小时工作制，特殊情况得斟酌办理。人民政府应按照各地各业情况规定最低工资。逐步实行劳动保险制度。保护青工女工的特殊利益。实行工矿检

① 毛泽东：《在中国共产党第七届中央委员会第二次全体会议上的报告》，《毛泽东选集》第4卷，人民出版社1991年版，第1433页。

② 《中国人民政治协商会议共同纲领》，中共中央文献研究室编《建国以来重要文献选编》第1册，中央文献出版社1992年版，第7页。

查制度，以改进工矿的安全和卫生设备。”①

“城乡互助”，是指正确处理城市与农村，亦即工业与农业、国家与农民的关系。在工人阶级领导下完成土地改革，使广大农民群众从封建主义的束缚下摆脱出来，这是城乡互助的重要内容和基本前提。在完成土地改革后，国家“以发展农业生产及其副业为中心任务”，开展城乡物资交流，逐步缩小剪刀差，在保护农民土地所有权的前提下，按照自愿互利的原则组织各种形式的劳动互助和生产合作，领导农民群众兴修水利，恢复和发展畜力，增加肥料，改良农具和种子，防治病虫害，通过发展生产提高农民的生活水平，并为工业化创造必要的条件。

“内外交流”，是处理中外经济关系的原则。人民政府愿意“在平等和互利的基础上，与各外国的政府和人民恢复并发展通商贸易关系”，“保护国外华侨的正当权益”②。

新中国经济建设的根本方针，核心内容就是兼顾“四面八方”，调动新的社会中各民主阶级的积极性，发挥中国社会现阶段一切有利于国计民生的经济成分的积极作用，以达到发展生产、繁荣经济的目的。

（三）新民主主义经济的运行机制

新民主主义经济运行的基本特点是市场调节与计划调节同时发生作用。

中央人民政府逐步制定恢复和发展全国公私经济各主要部门的总计划，规定中央和地方在经济建设上分工合作的范围，统一调节中央各经济部门和地方各经济部门的相互关系。中央各经济部门和地方各经济部门在中央人民政府统一领导下各自发挥其创造性和积极性。

同时，实行国民经济的计划性必须严格地限制在可能与必要的限度内，国营经济首先要适应这种组织性与计划性。③

---

① 《中国人民政治协商会议共同纲领》，中共中央文献研究室编《建国以来重要文献选编》第1册，中央文献出版社1992年版，第8页。

② 《中国人民政治协商会议共同纲领》，中共中央文献研究室编《建国以来重要文献选编》第1册，中央文献出版社1992年版，第13页。

③ 薄一波：《若干重大决策与事件的回顾》上卷，中共中央党校出版社1991年版，第23页。

非社会主义经济的运行主要由市场调节，国家通过行政的、法律的、经济的等多种手段对它们的经济活动进行调节。在新中国成立前后的人民政府文件中，并没有明确提出“市场调节”的问题，这是因为当时中国共产党和人民政府的领导人认为，社会主义是计划经济，资本主义是市场经济，新民主主义经济中既然存在资本主义经济成分，在加强经济的计划的同时，市场调节的存在也是不可避免的。例如，党的七届二中全会的政治报告中的“但是中国资本主义的存在和发展，不是如同资本主义国家那样不受限制任其泛滥的”这段文字，是新中国成立后编辑《毛泽东选集》时经过修改后变成这样的，原文是：“中国的自由贸易和自由竞争，不是如同资本主义国家那样不受限制任其泛滥的，也不像苏联东欧国家那样限制得过大过死，而是中国式的。”这段改动说明，当初中国共产党领导人是把资本主义与市场调节直接相联系的，明确既然新民主主义经济形态中容许私人资本主义存在，自由竞争和自由贸易也是容许存在的。在国民经济中要加强计划性，自由贸易和竞争要受到限制，但是又不能限制得太严太死。

社会主义是计划经济，资本主义是市场经济，对国营经济必须实行指令性的计划管理，这些认识还没有突破传统的观点。但由于多种经济成分并存，就形成了计划调节和市场调节相结合的运行机制。

四、中国共产党的工作重心由乡村转移到城市

（一）工作重心的转移和经济发展战略

新中国成立前夕，为了顺应中国将由革命战争时期转变到经济文化建设时期的新的形势，在党的七届二中全会上，中国共产党提出了工作重心转移的任务，明确了新中国成立后工作的中心任务和经济发展的战略目标。

党的七届二中全会的政治报告指出："从现在起，开始了由乡村到城市并由城市领导乡村的时期。党的工作重心由乡村移到了城市。""从我们接管城市的第一天起，我们的眼睛就要向着这个城市的生产事业的恢复和发展。务须避免盲目地乱抓乱碰，把中心任务忘记了，以至于占领一个城市好几个月，生产建设的工作还没有走上轨道，甚至许多工业陷于停顿状态，引起工人失业，工人生活降低，不满意共产党。这种状态是完全不能容许的。""只有将城市的生产恢复起来和发展起来了，将消费的城市变成生产的城市了，人民政权才能巩固起来。城市中的其他工作，例如党的组织工作，政权机关的工作，工会的工作，其他各种民众团体的工作，文化教育方面的工作，肃反工作，通讯社报纸广播电台的工作，都是围绕着生产建设这个中心工作并为这个中心工作服务的。"① 在农村地区，"一经消灭了封建制度，完成了土地改革任务，党和民主政府就必须立即提出恢复和发展农业生产的任务，将农村中的一切可能的力量转移到恢复和发展农业生产的方面去"②。由于解放战争的胜利从全国看是从北到南逐步实现的，中心任务的转移南方和北方的情况还不完全相同。南方地区解放得比较晚，有些地区甚至还在国民党统治下。在这些地区，主要任务是消灭国民党武装，夺取政权；在农村地区，解放后的任务还是清匪反霸，减租减息，为土地改革准备条件，并尽可能维持农业生产现有水平不下降。"北方则除少数新解放区以外，是完全另外一种情况。在这里，已经推翻了国民党的统治，建立了人民的统治，并且根本上解决了土地问题。党在这里的中心任务，是动员一切力量恢复和发展生产事业，这是一切工作的重点所在。"为了适应工作重心和中心任务的转移，中国共产党号召广大干部"必须用极大的努力去学习生产的技术和管理生产的方法，必须去学习同生产有密切联系的商业工作、

① 毛泽东：《在中国共产党第七届中央委员会第二次全体会议上的报告》，《毛泽东选集》第 4 卷，人民出版社 1991 年版，第 1427—1428 页。

② 毛泽东：《在晋绥干部会议上的讲话》，《毛泽东选集》第 4 卷，人民出版社 1991 年版，第 1316 页。

银行工作和其他工作”①。

新中国成立前夕，中国共产党提出要实现工作重心转移，第一次提出把工作的重心转移到经济建设上来，它反映了中国革命和社会发展进程的客观要求，是及时的、正确的决策。

中国经济发展的战略目标，是“发展新民主主义的人民经济，稳步地变农业国为工业国”②，即实现工业化。

新中国成立之初，国民经济受到战争严重破坏，民主革命的遗留任务仍须完成，从全国看，还不具备立即开展大规模经济建设的条件。据此情况，1949 年 12 月 2 日召开的中央人民政府委员会第四次会议提出：“在三年五年的时间内，我们的经济事业可以完全恢复，在十年八年的时间内，我们的经济就可以得到巨大的发展。”③ 把经济的恢复与发展分成两个阶段，初步形成了实现经济发展战略目标的战略部署。

党的七届二中全会还提出：“中国革命在全国胜利，并且解决了土地问题以后，中国还存在着两种基本的矛盾。第一种是国内的，即工人阶级和资产阶级的矛盾。第二种是国外的，即中国和帝国主义国家的矛盾。”④ 这个对于国内基本矛盾的分析，显然与中心任务的规定不相协调。这种不协调，是后来工作重心未能真正实现转移的重要的理论原因之一。

（二）中国共产党工作重心的转移是顺应客观形势变化的正确决策

中国共产党工作重心的转移，是当时革命形势的发展和经济建设的要求决定的。随着解放战争节节胜利，一批大城市回到人民怀抱。管理

① 毛泽东：《在中国共产党第七届中央委员会第二次全体会议上的报告》，《毛泽东选集》第 4 卷，人民出版社 1991 年版，第 1428 页。

② 《中国人民政治协商会议共同纲领》，中共中央文献研究室编《建国以来重要文献选编》第 1 册，中央文献出版社 1992 年版，第 2 页。

③ 毛泽东：《有困难，有办法，有希望》，《毛泽东文集》第 6 卷，人民出版社 1993 年版，第 24 页。

④ 毛泽东：《在中国共产党第七届中央委员会第二次全体会议上的报告》，《毛泽东选集》第 4 卷，人民出版社 1991 年版，第 1433 页。

好这些城市，已提到中国共产党的工作日程上来。新中国成立初期，人民政府面临着严重的财政经济困难。解决财政经济困难的根本出路在于改造旧经济，迅速恢复和发展生产。城市是经济中心、近代工业生产的基地。中国共产党的工作重心由战争转移到经济建设时，工作重点也要从农村转移到城市，以城市为依托来建设新中国。清除帝国主义、官僚资本主义势力的主要任务在城市，巩固人民政权也需要加强城市的工作。

大规模战争即将结束，解放区社会秩序日趋安定，使工作重心转移已成为可能。中国共产党领导中国人民进行长期的武装革命斗争，建立了广泛的统一战线，经历了农村包围城市、最后夺取全国政权的道路，这使人民民主专政在全国政权建立伊始，就有着深厚的群众基础，这是工作重心能尽快转移的非常有利的条件。

第二章
新民主主义经济纲领的实施和国民经济的恢复

一、国营经济领导地位的确立

（一）国营经济的建立

中华人民共和国的成立，标志着新民主主义经济进入了新的发展阶段。中国共产党和人民政府获得了将新中国经济体制的蓝图付诸实践的条件。为了发展新民主主义经济，人民政府在经济上的主要任务之一，就是发展、壮大社会主义国营经济，使它成为新民主主义经济中居领导地位的经济成分。

1. 社会主义国营经济的三个来源。

新中国成立初期，社会主义国营经济有三个来源：解放区的公营经济、没收的官僚资本和处理外资在华企业。

(1) 解放区的公营经济变为国营经济的一部分。

新中国成立之时，具有社会主义性质的解放区的公营经济已经有了若干年发展历史，它是新中国成立后国营经济的前身。

从 1927 年起，在中国共产党领导的革命根据地内，工农民主政府为了保证人民军队的给养，解决人民生活中的困难，建设根据地经济，支持长期革命战争，创办了工厂、银行、商店等公营企业。它们是社会主义性质的，是中国最早的社会主义经济形式。它的最初建立，主要不是资本主义所有制国有化的结果，而是根据地军民自己动手建设起来的，部分资金和物资是战争中缴获和打土豪得来的。

革命根据地和解放区的公营工业，主要是为战争服务的军需工业，也有一些民用工业，基本上是手工劳动的小作坊和半机械化的小型工厂，管理上实行供给制。公营商业的任务是采办军需，反对敌人的经济封锁，扶植合作社商业，联合并领导私营商业，平抑物价，支援革命战争，改善人民生活，促进工农业生产。公营银行的主要任务是筹措战争经费，对敌进行货币战，扶持生产，活跃经济。早期的公营企业的规模一般都很小，各解放区实行分别管理。在解放战争期间，由于解放了一批城市和工业区，接收了日本帝国主义在华企业和官僚资本主义企业，开始拥有一些较大的近代企业。随着各解放区连成一片，各解放区公营银行、商业机构的联系加强，并逐步走向统一。

解放区的公营企业，在新中国成立后，自然成为国营经济的基础之一。其中那些规模不大的企业，是新中国成立初期地方国营企业的来源之一。解放区的民主政府，通过直接管理公营经济，取得了管理经济的一些经验，培养了一批经济管理干部。这是为准备全国胜利而进行的伟大演习。

从全民族抗日战争时期起，解放区的机关、部队举办了以农业和手工业为主的机关生产。这是公营经济的一种特殊形式。机关生产增加了物质财富，改善了机关和部队人员的物质生活，减轻了人民负担，对粉碎敌人经济封锁，支持长期革命战争，发挥了积极作用。新中国成立后，国家财力逐步增强，有能力供给机关、部队的正常支出，机关生产官商不分的弊端也开始显露。1952 年 6 月，中央人民政府发布命令，将机关生产转交有关部门统一管理，成为国营经济的组成部分。

(2) 没收官僚资本。

在旧中国，官僚资本是国家垄断资本主义的俗称，其主体是国民政府所经营的企事业单位。在旧政权覆灭后，这些企业由新生的人民政权接管，就转变为具有社会主义性质的国营企业。

随着人民解放战争的胜利，没收官僚资本的工作全面展开。中国共产党对接收工作发布了一系列指示，规定应接收的对象为“国民党中央政府、省政府、县市政府经营的，即完全官办的工商业”和“著名的国民党大官僚所经营的企业”。“对于小官僚和地主所办的工商业则不在没收之列，一切民族资产阶级经营的企业，严禁侵犯。”应没收的官僚资本主义的企业，是在“南京国民政府统治时期依仗政治特权及豪门势力而获得或侵占的官僚资本企业及财产”。“凡官僚资本属于南京国民政府统治时期以前及属于南京国民政府统治时期而危害不大的企业，且与国计民生无害者，不予没收”，但其中罪大恶极者除外。官僚资本企业中如有私股，应加以清理，予以承认，并有留股或退股自由。没收官僚资本的范围包括：工厂、矿山、商店、银行、公司、仓库、船舶、码头、铁路、邮政、电报、电灯、电话、自来水、农场和畜牧场等。官僚资本在国外的财产也应属人民政府所有。

为了保证对官僚资本企业的完整接收，中共中央在不断总结经验的基础上，于 1948 年和 1949 年上半年，先后发表了《再克洛阳后给洛阳前线指挥部的电报》《关于接收官僚资本企业的指示》《关于接收平津企业经验介绍》等一系列文件，详尽规定了有关接收官僚资本企业的方针政策。根据接管方针，中国人民解放军每解放一座城市，军事管制委员会即派出军代表，按照官僚资本企业原属系统，自上而下，原封不动，整套接收。在接管企业时，不打乱企业生产组织机构，保证了企业技术组织和生产组织的完整。对企业的管理人员和技术人员，除逮捕法办个别与人民为敌的破坏分子外，其余一律留用，并担任原来的职务，组织管理企业生产。各企业的工资标准和等级、奖励制度、劳动保险制度都照旧执行，暂不变动。接管初期，派驻企业军代表的职责是：保证上级命令的执行；保证生产的恢复或进行；防止破坏或怠工；防止贪污、盗窃及浪费；对职工进行政治思想教育，从职工中培养积极分子；了解企业情况学习管理知识。军代表对生产只负监督责任，不直接指挥管理生产。当企业原负责人逃跑，或劣迹昭著、民愤极大，非撤换不可时，一般从本企业中选拔适当的人员代理。只有当政府派驻的人员完全是该企业的内行时，才任命他们直接负责企业的生产管理。这样便保证了企业内部的稳定，使企业接管工作顺利进行。

在接收官僚资本企业时，十分注意接收工作和恢复生产的工作紧密结合。企业接管后，按照原职原薪立即复工。这是保护生产，安定人心，解决工人生活的基本环节。接收过来的企业，只有人员照常工作，机器正常转动，才算真正接收了企业，才有可能开始其他必要的改革和建设工作。军管会在完成接管后，即将企业、工厂、物资分别交给适当的负责机关管理和经营。例如，将市政企业和其他若干工商业交市政府管理经营，其他工业企业组织有关公司来负责经营。

接管的官僚资本企业主要有金融、工矿、交通运输、商业等。其中，金融机构有：中央银行、中国银行、交通银行、中国农民银行、中央信托局、邮政储金汇业局、中央合作金库，即“四行二局一库”系统和各省地方银行系统的银行共2400多家，还有官僚资本“商办”的新华、裕华、广东国货等银行。中国银行等在国外分支行的职工纷纷起义，接受人民政府的领导。工矿方面有：控制全国资源和重工业生产的国民政府资源委员会，垄断全国纺织工业的中国纺织建设公司，兵工系统和军事后勤系统，交通部、粮食部和其他部门所办企业，“CC”系统（以陈果夫、陈立夫为首的在国民党内的一股势力）的“党营”企业，及各省政府系统的企业。合计共有工业企业2858个，职工129万人，其中产业工人75万人。在这些企业中，包括发电厂138个，采煤、采油企业120个，铁锰矿15个，有色金属矿83个，炼钢厂19个，金属加工厂505个，化学加工厂107个，造纸厂48个，纺织厂241个，食品企业844个。属于交通方面的有：南京国民政府交通部、招商局所属企业，计有铁路2万多千米，机车4000多台，客车4000多台，货车4.7万辆，铁路车辆和船舶修造厂约30个，各种船舶吨位20多万吨。原中国、中央航空公司在香港的12架飞机，由于职工起义，于1949年11月9日投归祖国怀抱。在商业方面有：复兴、富华、中国茶叶、中国石油、中国盐业、中国蚕丝、中国植物油、孚中、中国进出口、金山贸易、利泰、杨子建业、长江中美实业等十几家大贸易公司及其分设各地的分支机构和经营网点。当时由于处在战争环境，没有在接管过程中随时做出记录、统计；国民党政府也没有一个比较完整的官方记录，因而接管的企业财产没有一个确切的数字。据有关部门事后按固定资产原值估算，当时没收的官僚资本财产约为150亿元左右。①

在接收官僚资本企业时，由于注意调查研究，及时总结经验，制定了一系列正确的方针政策，谨慎从事，紧密依靠职工群众，严肃接管纪律，从而完整顺利地接管了企业，使得企业得以较快恢复生产。以天津市为例，天津原中国纺织建设公司所属7个纺织厂，90%的职工在接管后的第二天就进厂报到，开工生产。在十几天内完成接管原天津市政府经办的公用事业，自来水、电车、汽车全部修复完毕，电话局大部修复，与解放区接通。津浦路已通车至陈官屯，北宁路已通车至山海关，平津路已通车至丰台。②

1951年1月，中央人民政府颁布《企业中公股清理办法》，对隐匿在私人资本主义企业中的官僚资本股份进行了清理。至此，没收官僚资本的工作最后完成。被没收的官僚资本的企业和财产，是新中国成立初期国营经济的最主要的来源。

(3) 废除帝国主义在华经济特权与处理外资在华企业。

新中国成立前夕，帝国主义在华经济势力已日趋衰落。外国资本家眼见中国革命即将胜利，纷纷撤走资金，只剩下为数不多、不便拆迁的一些工矿设备和房地产等。其中大部分属于英、美两国的垄断资本，其余分属法国等十多个国家。

废除帝国主义在华经济特权和处理外资在华企业的过程经历了两个阶段。

第一阶段，废除帝国主义在华的经济控制权。包括废除帝国主义与旧中国历届政府签订的不平等条约，接管帝国主义长期霸占的海关，控制外贸和实行外汇管理。对于外资企业，采取谨慎态度，并未马上公布对其政策和管理办法。一方面暂停新成立外资企业，另一方面，对一万

---

① 邓力群、马洪等主编《当代中国经济》，中国社会科学出版社1987年版，第62—63页。

② 《人民日报》，1949年2月4日。

余家现存的外资企业加强监督。关于是否容许外资企业长期存在下去，中国政府当时还在观察和考虑，并准备在适当的时候拟定一个统一的办法。1950 年初，中国、苏联两国缔结了友好同盟互助条约，并决定在中国境内建设数个中苏合作经营的企业。为此，1950 年 4 月中共中央发布了《关于正确引导人民正确认识中苏合营企业的指示》。这个文件指出，不仅与苏联建立合资企业是许可和必要的，就是在与某些资本主义国家开办适当的合资企业和实行某些事业的租让也是许可和需要的。遗憾的是这种认识被不久后国际事态的发展打断了。

第二阶段，后发制人，区别对待，处理外资企业。美国继发动侵朝战争，加紧对中国实行经济封锁之后，于 1950 年 12 月 16 日宣布管制中国在美国管辖区内的一切公私财产。英国追随美国参加侵朝战争，并数次劫夺中国在海外的油轮、飞机。中国政府对此进行了针锋相对的斗争，于 1950 年 12 月、1951 年 4 月分别发布命令，管制美国政府、企业在中国境内的一切财产，冻结其一切公私存款；征用英国亚细亚火油公司的财产。处理外资企业时，对美国等与中国为敌的帝国主义国家与一般资本主义国家，对垄断资本的大企业和一般外商小企业，采取区别对待的方针，对美国的企业从严处理。处理的方法采用了征用、代管、征购、管制等灵活多样的方式。有些外资企业，由于失去特权和美国实行对华经济封锁，陷于无法维持的境地，被迫放弃经营。经处理的外资企业转归人民政府所有，转变成社会主义性质的国营企业。

对外资企业的处理虽然是从 1950 年开始的，但也经历了一个较长时间的过程。最初的处理主要是出于政治和外交上针锋相对的需要。后来随着帝国主义国家对中国经济封锁的加强，原有企业生存条件（主要是指国际条件）日益恶化，西方国家在中国投资办企业的可能性也越来越小。1953 年提出过渡时期总路线之后，作为私人资本主义性质的外资企业更是难以继续生存，陆续关门、转让。到 20 世纪 60 年代初，外资企业在中国大陆基本消失。

1945 年苏军进入东北时，接管了原由俄国经营的铁路、大连及旅顺港口、日本在东北的部分工厂和经济机关。中华人民共和国成立后，根据两国的有关协定，苏联政府从1950年至1954年底将上述铁路、港口及从日本手中获得的财产转交给中国政府。它们成为国营经济的组成部分。

2. 新中国成立初期国营经济在国民经济中的地位作用。

新中国成立初的社会主义国营经济，从历史渊源上说，其前身是民主革命时期的公营经济。前者是后者的继承与发展。从物质条件方面说，主要来源于没收官僚资本企业并使其转变为全民所有制企业。在旧中国，近代化的经济事业非常集中，主要掌握在帝国主义和官僚资本手中。因此，主要是建立在没收官僚资本和处理外资在华企业的物质基础上的社会主义国营企业，在新中国成立之初就控制了国家经济命脉。公营经济集中了中国经济中近代化的大企业，掌握社会生产力最先进、最强大的部分。以工业而言，从产品的产值、产量方面看，1949年，在全国的大工业中，社会主义工业产值所占比重为41.3%。社会主义工业拥有全国电力产量的58%，原煤产量的68%，生铁产量的92%，钢产量的97%，水泥产量的68%，棉纱产量的49%。从企业的规模、资产方面看，1949年，500人以上的国营企业有289个，占全部国营工业企业数的11%，工人总数的42%，电动机总动力的75%。社会主义工业（包括合作社工业，但其占的比重很小）的固定资产占全部工业（包括手工业）固定资产比重的80.7%。近代化的交通运输事业、金融事业大部分掌握在国营经济手中。①

由于中国近代化的经济占国民经济的比重很小，手工劳动的传统经济占的比重大，因此，主要经营近代化经济事业的国营经济在新中国的整个国民经济中占的比重并不大。但它却在近代化的经济事业中占有很大优势，因而掌握和经营着有关国家经济命脉和足以操纵国计民生的事业，成为能够决定社会经济性质和经济发展方向的经济成分，是国家对宏观经济进行调控的重要基础和着手经济恢复及建设的重要力量。

---

① 中华人民共和国国家统计局编《我国的国民经济建设和人民生活》，统计出版社1958年版，第7—8页。

（二）平抑物价与国营经济确立市场领导权

1. 四次物价大波动。

新中国成立前后，经济上的一个突出问题是物价上涨很快。这不仅影响人民生活，妨碍生产的恢复，而且关系到财政收支能否走向平衡和人民民主专政的巩固。能否稳定物价是人民政府和国营经济能否取得市场领导权的关键。市场是国营经济与私营经济、人民政府和资本家阶级在经济领域进行斗争的主要战场。人民政府的经济工作是以主要力量抓流通领域的斗争。

新中国成立之前，国民政府管辖区和解放区的物价都在上涨。北京、天津解放之后，发生了 1949 年 4 月至 5 月的物价波动，波及的地区主要是北京、天津、山东，以及华北、华中等地。天津综合物价指数 5 月中旬比 3 月上涨 1.2 倍。5 月，上海解放。7 月的物价波动以上海为中心，上海批发物价指数上升 153.6%，波及华北、华中。1949 年 10 月 11 日到 11 月 25 日的这次物价波动是规模最大、持续时间最长的一次，波及全国，全国各大城市物价均上升 3 倍至 4 倍。1950 年 2 月开始的物价大波动，主要涉及上海、天津、汉口等大城市。3 月全国 15 个大城市 25 种商品批发物价指数比 1 月上升将近 1 倍。以上四次物价大波动的特点是：在地区上，随着解放区的扩大而扩大，最后波及全国；以大城市为中心；以粮食、纱布的价格领头，带动物价全面上涨；上涨幅度大，全国 13 个大城市批发物价指数，1949 年 11 月比 1948 年 12 月上涨了 52.76 倍；由于人民政府千方百计稳定物价，每次物价风潮持续时间较短，最长的一次 45 天。

新中国成立前后造成物价大波动的主要原因有如下几个方面。

第一，人民政府的财政入不敷出。大规模的人民解放战争在全国迅速地取得胜利，军费支出浩大；对原国民党军政人员实行包下来的政策，对城市失业人口和农村灾民的救济，以及必要的救济恢复，使财政支出大量增加。老解放区的人民，为支持解放战争已做出巨大努力，不能再增加他们的负担；广大新解放区财政工作基础差，难以及时地、大量地组织收入。1949 年的财政赤字严重，不得不依靠发行钞票来弥补。人民币的发行，以 1948 年底为基数，到 1950 年 2 月增加了 270 倍。纸币流通量大大超过商品流通的需要，引起货币贬值，物价上涨。人民解放战争即将取得最后的胜利，因此，新中国成立之初的通货膨胀是胜利中的困难，前进中的困难。

第二，国民党政府统治时期恶性通货膨胀的影响。在经过旧中国多年的通货膨胀后，经济生活中产生了巨量的投机资本和一大批投机资本家。各大城市解放后，它们在市场上继续兴风作浪，推动物价的猛涨。长期的恶性通货膨胀，造成了人们对纸币的不信任，农村以物易物，城市居民抢购实物，抢兑外币、金银，使人民币流通范围小，流通速度快。

第三，国民党政府的反动统治和长期的战争破坏，造成工农业生产萎缩，物资奇缺，交通堵塞，货物不能畅流。国民党军队溃败时的抢掠和破坏，蒋介石集团逃到台湾后在美国支持下，对沿海城市的封锁和轰炸，1949 年的严重灾荒，加剧了物资短缺。从这方面看，新中国成立后，严重的通货膨胀是经济形势险恶的综合反映。

严重的通货膨胀，造成国民经济的混乱状况，威胁人民的生活，进一步加剧了财政的困难。能否迅速治理通货膨胀，不仅关系到能否为国民经济的恢复和发展创造良好的社会经济环境，而且关系到人心所向，关系到新生的人民政权的生存。

2. 平抑物价的措施。

平抑飞涨的物价，制止多年来的投机，是一件非常艰难的事。中国政府为此采取了多种手段，从各方面进行工作，进行综合性的治理。

第一阶段是打击投机资本，遏制物价暴涨。采取的主要措施如下。

第一，加强金融管理。主要是加强对私营金融业与外币的管理，打击金银和外币的投机。新中国成立前夕，法币和金圆券贬值，信用丧失殆尽，黄金、银元、外币在许多地区成为主要的流通手段与储存手段。新中国成立后，这种状况延续下来，影响人民币的流通，金银、外币的投机又往往成为物价猛烈上涨的诱因。新中国成立后，人民政府公布了金银、外币管理办法，宣布禁止其流通。为减少人民群众的损失，中国人民银行举办折实存款，收兑金银、外币。同时，组织力量，打击银圆、外币的投机活动。上海查封了银圆投机活动的中心证券大楼。广州取缔了专事金融投机的地下钱庄和街畔兑换店。在全国各地，取缔专门经营高利贷的地下钱庄。对一般私营行庄，打击其投机活动，引导其资本投向正当的生产、流通事业。国营银行逐步控制私营行庄的业务。这样，就清除了推动物价上涨的一个诱因，并为扩大人民币的流通范围扫清了道路。

第二，加强市场管理。普遍实行工商登记制度，企业未经核准不得擅自开业。严格市场交易，建立交易所，主要物资集中交易。运用行政力量管理市场价格，维护国营价格的领导地位。

第三，逮捕带头囤积、哄抬物价的资本家，对一般违法者予以批评教育或必要的处罚。对守法者予以保护。

第四，紧缩通货，集中掌握重要商品与适时吞吐。通货膨胀是纸币流通量超过商品流通需要量而产生的一种经济现象，单凭行政手段是无法消除的。在财政赤字不能避免，人民币发行量不断增加的情况下，是无法完全遏制物价上涨的。但运用一定的经济手段，可以打击投机活动，避免物价大幅波动的风潮。1949 年 8 月，中央召开了 5 个地区的财经会议，提出了平抑市场物价的措施，主要内容是：发行公债，整顿税收，以紧缩通货；加强公粮征收，成立全国性专业贸易公司，集中调运物资。国营商业掌握足够的粮食和纱布，是稳定市场、控制物价的主要手段。稳定市场工作重点是大城市，首先是上海。在 1949 年 10 月下旬的物价涨风中，上海国营商业曾抛售物资。但银根偏松，少量抛售不足以遏制物价猛涨。11 月 3 日，中央财政经济委员会（以下简称中财委）部署了一场打击投机资本的总体战，措施包括：停发并按约收回贷款，暂停投放资金和拨出经费，以进一步紧缩通货；集中调运物资，从东北大量调粮入关，上海等大城市集中纱布，形成局部物资相对集中的优势；选择有利时机，集中抛售物资。至 11 月下旬，全国物价上涨已超过货币增发的幅度，抑制物价上涨的条件已经具备。根据中央的统一部署，各大城市国营商业于 11 月 25 日统一抛售物资，连抛 10 天，第二天物价回落，

10天后物价下跌30%～40%，投机资本遭到沉重打击。

第二阶段是减少财政赤字，争取财政收支平衡，实现金融、市场的稳定。1949年11月打击投机资本的胜利，市场暂时稳定。但短期收缩银根，集中抛售物资，只能打击投机资本，使物价暂时稳定。因为它不是建立在财政收支平衡的基础之上的。随着财政赤字的增加，货币的大量发行，物价波动仍不可避免。从1950年起，稳定金融物价的重点转向减少财政赤字。减少财政赤字的措施是：整顿税收，发行人民胜利折实公债，以增加收入；厉行节约，以减少支出。争取财政收支平衡的根本性措施是1950年3月实行的统一财政经济工作。财政赤字从3月开始大大减少，在此基础上，市场物价从3月开始趋于稳定。

（三）统一财政经济工作

在革命战争年代，解放区的财经工作，是统一政策，分散经营，各有货币，各管收支。这种状况是由各解放区被分割的情况决定的。到1949年底，各解放区已连成一片，全国的财经工作已开始逐步走向统一。在关内，人民币已成为统一的货币，全国汇兑业务开始恢复。铁路、邮政、对外贸易也开始实行统一管理。但就财经工作的总体来说，基本上仍是分散经营的，具体表现在：主要财政收入，如公粮、税收、国营企业的利润等都由地方政府征收，没有上缴的统一规定，大部分归地方分散使用；财政的主要支出，如四个野战军的军费开支，经济建设费用，救济费用等，完全由中央负担。中央财政收入没有稳定、可靠的来源，只能依靠发行纸币维持必要的开支。

为了集中有限的财力、物力办成事关全局的几件大事，如支持解放战争的最后胜利，立即进行重点的经济建设和恢复，调运物资以平抑市场物价；为了减少支出，杜绝浪费，争取财政收支的平衡，对原有的经济管理体制特别是分散的财政体制进行调整，统一财经工作，已是势在必行了。

1949年冬，中共中央确定了全国财经工作实行统一管理的方针。1950年初，随着人民解放战争的胜利进展，大陆战事已接近尾声，减少军费开支、争取财政收支平衡的客观条件逐步成熟。中国政府抓住这个时机，加快统一财经的工作。1950 年 2 月，召开了全国财经会议，就统一财经、紧缩编制、现金管理和物资平衡等问题进行讨论与部署。1950 年 3 月，中央人民政府政务院发布了《关于统一国家财政经济工作的决定》，统一财经工作开始全面实施。统一财经工作的主要内容包括：

第一，统一全国财政工作。统一财政工作的重点是统一财政收入。地方除规定留用部分外，均需按国家统一规定的税则、税率征收公粮、税收，按期解缴中央。国营企业须按时纳税，并将利润及折旧基金一部分，按隶属关系如期分别交给中央或地方金库。以上收入，没有财政部的命令，不得动支。在财政支出方面，统一全国编制与供给标准。各机关非经批准不得自行增添人员，编外及编余人员由全国编制委员会统一调剂使用。各项事业经费必须编制预算，经批准方能支拨。

第二，统一全国的国营贸易工作。成立全国仓库物资清理委员会，集中清理库存物资，由中央财委统一调拨库存物资，合理使用。中央人民政府贸易部统一规定国营贸易机构的业务范围，并统一负责物资的调配，不受地方政府干预。一切部队、机关不得擅自经营商业。

第三，统一现金管理。规定中国人民银行为国家现金调度的总机构，代理国库。外汇牌价及外汇调度由人民银行统一管理。一切军队、机关、公营企业的现金，除留若干近期使用外，一律存入人民银行。它们之间的相互来往，使用转账支票进行结算。

国家关于统一财经工作的决定发布以后，各地方、部门迅速加以贯彻实施。从 1950 年 3 月起，仅用 3 个月的时间，基本上完成统一全国财政经济的各项工作。

通过统一财经工作，建立起高度集中的财政管理体制。这种体制使人民政府通过财政的再分配，集中了财力，保证了解放战争的最后胜利，壮大国营经济，进行水利、铁路、钢铁工业的重点恢复，对扭转险恶的经济形势，对国民经济的恢复，起了积极作用。

通过统一财政工作，国家财政收入迅速增加，财政支出相对缩减。1950 年 3 月的财政赤字比 2 月减少 71.8%。4 月，财政收支接近平衡。

现金管理和转账制度的施行，与财政部门的税收和公债工作的配合，使通货趋于紧缩，而商品供应因物资集中使用，灵活调度，相对宽裕。

统一财经工作是使物价实现从长期飞涨到长期稳定这一转变的根本措施。全国大中城市主要商品的批发价格指数，以 1949 年 12 月为 100，1950 年 1、2、3 月分别为 126.6、203.3、226.3，上涨的速度很快。4、5、6 月分别为 169.9、156.7、155.8，逐月下降。7、8、9、10、11、12 月分别为 166.8、173.6、177.3、185.8、193.3、193.2，缓慢上升，且均在 2 月、3 月的物价水平之下。可见，3 月以后，物价进入基本稳定阶段，扭转了通货膨胀的局面。夺取稳定物价斗争的胜利具有重要意义：第一，它使国营经济初步夺取了市场领导权。新中国成立初期，市场是国民经济中各种经济成分彼此发生联系的中心环节。谁领导了市场，谁就领导经济。掌握市场领导权是国营经济取得对国民经济领导地位的重要内容和前提。国营经济掌握了市场领导权，就可以利用市场和物价政策限制资本主义的盲目发展，指导其他经济成分的经营方向，实现有利于经济恢复和人民群众的国民收入的再分配。第二，这使人民政府取得了管理国民经济的经验。主要的一条经验是，处理经济问题时，要按市场经济和货币流通规律办事，经济手段、行政手段、法律手段相结合，经济手段是根本。总结这场战役的经验，萌生了三大平衡的思想，即财政收支平衡、信贷平衡、物资供求平衡，其中财政收支平衡是根本。以后，三大平衡被归纳为衡量国民经济是否稳定与平衡的标志。第三，物价稳定为市场经济的正常运转、工商业的正常经营、商品的正常流通、资金流向合法的工商业，为走上财政收支平衡的良性循环，为争取财政状况的根本好转，创造了有利条件。

在新中国成立之初，国内外有一种舆论，说什么中国共产党会打仗，可以取得政权，但不会做经济工作，难以巩固政权。统一财经工作和稳定物价这两件事情，国民政府搞了多年，前者成效不大，后者越办越糟。在共产党和人民政府领导下，几个月内就办成了。这大大提高了中国共产党和人民政府的威信，显示了新的社会制度与经济制度的优越性，坚定了广大人民跟共产党走的信心。

二、农村土地改革

废除一切封建剥削制度，是新中国成立后继续完成民主革命遗留任务的基本内容，也是实现国家工业化的前提条件。继续消灭封建生产关系，即新形势下的城乡民主改革，在农村，是土地改革；在城市是民主改革。前者改变土地所有制，涉及人口中的大多数人，是城乡民主改革的重点。

（一）适应新解放区的特点，把减租减息作为土地改革的过渡性步骤

在解放战争爆发后，老解放区开始了大规模的土地改革。随着解放战争的胜利发展，新解放区迅速扩大。新解放区的政治环境、群众觉悟程度和干部力量与老区不同。有些地区不顾条件，急于进行土地改革，造成混乱和损失。为此，中共中央提出，新解放区的土地改革必须分地区、分阶段进行。必须具备以下三个条件的地区才能开展土地改革：(1)当地一切敌对的武装力量已经全部消灭，环境业已安定；(2)基本群众（雇农、贫农、中农）的绝大多数已经有了分配土地的要求；(3)中国共产党的工作干部在数量上、质量上确能掌握当地的土地改革。不具备上述条件的地区，首先进行清匪反霸、减租减息，为实行土地改革创造条件。

从1948年秋起，除东北、华北部分地区和河南省外，全国各新解放区暂停土地改革，转为实行减租减息。减租减息政策及内容是：(1)新解放区农村减租，按原租额减低25%～30%，除地租外，取消或禁止其他任何变相剥削。地主不得因减租而抽回或典卖土地。地主依法减租后，农民仍向地主交地租。没收战争罪犯及反革命首要分子的土地。(2)新解放区农村减息，地主、富农与劳动人民在过去发生的高利贷债务，一律停利还本。低息债务，照常还本付利。地主、富农在工商业中的债权债务不在停息之列。凡战争罪犯及恶霸分子持有的债权，一律废除。(3)凡

逃亡地主及无人管理的土地，由当地人民政府代管，由原来耕种的农民耕种。其地权分配，待实行土地改革时再行解决。

通过减租减息，使农民减轻了负担，初步改善了生活，促进了生产的初步恢复。在此同时，肃清土匪，打击恶霸，建立了革命秩序，使农村社会环境走向安定。绝大多数雇农、贫农、中农的觉悟逐步提高，开始组织起农民协会及民兵组织。这些地区还普遍召开了县、区、乡人民代表会议，改造了乡村政权，训练了大量的干部。这样，就为在新区实行土地改革准备了条件。

（二）新中国成立后的土地改革政策

在 1950 年 6 月之前，全国尚有 2.64 亿农业人口的地区未进行土地改革。为了有准备、有秩序、有领导地进行这场规模巨大的土地改革运动，避免造成混乱和破坏，在总结 20 多年斗争经验的基础上，结合新时期的特点，中国政府制定了《中华人民共和国土地改革法》（以下简称《土地改革法》）和其他一系列法令法规，为土地改革在政策上、策略上做了充分的准备。

在这些政策法令中，规定土地改革的基本目的和内容，是废除地主阶级封建剥削的土地所有制，实行农民的土地所有制，以解放农村生产力，为新中国的工业化开辟道路。土地改革的总路线是依靠贫农、雇农，团结中农，中立富农，有步骤、有分别地消灭封建剥削制度，发展农业生产。

新中国成立后的土地改革政策，同 1947 年的《中国土地法大纲》比较，在以下几个方面做了补充和修改。

第一，改变征收富农多余的土地和财产的政策为保存富农经济。《土地改革法》规定，保护富农自耕和雇人耕种的土地和财产，其出租的少量土地一般保留不动，征收半地主式的富农出租的土地。贯彻保存富农经济政策的原因是：（1）新中国成立后，基本任务已从支援解放战争转为进行经济建设，需要尽可能地保存现有的那些具有较高生产能力的经济形式。富农经济是农村中具有较优越的经营条件和生产技术的经济形式。保存富农经济，有利于农村生产力的恢复发展。保存富农经济不是进行土地改革期间的权宜之计，而是整个新民主主义阶段的长期政策。(2) 实行保存富农经济的政策，可以更好地贯彻孤立地主、保护中农和小土地出租者的政策，消除农民（主要是中农）在发展生产中的某些顾虑（如不敢致富的思想），稳定民族资产阶级，有利于组成广泛的反封建统一战线，减少土地改革的阻力。(3) 由于全国革命的胜利，人民民主政权日益巩固，原来对革命抱有敌视态度的富农，政治态度发生变化。争取富农在土地改革中采取中立的立场，不仅必要，而且是可能的。

第二，增加了对小土地出租者的政策规定，把他们与地主阶级区别开来。规定小土地出租者如每人平均所有土地不超过当地每人平均占有土地的一倍，不予征收。小土地出租者往往是革命军人、烈士家属，或从事其他职业的劳动者，他们出租土地，是因为缺乏劳动力。不征收其土地，有利于团结他们完成土地改革。对于鳏、寡、孤、独者保留其土地，起了社会保险的作用。

第三，明确规定保护中农（包括富裕中农在内）的土地和其他财产不得侵犯。《中国土地法大纲》规定按人口彻底平分土地，在执行中必然要抽动中农土地，侵犯中农利益。新中国成立后的土地改革，实行“中间不动两头平”的办法，缺少土地的中农还可分进土地。这样，中农的利益就可以得到切实的保护。

第四，不分浮财和底财的政策。《土地改革法》规定，没收地主的土地、耕畜、农具、多余的粮食及其在乡村中多余的房屋，其他财产不予没收。以往的经验证明，没收地主的浮财和底财，往往会导致农民对这些财产的追索，干扰土地改革的大方向，容易出现打人、死人现象，造成社会秩序的混乱。不分浮财和底财，地主可以靠此生活或投入工商业，这对整个社会也是有利的。

第五，城市郊区土地实行国有制。这是为了适应工业建设和城市发展的需要。

（三）新区土地改革的进程

《土地改革法》公布以后，新区土地改革是分三批进行的。第一批，于 1950 年秋到 1951 年春，在 1.28 亿农业人口地区进行；第二批，于 1951 年秋季到 1952 年春季，在 1.1 亿农业人口的地区进行；第三批，1952 年冬到 1953 年春，在 3000 万农业人口地区进行。就每一个地区而言，并不是同时全面铺开，而是先典型示范，取得经验，从点到面，逐步展开。凡是前述土地改革三个条件尚不成熟的地区，不仓促进行土地改革，而是继续减租减息，创造条件。条件业已成熟的地区，集中力量发动群众，及时进行土改，并尽可能迅速完成。为了保证土地改革运动的健康发展，各级人民政府组织了大批土改工作队，深入农村，组织发动农民群众，贯彻土地改革的方针。土地改革一般经历了以下工作步骤：访贫问苦，扎根串联，发现和培养骨干；层层发动，扩大队伍，组成以贫雇农为核心，包括中农参加的农民协会；发动农民吐苦水，挖苦根，宣传土地改革政策，提高农民的阶级觉悟和政策水平；划分阶级；对反动恶霸地主严惩严办，对抗拒分田的地主给予坚决打击，领导农民群众与地主分子开展面对面的斗争，打掉地主阶级的威风，没收地主阶级的土地，征收半地主式富农出租的土地，无偿地分配给贫雇农和部分缺地的中农；对地主也分配给一份土地，给予生活出路。到 1953 年春，除一部分少数民族地区外，全国大陆土地改革已基本完成。

（四）土地改革的历史作用和深远意义

新中国的土地改革，使 3 亿多无地少地的农民无偿地获得了 7 亿亩土地和其他生产资料，免除了过去每年向地主交纳的约 700 亿斤粮食的地租。土地改革后，占农村人口 90%以上的贫雇农、中农占有全部耕地 90%以上，原来的地主、富农只占有全部耕地 8%左右。这样就在大陆上彻底废除了封建土地所有制，建立了以农民所有制为基础的“耕者有其田”的土地制度，使中国农村经济的发展走上了崭新的阶段。

全国土地改革的完成，解放了农村生产力。农民摆脱了封建主义对人身的束缚，在政治上不再受压迫。他们耕种着自己的土地，土地上的所得，除了缴纳为数不多的土地税（公粮）以外，均为自己所有，可以改善生活，也有了积累资金用以扩大再生产的机会。农民充满了增加生产、发家致富的喜悦与干劲。这种精神和物质条件的变化，推动了农村经济和整个国民经济的恢复发展，巩固了人民民主专政，为国家工业化，为中国共产党领导农民进一步走上合作化的道路，准备了条件。

新中国成立后的土地改革，在短短三年内迅速完成，整个运动发展健康，没有出现大的偏差，它的经验是值得重视的。

第一，用农民土地所有制代替封建地主土地所有制。这是经过多年实践后得到的经验，是中国共产党对马克思主义土地问题的一个贡献。这种做法符合中国的国情，满足了农民千百年来对土地的要求，调动了农民的生产热情，奠定了工农联盟的基础。这既有利于彻底完成民主革命的任务，又有利于中国共产党领导农民发展农村生产力。

第二，团结一切可以团结的力量。在农村，依靠贫雇农，团结中农，组织起包括农村人口90%以上农民参加的浩荡的阶级队伍；中立富农，对背叛了地主阶级的开明人士给予安排，给地主分子以生活出路，减轻了土改阻力，大大削弱了地主阶级的抵抗能力。在城市，开展大规模的宣传教育运动，争取各阶层人民、各民主党派、人民团体和与封建土地所有制有关联的工商业者拥护和同情土地改革。这样就形成城乡最广泛的反封建统一战线，彻底孤立了封建地主阶级。

第三，有领导地发动群众。在土地改革中，反对单纯依靠行政命令“恩赐”土地的倾向，坚持从思想上发动农民，开展声势浩大的群众阶级斗争。同时坚持无产阶级在政治上、组织上、政策上对整个运动的领导，反对盲目报复和绝对平均主义的倾向，保证了运动的健康发展。通过土地改革，农民不仅获得了生产资料，在经济上翻了身，而且从政治上推翻了地主阶级在农村的统治，在政治上翻了身，又受到了民主思想的教育。因此，土地改革是在工人阶级领导下的农民解放运动。

第四，有计划、有步骤、分期分批进行土地改革。在全国性的土地改革之前，经历了减租减息的过渡性阶段，为土地改革准备了条件；各地区的土地改革先进行典型示范，取得经验，再从点到面逐步铺开；少数民族地区民主改革的政策、时间、步骤，根据各民族地区的特点分别制定。这样就避免了一哄而起和“一刀切”的弊端，保证运动稳步地有秩序地进行。

第五，着眼于发展生产。保存富农阶级，不抽动中农（主要是富裕中农）的土地，保护了当时农村中现有的具有较高的生产力的经济形式。安排土地改革的步骤，注意与农业生产环节相适应，农忙搞生产，农闲搞土改，土改和生产相结合，以土改促生产。

三、城市民主改革

（一）改造旧城市为新城市的第一个步骤

新中国成立前夕，在城市经济生活中，资本主义经济关系占主导地位。但封建关系和前资本主义的剥削方式还有一定势力，渗透于经济生活的各个方面。封建关系存在的主要方式有以下几种。

一是封建把头制度的因袭。其特点是在经济上对资本主义经济依附性比较小。其势力范围主要是那些属于手工劳动、又无须技术的行业。其压榨的对象主要是城市贫民和破产后流入城市的农民。以搬运业为例。鸦片战争前城市就存在把头制。到了近代，封建帮会、行帮、会道门头目或大流氓、恶霸、地痞等，凭借社会恶势力，勾结官府，割据码头，垄断搬运业务，欺压搬运工人，是把头制的因袭。

二是资本主义和封建主义相结合的形式。它主要存在于资本主义企业中，特点是封建势力依附于资本主义关系。形式如企业的包工制、工头制等。这些形式在西方各资本主义国家也存在过。在半殖民地半封建的环境里，资本家经常雇佣封建残余分子担任工头等职务，利用他们的恶势力强化对工人的压迫剥削。这些封建残余分子是资本家统治工人的帮凶，并利用他们获得的雇佣劳动力、监督生产的权力，依仗其恶势力，对工人实行超经济的剥削。

三是从封建主义向资本主义过渡的形式。以建筑业的包工制最为典型。资本主义营造商是建筑业的大包工头，承包工程后，又转包分包给小包工头。小包工头一般是以带封建性的师徒关系为基础，在承包工程后也招募一些工人。他们自己有技术，参加一些劳动。有的进一步上升为营造商，有的演化为把头。这是一种过渡的形式。

以上三种形式，无论哪一种，残存的封建关系都以超经济的强制与剥削为特征。封建残余势力凭借其掌握劳动力的雇佣权，利用帮会、会道门、宗族、师徒、地域等种种关系，加强对工人的控制。他们制定“帮规”“家法”，豢养打手，甚至私设公堂，对工人进行残酷的统治。其剥削工人的主要办法有：直接侵吞工人劳动所得（如搬运工人必须向把头交“份子钱”，或由把头分成，有的码头，脚力钱为把头独占，工人靠向货主另要“酒钱”或偷窃货物为生）；克扣工人工资、福利，或承办伙食，从中克扣；向工人勒索财礼等。城市劳动群众在资本主义的剥削下本已十分贫穷，加上封建残余势力的残酷压迫和盘剥，更加痛苦不堪。

新中国成立初期，各行业、私营企业中的封建残余势力基本没有受到触动。在国营企业中，把头制度已不能公开合法存在，但封建残余势力利用其历史的影响，对群众仍有一定的控制能力，继续对工人群众进行压迫剥削。封建残余势力和把头制度，在国营企业中成为党、行政、工会、青年团联系、教育、发动群众，实行民主管理，改革规章制度，开展生产运动的严重阻碍；在私营企业中，阻碍了新的劳资关系的形成；在搬运事业中，封建把头制度严重影响了商品流转，成为搬运事业发展的障碍；在建筑业中，是造成偷工减料、工程质量低劣的一个重要原因。总之，城市经济生活中的残存的封建关系，压抑了工人群众的积极性，阻碍了生产事业的发展。封建残余分子也是破坏城市安定的害群之马。要把半殖民地半封建的旧城市改造为人民的新城市，发展生产，繁荣经济，就必须铲除封建残余势力，实行民主改革。

（二）城市民主改革的完成

城市民主改革，是从城市接管后逐步开始的，到 1952 年底基本完成。这个过程大体可分为三个阶段。

第一个阶段，是在城市解放之初。其时，最紧迫的任务是安定社会秩序，使生产走上正轨。加之对各行业、企业内部的情况也不甚了解，因此，改革只能是初步的。国营企业主要是逐步改造旧的领导班子，废除极不合理的制度（如搜身制度），对工资进行个别调整。逐步发展党员，并领导新民主主义青年团建立和发展组织，建立或改造工会组织。民主改革的重点地区是解放较早的东北和华北。重点行业是煤矿、搬运业。这段工作主要是通过自上而下的行政手段进行，除煤矿、搬运等行业外，一般没有开展反对封建残余势力的群众斗争。

第二阶段，是在镇压反革命运动的基础上实行民主改革。在镇压反革命运动中，工人群众觉悟程度和组织程度提高了，迫切要求彻底打垮封建残余势力，进一步改造企业。中国共产党和人民政府在城市工作和企业工作中也积累了经验。1951 年五六月间，中共中央和中共中央中南局、华北局、铁道部等地区和部门，分别召开有关会议，决定开展民主改革的群众运动。同年 11 月，中共中央发出了《关于清理厂矿交通等企业中的反革命分子和在这些企业中开展民主改革的指示》。这样，民主改革的群众运动，就在城市各行业的公私营企业中广泛全面地铺开，重点是打垮封建残余势力。其特点是结合镇压反革命，开展大规模的群众阶级斗争。

第三阶段，是结合“三反”、“五反”运动，完成民主改革，不再单独开展民主改革运动。少数“五反”前完全没有实行民主改革的私营企业，在“五反”运动后实行补课。

国营企业民主改革的主要内容是：（1）改造旧企业的领导机构，建立起新的领导制度和组织机构，取缔反动党团组织，改造、调整旧机构，清除反动分子，精简冗员，培养积极分子，充实企业领导力量，建立起新的厂长负责制。在企业中建立发展中国共产党组织。中国共产党在企业的党组织对企业的政治思想工作负有完全责任，对行政生产负有监督保证作用。吸收广大职工参加企业管理，厂长负责制与民主管理相结合。（2）废除把头制、工头制、包工制等压迫工人的管理制度，肃清封建残余势力，建立起厂、车间、班组三级管理制度。（3）消除职工队伍内部对立，加强整个工人阶级的团结。旧企业里职工队伍内部普遍存在各种帮会组织，它们有浓厚的封建色彩，常被统治阶级和把头利用来破坏工人团结。通过揭露把头分子的罪行，进行依靠谁的教育，开团结会、批评会等活动，工人群众认清帮派对立的根源和危害，分清了敌我，加强了工人阶级内部的团结。(4) 改革分配关系，初步建立起按劳付酬的分配制度。这包括两个方面：一是消灭封建剥削关系，废除封建把头、工头对工人的经济剥削；二是对旧企业遗留下来的混乱的不合理的工资制度进行初步的改革。公营企业的民主改革，内容十分广泛。不仅是肃清封建势力，而且是企业生产资料所有权变革后，全面地变革生产关系，目的是把旧企业改造成为新型的社会主义企业。

私营工矿企业的民主改革，是由企业工会领导（在已建立中国共产党支部的大型企业，由党支部领导），在上级工会协助下，根据各地人民政府的统一布置进行的。私营企业实行民主改革的目的，是为了打倒封建残余势力，免除工人所受封建压迫和剥削，有利于新的劳资关系的形成，促进企业的发展，而不是为了消灭资本主义所有制。因此，民主改革的方针是“反封建，不反资本”，工作路线是依靠工人阶级，团结其他劳动群众，争取、联合工商业者。私营企业中反对封建残余势力的斗争方式、政策，与国营企业大体相同。其主要特点是：(1) 注意分清资本主义与封建残余势力的界限，劳资纠纷用劳资协商的方法解决，与打击封建分子区别开来。(2) 积极宣传民主改革的政策，打消工商业者的思想顾虑和对抗情绪，争取他们对改革的同情或赞同，减少改革的阻力。(3) 打倒封建残余势力后，旧制度的废除，新制度的建立，对把头分子的处理，新管理人员的任命，均由工会代表工人与资方协商解决，由资方宣布执行。

有几个行业，封建残余严重，反封建残余的斗争也相应地激烈，是民主改革的重点行业。搬运业的民主改革开始较早。1950 年 3 月，中央人民政府政务院通过了《关于设立搬运公司、废除各地搬运事业中封建把持制度的决定》。根据这一决定，各地人民政府帮助搬运工人组织起来，开展了大规模的群众阶级斗争，坚决扫除搬运业中的封建恶势力。废除旧制度后，由人民政府委派干部，协同搬运工会组织起集体所有制性质的搬运公司。经过码头民主改革，废除了“把头”的封建割据，由搬运公司统一领导搬运业务，合理制定运价，大大促进了商品的流通。搬运工人彻底翻身，生活改善。他们主动丢掉了陈规陋习，生产效率不断提高，使码头面貌焕然一新。建筑业的特点是工人流动性大，这给宣传、组织、发动群众工作带来了很大的困难，建筑业把头与煤矿、搬运业把头不同，他们一般有技术，大部分参加劳动。在民主改革中，除惩办少数罪大恶极者外，对小把头进行教育改造，使他们为经济建设服务。打垮封建势力后，由工会代表工人与私营厂商或国营企业签订集体合同，以废除把头制度，取消中间剥削。为了彻底改变把头垄断劳动力雇佣权的状况，各城市劳动局成立建筑工人调配处（或联络处），对建筑工人统一登记，统一分配，各国营建筑公司逐步招收一部分固定工人。随着大规模经济建设的展开，对建筑工人需要日益增加，大批建筑工人被吸收进国营建筑公司，把头从根本上失去了活动市场。此外，城镇手工业、服务业、粪便业等各行业也都实行了民主改革。

通过民主改革，打垮了城市封建残余势力，调整了企业内部的生产关系，为企业的生产发展开辟了道路。在国营企业中，建立起全新的社会主义生产关系，把旧企业改造成新型的社会主义企业。在私营企业里，工人的政治地位有了提高，促进了新的劳资关系的形成。在城市各行业里，建立了新的劳动组织和管理制度。通过民主改革，广大工人群众政治思想觉悟和组织程度提高了，激发了自觉的生产热情。这对于城市经济的发展有着重要意义。

四、恢复国民经济的方针

（一）党的七届三中全会的战略部署

1950年上半年，全国财经工作的统一，使经济形势发生了重要的变化。财政收支接近平衡，金融物价趋于稳定；国营经济取得了对市场的领导权，新的经济秩序初步建立起来。但是，受到战争破坏的国民经济尚待恢复；新解放区的土地改革还没有完成；社会经济改组引起了市场萧条，私营工商业困难重重，失业人口增加。帝国主义的封锁和残匪的破坏加剧了国民经济的困难。总之，财政收支接近平衡是建立在紧缩开支而不是增收基础上的，物价稳定的基础也很脆弱，国家的财政经济状况尚未根本好转。在全国范围内，还没有取得进行大规模经济建设的条件。

1950 年 6 月 6 日至 9 日，中共中央召开七届三中全会。这是中国共产党在新中国成立后召开的一次极为重要的会议。这次会议正确地分析了形势，制定了国民经济恢复时期的工作纲领和战略，指出全党全国人民面临的中心任务，是继续完成民主革命的遗留任务，全面实施新民主主义建设方针，争取在三年内实现国家财政经济状况的根本好转，为有计划的经济建设创造条件。会议指出，要实现财政经济状况的根本好转，需要三个条件即：土地改革的完成，现有工商业的合理调整和国家机构所需经费的大量节减。会议号召全党全国人民团结起来，做好以下 8 项工作：(1) 进行土地改革；(2) 巩固财政经济的统一领导和统一管理，巩固财政收支的平衡与物价的稳定，合理调整税收和合理调整工商业；(3) 解放军的复员工作和行政系统的整编；(4) 对旧有教育事业和旧有文化事业进行改革；(5) 失业救济；(6) 团结各界民主人士；(7) 肃清反革命分子；(8) 全党进行整风。毛泽东在会议上提出了“不要四面出击”的策略思想，强调要在工人阶级的领导下，以工农联盟为基础，把小资产阶级、民族资产阶级团结起来，集中力量向国民党残余势力、封建地主阶级和帝国主义进攻，批评了提早消灭资本主义实行社会主义的错误思想。

党的七届三中全会根据新中国成立之初的具体情况，把党的七届二中全会和《中国人民政治协商会议共同纲领》制定的建国纲领和根本任务，具体化为明确的政策和工作步骤，成为国民经济恢复时期经济工作的指导性的方针。

（二）抗美援朝战争爆发后财政经济工作方针的调整

正当中国着力于国民经济的恢复的时候，1950 年 6 月 25 日，朝鲜战争爆发。27 日，美国宣布出兵朝鲜。10 月 19 日中国人民志愿军渡过鸭绿江，开始了抗美援朝战争。这场战争对国民经济产生重大影响。军费及战争有关的费用迅速增加，在整个财政支出中占的比重又接近 1/2。帝国主义的禁运与封锁，严重影响进出口贸易。人心浮动，社会游资和机关、部队、企业争购市场短缺物资，投机资本趁机活动，货币流通速度加快，部分商品物价上涨。战争的爆发，打乱了财经工作的既定部署。战争前拟定的 1951 年的经济计划是以恢复、发展经济为重点的和平建设计划，总的指导思想是减少军费，增加经济建设和文教费用。战争迫使国民经济转向战时经济的轨道。

根据新的情况，中国政府及时地调整了财经工作的方针。1950 年 11 月召开了全国第二次财经会议。会议确定的 1951 年的财经工作的方针是：战争第一，市场第二，其他第三。“战争第一”，就是把 1951 年财经工作的方针放在全力支援抗美援朝战争的基础上，满足战争的需要，成为整个财经工作的首要任务，保证战争的胜利，为经济的恢复与建设创造一个和平的环境。“市场第二”，即市场安排的地位仅次于战争，宁可削减经济和文化开支，也要保证市场的稳定。这是因为当时国家财力薄弱，物资储备很少。如准备不足，在战争条件下，随时可能发生物价波动。这不仅会给国家和人民带来损失，还会在政治上带来不利影响。影响物价波动的因素很多，但只要力争财政收支平衡，不增发或少增发货币，就可以保证物价基本稳定。“其他第三”，即在保证照顾了战争、市场之后，剩多少钱，办多少事。经济建设投资的原则，是首先满足与战争有关的军工投资，以及对财政收入有直接帮助和对稳定市场有密切关系的投资，对其他的则加以削减或收缩。

为了支援抗美援朝战争，并争取实现财政收支平衡，中国政府在增加财政收入方面决定采取以下各项措施：扩大农副产品的购销，活跃城乡物资交流，在帮助农民推销土特产品的基础上，多征收几十亿斤粮食的农业税；堵塞漏洞，做好税收工作；等等。

（三）“三年准备、十年计划经济建设”的发展战略

1951年2月，由于新中国成立一年多来各项工作进行得比较顺利，国民经济恢复的工作进展很快，毛泽东在中共中央政治局扩大会议上提出了“三年准备、十年计划经济建设”的经济发展战略思想。会议决议要求中国共产党和中国政府的高级干部在思想上都明确起来，“准备时间，现在起，还有二十二个月，必须从各方面加紧进行工作”①。这个战略思想成为此后两年经济工作和各方面工作的总方针、总任务。

“三年准备、十年计划经济建设”的战略，把有计划的经济建设这一前景，更贴切地提到中国政府和中国人民的面前。多年来，中国共产党领导中国人民进行革命斗争的目的，就是要把中国建设成为强大的工业国，现在这一任务就要变成直接的行动了，当前所做的一切，都是为实现这一任务做准备的。这是全党工作重心由革命转入建设的进一步的贯彻。

受毛泽东的委托，刘少奇多次在各种会上谈到“三年准备、十年计划经济建设”的方针性问题。他指出，“三年准备、十年计划经济建设”都是“新民主主义阶段”。他强调，十年建设之后，新中国的面貌就要改变，不但有庞大的农业，还有了自己的工业，到那时，我们的国家才可以考虑到社会主义的问题，现在不能提这个问题，十年内讲不到，十年之后看情况，可能还要等几年。三年准备、十年计划经济建设，都是为工业国有化和农业集体化做准备，是向社会主义过渡的准备阶段。

“三年准备、十年计划经济建设”的战略思想，是与党的七届二中全会和《共同纲领》精神、党的七届三中全会战略方针一脉相承的。它坚持了新民主主义的总政策，以经济恢复和建设为中心任务，既把国民经济的恢复和大规模的经济建设明确区分为两个不同的阶段，又把两者有机地结合起来。这样，国民经济的恢复就有了正确的指导方针。

---

① 《中共中央政治局扩大会议决议要点》，中共中央文献研究室编《建国以来重要文献选编》第2册，中央文献出版社1992年版，第39页。

五、两次调整工商业和“五反”运动

（一）第一次调整工商业

1. 私营工商业的困难。

新中国成立以后，新中国政府积极贯彻公私兼顾、劳资两利的政策，以发挥私人资本主义有利于国计民生的积极作用，促进国民经济的恢复与发展。

新中国成立之初，由于战争的影响，工商业者在新的社会中感到前途渺茫，以及一部分干部在执行政策上的“左”的倾向和工人自发地要求增加工资福利、减少工时，甚至对资本家进行清算，私营工商业停业歇业严重。中国共产党和人民政府积极宣传对私营工商业的政策，解决劳资矛盾，鼓励工商业者恢复生产经营。国家对有利于国计民生的私营工商业予以扶持。据统计，1949 年，各大城市对资本主义工商业的贷款，一般占到国家对工商业贷款总额的 20%～25%，其中上海达到 52.3%，天津也达到 46.9%。国家还通过加工、订货、收购产品帮助私营工商业扩大销售，周转资金，恢复生产，使得私营工商业的生产经营逐步走出困境。

1950 年上半年，经过打击投机资本，统一财经，全国物价基本稳定。这从根本上来说，是为国家的经济恢复发展创造了有利的条件。但私营工商业却在生产经营上又出现了严重的困难。主要表现在：

（1）市场萧条，商品滞销，价格倒挂。工厂生产的产品卖不出去，商店的货物难以脱手，市场成交量远远低于商品上市量，并出现了产地价格高于销地价格的价格倒挂现象。北京市 1950 年 3 月面粉市场成交量只及上市量的 15.1%，其他粮食成交量也仅为上市量的 21.2%。上海百货业六大公司（永安、先施、大新、新新、中国百货、丽华）的营业额，

3 月比 1 月减少了 50%左右，若干小型百货商店甚至减少了 90%。上海市批发市场交易量，如果以 1 月为 100，到了 4 月，棉纱只有 53，大米只有 17，卷烟只有 5。重庆市私营商业商品销售量大幅度下降，1950 年 4 月比 3 月，棉花减少了 93.5%，纱减少了 92.5%，布减少了 70%，油、煤减少了 50%。从价格方面看，是价格总水平下降。全国价格水平以 1950 年 3 月为 100，4 月为 75.1，5 月为 69.2，6 月为 68.3，降到了谷底。这样一来，出现了价格倒挂的现象，即产地价格高于销地价格，工业出厂价高于商业零售价。上海市作为纺织中心，其纺织品价格却高于内地。以纱为例。1950 年 4 月 20 日，南昌纱价为上海的 95%，杭州为上海的 91%，蚌埠为 84%，无锡为 83%，芜湖为 77%，[①] 以致上海商品无法出境。

(2) 私营工业生产锐减，企业严重开工不足。全国私营工业 5 月主要产量与 1 月相比，棉布减少了 38%，绸缎减少了 47%，毛纱减少了 20%，卷烟减少了 59%，烧碱减少了 41%，普通纸减少了 31%。大城市减产的情况更为严重，上海火柴产量 1950 年 4 月不及 1 月的 1/6，面粉、卷烟、玻璃、毛纱的产量也仅及二三成至六七成。[②] 由于生产大幅度减少，私营工厂的开工率严重不足。

(3) 私营工商业企业纷纷倒闭。1950 年 1 月至 2 月，私营工商业开业户多于歇业户数。从 1950 年 3 月起，私营工商业开业户数就少于歇业户数，第二季度更为突出。以上海、北京、天津、武汉、广州、重庆、西安、济南、无锡、张家口等 10 个大中城市为例，1950 年第二季度私营工商业开业 5903 家，歇业 12750 家，歇业多于开业 6847 家。其中，私营商业的情况更为严重。据北京、天津、上海、武汉、济南等 5 个城市的统计，1950 年 3 月开业 902 户，歇业 1662 户，歇业多于开业 760 户；4 月开业 803 户，歇业 3289 户，歇业多于开业 2486 户；5 月开业 744 户，

① 中央工商行政管理局等编《私营商业的社会主义改造》，生活·读书·新知三联书店 1963 年版，第 49 页。

② 中央工商行政管理局等编《中国资本主义工商业的社会主义改造》，人民出版社 1962 年版，第 109 页。

歇业5067户，歇业多于开业4323户，是情况最严重的一个月。此外，申请歇业未被批准或者自行歇业的情况也不少。①

私营工商业的大量停业歇业，增加了失业人口。仅据中华总工会对几个大城市的统计，1950年三四月间，就增加失业职工10万人，其中上海5万人，武汉2.5万人，天津1.4万人。处于半失业或名义上在职而实际上无事做、拿不到工资的则更多。失业问题是新中国成立初期严重的社会经济问题，失业职工的增加，加剧了社会的不安，也加重了政府的负担。由于市场的萧条，小商小贩、小手工业者的处境也十分困难。

私营工商业的严重困难，使得资产阶级和新生政权的关系十分紧张。工商业者以为就要消灭资本主义，实行社会主义了，惶惶不可终日。他们有的躺倒不干，消极等待；有的遣散职工，关厂歇店；有的把资金转到香港；有的干脆弃厂弃店，一走了之。

2. 私营工商业困难的原因。

资本主义工商业发生严重困难的原因，最主要的是社会经济改组所带来的阵痛。就是说，中国的私营工商业是在半殖民地半封建的社会经济环境中成长起来的，打下了半殖民地半封建经济的烙印。国统区十几年的恶性通货膨胀对私营工商业的经营方针也产生了很大影响。中国革命胜利后建立起新的经济秩序，特别是物价稳定后，社会经济环境，经济运行机制，消费结构，都发生了很大的变化，私营工商业一时无法适应，需要有一个调整过程。同时，建立在半殖民地半封建经济基础上的各种经济关系被打破，新的经济联系有待建立。另外，新中国政府在调控宏观经济方面缺乏经验和工作中的一些偏差加重了这些困难。具体分析起来，有以下几个主要的方面。

（1）虚假的购买力的迅速消失。旧中国由于通货膨胀、物价飞涨，人们争相抢购，投机商业异常活跃，形成了市场的畸形繁荣和虚假的购买力。全国物价稳定后，由于币值稳定，人们重货轻币的心态随之改变，

---

① 中央工商行政管理局等编《私营商业的社会主义改造》，生活·读书·新知三联书店1963年版，第49—50页。

不再竞购商品保值。这样，市场上很快就出现了某些物资供过于求的现象。在通货膨胀期间不惜借债囤货牟取暴利的私营工商业，在物价稳定后，不但不再抢购货物，而且急于抛售物资，使市场上商品供过于求的现象更加严重。

(2) 服务对象的巨大变化。过去适合于半殖民地半封建经济需要的一些工商企业生产和经营的一些商品，由于民主革命的胜利，原有的消费者或被打倒、或离开大陆，或被禁止出售，因而失去了市场或市场大大缩小。这主要是指在通货膨胀中发展起来的银行、钱庄和投机商号，专门为外国在华资本家、达官显贵、城居大地主等服务的奢侈性商业服务业，如金银首饰、高级化妆品、高级丝绸、尼绒、参燕鹿茸、抽鸦片用具等商业企业，以及制造奢侈品的工业等，在新的社会经济条件下，失去了服务对象，不可避免地发生严重的困难。

(3) 旧的经济联系被打乱，新的经济关系有待建立。从国内看，由于多年的战争破坏，城乡物资交流堵塞，商品流通不畅。在新的政权接管企业的过程中，国营企业与私营工商业的业务联系暂时受到影响。在旧中国，官僚资本掌握大银行、大型工业、大批发商业和大宗的商品进出口，私营工商业经济力量比较小，必须通过与其发生经济联系，如融通资金，获得原料，经销代销，加工订货，才能维持正常的生产经营。在企业接管过程中，有些业务联系中断了，私人资本单凭自身的力量无法正常运转。从国际经济关系看，过去许多私营工商业依赖于从国外进口原料、设备，或向国外出口。新中国成立后，帝国主义对中国实行经济封锁，新的对外经济关系有待建立，也给一些私营工商业带来困难。

(4) 政府在平抑市场物价时，未能严格区分投机资本和正当经营的工商业，对私营工商业打击过重。如国营商店和合作社经营的商品范围、数量过大，给私商活动的余地太小。在华北地区，社会主义商业在粮、棉、布、煤、盐和煤油等主要商品方面的经营比重，平均在80%左右。在价格政策上，为了限制私商，缩小了批零差价和地区差价，导致私商经营困难。在税收政策方面，税收重，税目多，私营工商业负担过重，等等。

(5) 银根过紧的后遗症。为了平抑市场物价，银行吸收存款，回收放款，紧缩贷款；财政加强税收，催卖公债；国营商业只吐不吞；对私营工商业不批准停业，即使停业也要发放职工工资。多箭齐发，造成银根过紧，物价下跌。货币流通量过少，也不利于商品的正常流通。

在新中国成立的初期，私营工商业在国民经济中有很重要的作用。据统计，1949 年，私营工业产值占全国工业产值的比重为 48.7%，1950 年占 38.1%；[①] 1950 年私营商业在批发总额中占 76.1%，在零售总额中占 85%。[②] 所以，资本主义商业在为社会提供产品，实现商品流通，增加就业，促进国民经济的恢复和发展等方面都有着重要的意义。如任凭私营工商业大量歇业倒闭，必将导致市场萧条，生产衰退，失业增加，不利于国民经济的恢复。

3. 工商业的初步调整。

私营工商业的困难，引起了中国共产党和人民政府的高度重视，并迅速研究和制定调整工商业的各项措施。

从 1950 年 4 月，中央人民政府委员会召开第七次会议，讨论了私营工商业的困难问题。毛泽东在会上指出："今后几个月内政府财经领导机关的工作重点，应当放在调整公营企业与私营企业以及公私企业各个部门的相互关系方面"[③]。会后，在中央财政委员会的组织下，召开了工商、税务、贸易、油脂、火柴、橡胶、机械、纺织、造纸、印染等一系列专业会议，研究各行业及市场的情况。同年 5 月，在北京召开了上海、天津、北京、武汉、重庆、西安、广州等七大城市会议，研究制定了调整工商业的措施。1950 年 6 月党的七届三中全会之后，合理调整工商业的工作全面展开。

合理调整工商业的基本目的，是在国家的宏观调控和国营经济的领导下，使有利于国计民生的资本主义工商业走出困境，为国民经济的恢

---

① 国家统计局编《中国统计年鉴（1984）》，中国统计出版社 1984 年版，第 194 页。

② 中央工商行政管理局等编《中国资本主义工商业的社会主义改造》，人民出版社 1962 年版，第 61 页。

③ 毛泽东：《在中央人民政府委员会第七次会议上的讲话》，《建国以来毛泽东文稿》第 1 册，中央文献出版社 1987 年版，第 296 页。

复和发展服务。调整工商业的内容十分广泛，它包括调整公营工商业与私营工商业之间的关系、公营与公营之间的关系、私营与私营之间的关系、工业与商业之间的关系、金融与工商业之间的关系、城乡关系、国内各地区之间的关系、各企业内部的关系等。其中最基本的是三个环节，即调整公私关系，调整劳资关系，调整产销关系。

(1) 调整公私关系。

调整公私关系就是调整新民主主义经济制度中五种经济成分的关系，重点是调整社会主义国营经济与私人资本主义经济的关系。其基本出发点是：既要保证国营经济作为社会经济的领导地位，又要保护一切有利于国计民生的私人资本主义工商业，使各种社会经济成分在国营经济的领导下，分工合作各得其所。调整公私关系的主要措施如下：

在工业方面，扩大加工订货和收购包销。即国家经济机关或国营工商企业向私营工业企业加工订货，收购产品。全国私营工业产值中（包括公私合营），加工订货、收购包销所占的比重，在 1949 年为 11.5%，1950 年为 23.7%，1951 年达到 39.6%。加工订货的方针是重点扶植，结合调整产销关系，扶植那些于国计民生有益的行业、企业。如私营棉纺业，1950 年下半年为国家加工订货的部分占其生产能力的 70%以上。对那些不利于国计民生的行业，国家不予扶植；对那些不能适应市场和国家建设需要的企业，引导它们转产。通过扩大加工订货、收购包销，帮助私营工业企业销售了产品，周转了资金，增加了开工，同时，也将部分私营工业企业的生产经营活动间接纳入国家计划的轨道。

调整公私商业的经营范围。国营商业把主要力量集中在批发上，扩大批发阵地，适当缩小国营零售范围。1950 年 6 月以后，减少了国营零售商店经营品种。国营零售商业只经营粮食、煤炭、纱布、食油、食盐、煤油等人民生活日用必需品，其他的零售业务则由私营商业和小商贩经营。农副土产品的收购，国营商业只经营主要的大宗农产品和外销农产品的一部分，其余由合作社和私商收购、贩运。

调整价格。按照照顾产、供、销三方面利益的原则，规定适当的地区差价、批零差价、季节差价、原（料）成（品）差价，使私营零售商和运销商有利可图，以鼓励私商进行贩运，为活跃城乡交流服务。

调整市场管理制度。在保护正当贸易、反对投机倒把、稳定市场物价的前提下，适当放宽市场管理，取消一些不必要的限制，以鼓励私商下乡采购，促进城乡物资交流。

调整税收负担。目的是在保证满足国家财政需要的前提下，适当地减轻私营工商业的负担，以促进私人工商业的恢复发展。主要内容是修正工商税法，减少税种、税目，降低税率，改变征税办法。在调整税负时，实行工业轻于商业、日用工业品轻于奢侈品的征税政策，并对一部分国家建设急需的工业品实行减税或免税。通过调整税负，不仅适当减轻了私营企业的负担，鼓励其生产经营的积极性，而且利用税收这个杠杆，起到了调节、引导私营工商业经营方向的作用。

调整贷款。对有利于国计民生的私营工商业，国家银行联合私营行庄增加贷款，并调整贷款的使用方向。对工业的贷款主要是结合加工订货来进行，商业放款则主要放在城乡贸易上，以促进城乡之间、地区之间的商品流通。据各地不完全统计，国家银行对私营工商业的贷款余额，1950 年为 2186 万元，9 月就增加到 4963 万元。并连续两次降低贷款利率，减轻工商企业的负担，刺激其扩大生产经营规模的积极性。

（2）调整劳资关系。

调整劳资关系是调整工商业的另一个基本环节。新中国成立后，在整个社会中，工人阶级已经是国家的领导阶级，资产阶级在政治上处于被领导地位。但在私营企业中，工人还处在被剥削的地位，资本家却处于主导地位。两者这种地位上的二重性，决定了劳资关系的复杂性。工人阶级要利用自己在整个社会中的政治地位，来争取实现自身的更大利益，资本家也要维护自己对企业的所有权、支配权，并获得最大利润。这样就使得劳资矛盾激化起来。新中国成立后，劳资关系在一段时间里非常紧张。城市刚刚解放时，工人群众自发起来要求增加工资福利。物价稳定后，私营工商业处于困难境地，停工的工人要求发给生活费，被遣散的工人要求发给遣散费，劳资冲突不断。劳资关系的紧张，影响了生产经营的正常进行，工人不服管理，资本家不敢管理，生产率下降，浪费增加，加重了企业的困难。有的资本家因此丧失了继续经营的信心，消极观望，甚至有人弃厂弃店而去。这种状况对国家、对工人群众、对工商业者都是不利的。因此，必须根据《共同纲领》中规定的公私兼顾、劳资两利、发展生产、繁荣经济的方针，通过调整劳资关系，建立一种与新民主主义社会经济制度相适应的新型的劳资关系。

调整劳资关系的总原则是"劳资两利"，具体原则是：其一，一方面承认资本家对企业的所有权，同时也必须确认工人群众的基本的民主权利。即工人有参加各种政治组织和政治活动的权利；对资本家的经营、人事安排有监督权；对劳动条件、工资福利等涉及工人自身利益的问题，有通过自己的组织（如工会）依据国家政策法令与资本家进行协商的权利。其二，必须有利于生产的发展。这是劳资双方都必须遵守的。如工人群众不能提出过高的工资福利要求，使企业有利可图，可以扩大再生产。资本家也必须积极经营，发展生产。其三，劳资争议用协商的方法解决，协商解决不了由政府进行裁决。

为了调整劳资关系，劳动部于 1950 年 4 月公布《关于在私营企业中设立劳资协商会议的指示》，指出要根据劳资两利和民主原则，用协商的方法，解决企业中有关劳资双方利益的一切问题。各地根据这一指示，普遍在私营企业中建立了劳资协商会议。截至 1950 年 6 月底，据不完全统计，北京、天津、上海、武汉、广州、济南等地已建立劳资协商会议 923 个，其中有 270 个是产业或行业协商会议。为了更好地调整劳资关系，广泛地在私营企业中订立劳资集体合同，在合同中明确劳资双方各自应尽的职责和义务，共同遵守。工人阶级是顾全大局的，在当时非常困难的情况下，努力生产，为企业渡过难关，作出了巨大的努力和牺牲。

(3) 调整产销关系。

调整产销关系是帮助私营工商业根据市场的需求进行生产经营，克服盲目性。在新民主主义经济条件下，政府不是对私营工商业下达指令性计划，而是通过召开各种专业会议、产销会议和及时发布全国的产销信息，来指导私营工业的生产。政府利用自己了解全国生产状况的便利条件，及时向全国通报各种产品的生产情况。如 1950 年 7 月 5 日，政务院经济委员会向社会发出公告，指出有些产业已经严重过剩，如火柴、卷烟、肥皂等；有些外销的工业，超过国外市场的需要，如地毯、丝织、针织等；有些已达到饱和状态，如橡胶、玻璃、染织、灯泡、毛巾、被单、电池等，以提请各工商业者注意调整生产方向和规模。从1950年上半年起，政府组织了重化工、能源、轻纺、食品等各行业的专业会议，制定各行业的生产方针，制定调整对策，结合加工订货，公私兼顾，分配生产任务。调整是本着面向生产、面向农村和人民大众、面向原料产地和销售市场的原则进行，努力把过去90%用于商业、金融业等高投机性行业的资本和精力，引导到生产领域，以改变工商结构。对以前仅服务于高消费的产业，引导其转向广大农村市场和城市广大民众必需品的生产上。对于以前原料依靠进口并多集中于沿海城市的工商业，引导其转向国内原料产地和销售市场。上海曾在调整时期向内地搬迁了若干工厂。这样就使私营工商业的产业结构也经历了一次大的改组。

在这次调整过程中，政府针对产品滞销的困难，采取了一系列鼓励性措施，开拓边疆少数民族市场和国外的以苏联及东欧社会主义国家为主的市场，对于克服困难也起到了一定的作用。

4. 调整工商业的成效。

调整工商业的措施很快取得了成效。从1950年7月起，私营工商业开始逐步从困境中摆脱出来，迅速走上恢复，并得到了发展。私营工商业户由开业少、歇业多转变为开业多、歇业少。仍以北京、上海、天津、武汉、广州、西安、济南、无锡、张家口等大城市为例。1950年第二季度私营企业开业5903家，歇业12750家，歇业多于开业6847家。经过调整工商业，第三、第四季度开业32674家，歇业7451家，开业超过歇业25223家。开歇业情况的变化，是私营工商业走向恢复和发展的一个主要标志。私营工业生产增加。以上海为例，私营工业的产量以1950年1月为基数，到同年11月，棉纱增长了77%，毛纱增长了13%，面粉增长了7%，水泥增长了30%，玻璃增长了283%，化学胶增长了58%。私营商业经营情况大为好转，销货额大幅度增加，利润也有较大增长。天津市花纱布绸业，从1950年6月开始好转，8月平均每户销货额较1月增长了 2 倍。北京市 16 个主要行业，9 月平均纯利为 31%，总纯利为 30 万元，比 8 月增加了 69%以上。上海棉布业中规模最大的“三大祥”，9 月销货量比 8 月都有较大增长：协大祥 9 月销货额 113 万元，比 8 月增长了 71%；信大祥 48 万元，增长了 54%；宝大祥 49.5 万元，增长了 105%。1951 年，私营工商业的这种发展势头更旺。1951 年与 1950 年相比，私营工业户增加了 11%，职工人数增加了 11.4%，产值增加了 39%；私营商业批发额增长了 35.9%，零售额增加了 36.6%。私营工商业的这种发展是历史上少有的。他们不再说“挂红旗五星不定，扭秧歌进退两难”，而是改为“挂红旗五星已定，扭秧歌迈步向前”了。这是中国历史上私人资本主义发展的第二个黄金时期。

私营工商业的恢复和发展，促进了整个国民经济走向恢复。1950 年下半年，市场成交量大幅度增长，各地市场日趋活跃。据北京、天津、上海、武汉、青岛等 5 市对面粉、大米、棉纱、棉布 4 种主要物资市场成交量的统计，以 1950 年 4 月为基数，9 月面粉增长了 13%，大米增长了 65%，棉纱增长了 84%，棉布增长了 278%。10 月的市场情况更好，面粉增长了 54%，大米增长了 289%，棉纱增长了 128%，棉布增长了 233%。内地城市的交易情况也相当活跃，地区之间、城乡之间物资交流日益发展。铁路货运量 1950 年 10 月与 7 月相比，北方各路局增加 1 倍以上，南方各路局则增加 3 倍以上。这种市场繁荣的情况是抗日战争以来所没有的。市场的繁荣，带动了金融的活跃。在汇兑方面，国家银行的全国汇兑总额，1950 年 11 月比 3 月增加了 367%；在票据方面，1950 年 9 月比 3 月，上海增加了 50%，天津增加了 2 倍以上。由于私营工商业的恢复和发展，国家税收明显增加。据全国 10 大城市私营工商税收统计，1950 年第三、第四季度税收比第一季度分别增长了 90%和 80%。1951 年整个国家的经济形势进一步好转，三年恢复的任务已有把握完成，国家已开始着手进行十年建设的准备。

（二）“五反”运动

为了加快国民经济的恢复和发展，1951 年 10 月，在全国范围内开展了增产节约运动。这个运动一方面推动了生产力的提高，使各条战线出现了欣欣向荣的新气象；另一方面，也揭露了大量的问题，主要是在国家机关、经济部门和国有企业、事业单位中存在着相当严重的贪污、浪费、官僚主义现象，当时称之为“三害”。为了戒除“三害”，1951年年底开始，党和政府开展了声势浩大的“三反”运动。随着“三反”运动的深入，在揭发和清查贪污分子的过程中，不断发现许多贪污分子的违法行为和社会上不法资本家的违法活动有着密切的关系。

大量事实证明，自1950年调整工商业以来，随着私营工商业渡过难关，有了较快的发展，资本家中的不法分子已不满足于用正常的方式获得一般利润。他们获得非法利润是通过日常经营中的经常性的违法活动取得的。资本家的违法活动包括：行贿、偷税漏税、盗骗国家财产、偷工减料和盗窃国家经济情报，当时称之为“五毒”。“五毒”严重的资本家是少数的，但私营工商业的违法行为是普遍的。据对北京、上海、天津、武汉、广州、沈阳、西安、重庆、南京等9大城市被审查的45万户私营工商业的统计，犯有不同程度“五毒”行为的工商户有34万多户，占被审查户的76%，其中上海占85%，北京达90%。由私人资本主义的性质决定，只要其存在，在日常经济活动中经常发生的违法行为就难以完全避免。因此，需要建立严格完善的管理制度，运用法律武器进行长期的、坚持不断的斗争。新中国成立之初，对私营企业的管理监督制度尚待建立健全。在“三反”运动中，私营工商业的违法问题被大量地、集中地揭露出来，其对国家经济建设的干扰，特别是某些厂商在承制抗美援朝战争军需品时以劣充优，残害志愿军的卑劣行径引起全国人民的极大愤慨。中国政府在1952年初随即发动了全国性的“五反”运动。

在运动发动之初，由于把“五毒”定性为资产阶级“对我党的猖狂进攻”，“五反”斗争采取了大规模群众阶级斗争的方式来进行。全国的报纸集中、大量地揭露私营工商业者的“五毒”行为，批判资产阶级唯利是图的思想。派遣工作队进驻厂店，以工人、店员为主力，发动市民群众，与工商业者进行面对面的斗争，揭发和声讨其“五毒”行为。

用群众阶级斗争的方式开展“五反”斗争，迅速发动了群众，打击了不法资本家的气焰，在短期内大量揭发不法资本家的“五毒”行为，但也由此带来了对社会经济生活不可避免的冲击。集中大量地宣传私人资本主义消极、丑恶的一面，以及采取了如同土地改革的大规模的群众斗争的方式，中国共产党内滋长起对待民族资产阶级的“左”倾情绪。中宣部理论处编辑的刊物《学习》杂志，在 1952 年第一、二、三期发表一系列文章，否定资产阶级在现阶段还存在着两面性，认为只有反动腐朽的一面，否定民族资产阶级现阶段有一定的积极性。这种思想在实际工作部门负责同志的反映是，不管什么违法不违法，反剥削，反压迫，反对资本家的腐化生活，想趁机消灭资本主义，提早实现社会主义。

在运动初期，由于运动来势迅猛，限期展开，许多地区情况不明，仓促发动“五反”斗争，曾引起一些混乱。如触动和打击面过宽，各机关自由派人到私营工商业户检查，随便传讯资本家，有的甚至采取逼供、体罚等方法，侵犯了资本家的正当权益，引起了很大的社会震动。运动伊始，就开始对经济生活造成影响。从 1952 年一季度起，全国各地不同程度出现了市场停滞，私营生产下降，公私、劳资关系紧张的情况。华北地区 1952 年 2 月税收比 1 月减少了一半。天津市新歇业的工商户 4000 家，影响到 40 万人的生计；财政 1951 年 12 月 10 天内收税 1370 万元，1952 年 1 月 10 天内收税 1050 万元，2 月 10 天内收税 663 万元，市财政局 2 月上半个月发不出包干费；铁路运输减少 40%，搬运工人减少 2/3。① 西南地区“三反”、“五反”运动开始后，工商业出现了显著的停滞现象，许多私营工厂无事可做，大量的建筑工人失业。工商业的停滞使得大量的城市贫民生活受到影响，重庆市一区有 2 万人（占该区人口 1/3）到了无食或缺食的地步，开始对“三反”、“五反”运动表示不满。特务也乘机兴风作浪。上海开展“五反”运动之后，加工订货、收购、贷款陷于停顿，基本建设普遍延缓，机关及社会消费大为降低，出现了生产萎缩、银根奇紧、交易停滞的现象。② 从全国来看，一季度国家税收少收 5 亿

① 陈文斌、邵纬生主编《中国资本主义工商业的社会主义改造》中央卷（下），中共党史出版社 1992 年版，第 320 页。

② 《中共中央关于“五反”定案、补退工作等的指示》，中共中央文献研究室编《建国以来重要文献选编》第 3 册，中央文献出版社 1992 年版，第 182 页。

元，相当于一季度税收总额的1/4。

为了减轻“五反”大规模群众运动对社会经济生活带来的震动，党和政府制定和采取了一系列政策和措施。

在运动之初，中共中央就提出“必须注意利用矛盾、实行分化、团结多数、孤立少数的策略”，要求“迅速形成‘五反’的统一战线”。① 统一战线不仅包括工人、店员、职员，还包括守法资本家和有一般违法行为的资本家，争取绝大多数资本家拥护我们，集中力量“打击百分之一左右的最反动资本家，又是着重打〔击〕投机商人而不是着重打击工业资本家（有一部分极坏的工厂必须给以打击）”。② 在工作的安排上，也做了精心的部署。如在“三反”与“五反”的关系上，要求先搞完“三反”再集中精力来开展“五反”。先在大城市开展“五反”，中等城市其后，并经“严格审查控制，逐一批准，以免混乱”③；县、区、乡暂“一律不进行三反五反，将来何时进行及如何进行，中央另有通知”④；上海市情况复杂，地位重要，在大城市中“五反”较晚进行。进行“五反”斗争的城市，领导要精心组织，计划安排，逐步展开。对捉人、判刑要慎重。判死刑更要少，“并且不要杀得太早。各地杀资本家要得中央批准才能执行。因为杀资本家和杀反革命不同，必须慎重，否则不利”⑤。

为了维持经济的正常运行，中央负责同志多次指示，“五反”斗争要做到群众拥护，市场繁荣，生产有望，税收增加。要求在运动中“注意维持经济生活的正常进行，如果在一个短时期出现了不正常状态，亦应

---

① 毛泽东：《中央关于首先在大中城市开展五反斗争的指示》，《建国以来毛泽东文稿》第3册，中央文献出版社1989年版，第97页。

② 毛泽东：《关于搜捕大老虎和检查处理违法资本家给高岗的电报》，《建国以来毛泽东文稿》第3册，中央文献出版社1989年版，第118页。

③ 毛泽东：《中央关于县区乡三级暂不进行三反和五反的指示》，《建国以来毛泽东文稿》第3册，中央文献出版社1989年版，第259页。

④ 毛泽东：《中央关于在五反中对工商户处理的标准和办法的指示》，《建国以来毛泽东文稿》第3册，中央文献出版社1989年版，第311页。

⑤ 毛泽东：《中央关于五反中对各类资本家的处理意见的指示》，《建国以来毛泽东文稿》第3册，中央文献出版社1989年版，第213—214页。

迅速恢复正常状态”[①]。1952 年 2 月 4 日，中财委发出指示，要求各经济部门在运动中抽出一定力量，进行当前的必要的业务工作，决定中央贸易部立即恢复收购土产品及加工订货任务。

以上各项政策措施的贯彻落实，对稳定社会经济生活起到了一定的作用，但也不可避免给社会经济生活带来冲击。到“五反”运动的后期，华东地区由“三反”、“五反”引起的新情况，可以概括为“工人失业、成品积压、物价下降、不敢负责”。农产品价格下跌已影响到农民春耕所需的资金，工业品价格下跌打击了再生产能力。资本家普遍惶惶不安，对今后如何经营无所适从。[②] 北京、天津等 20 个大城市（上海不在内）1951 年下半年歇业数只有开业数的 63%，1952 年 5 月申请歇业数则为开业数的 145%，7 月更为 220%。[③] 私营工商业的大量停业、歇业，导致失业人员急剧增加。据 1952 年 7 月政务院展开的全国劳动就业会议的统计，当时全国有失业人员 312 万人，而“五反”运动中新增加的失业人员有 45.7 万人。其中上海新增失业人员 8.6 万人，是人数最多的，接下来依次是天津 6.2 万人，武汉 3.3 万人，重庆 2.4 万人，广州 1.9 万人，北京 1.8 万人，6 个城市占了新增失业人员的 53%。[④] 私营工商业的萧条还影响到国营经济和整个国民经济。国家基本建设纷纷推迟，军事订货减少，贸易下降。国营百货公司 1952 年计划每天贸易额为 0.3 亿元，但最低时仅为 0.07 亿元，5 月下旬恢复到 0.26 亿元，仍达不到计划数。铁路装车计划每天应是 1.3 万车皮，最低时只有 0.7 万车皮，5 月恢复到 1.2 万个车皮，也还未达到计划数。

“五反”运动，沉重打击了资本家的不法行为，在工商业者中普遍进

---

① 毛泽东：《中央关于五反中对各类资本家的处理意见的指示》，《建国以来毛泽东文稿》第 3 册，中央文献出版社 1989 年版，第 212 页。

② 《中共中央关于“五反”定案、补退工作等的指示》，中共中央文献研究室编《建国以来重要文献选编》第 3 册，中共中央文献出版社 1992 年版，第 181 页。

③ 中国社会科学院、中央档案馆合编《1949—1952 中华人民共和国经济档案资料选编》（工商体制卷），中国社会科学出版社 1993 年版，第 905 页。

④ 邓力群、马洪主编《当代中国的劳动力管理》，中国社会科学出版社 1990 年版，第 35—36 页。

行了一次守法经营教育，推动了在私营企业中建立工人监督和民主改革的进程。这是新中国成立初期国家为确保迅速恢复和发展经济，回击资产阶级反限制斗争而取得的一个重要胜利。对于产生的消极后果，党和政府从运动中后期起，便初步采取措施，再次调整公私关系。

（三）第二次调整工商业

为了做好调整工作，首先在中国共产党内部再次进行新民主主义政策思想教育。1952 年 3 月，中央发出文件，明确“五反”的目的是消除“五毒”，使整个资产阶级服从国家法令，经营有利于国计民生的工商业。4 月，《中华人民共和国惩治贪污条例（草案）》说明稿强调，“五反”斗争的打击对象是不法资产阶级分子。除了对于工商界中一部分完全违法的资本家外，反对资本家在日常经济活动中的违法活动的斗争，其性质，仍是属于人民民主统一战线内部的斗争。《学习》杂志发表否定资产阶级在现阶段仍有两面性的文章后，毛泽东进行了严厉的批评。5 月，毛泽东在着手部署结束“五反”工作时说，打击要适可而止，不能走得太远；走得太远，就要发生问题，我们已对资产阶级打了一下，现在可以在新的基础上和他们讲团结了。同年 11 月，中共中央发出的关于调整商业的指示中提出，资产阶级在现阶段仍然是一个不可缺少的力量，我党团结资产阶级是一个长期的政策，要充分利用私人资本有利于国计民生的一面，使之服务于国家建设。

“五反”运动涉及面很广。为了团结教育广大工商业者，集中打击严重违法的资本家，继续利用私人资本主义有利于国计民生的积极作用，中国政府在运动后期定案处理阶段采取了非常慎重的做法。

1952 年 3 月 5 日，中央发出《关于工商户处理办法的指示》，规定对工商户处理应分别不同情况，划为五类，即守法户、基本守法户、半守法半违法户、严重违法户和完全违法户。处理的原则是：过去从宽，今后从严；多数从宽，少数从严；坦白从宽，抗拒从严；工业从宽，商业从严；投机商从严。中国政府在指导运动的过程中，对给私营工商户分类问题抓得很紧，要求各地坚持团结多数、打击少数的方针。例如，

1952年3月11日党中央给中共中央西北局复电时指出，在北京守法户和基本守法户共占70%以上，而西安这两类只占40%，似不合实际，请再加调查研究。① 同月14日，党中央又给上海市委复电，希望从第三类(即半守法半违法户)移一部分到第二类(即基本守法户)，对坚决保护的资本家数目能增加一些为好。② "五反"运动各地定案的结果，守法户占10%～15%，基本守法户占50%～60%，半守法半违法户占25%～30%，严重违法户占4%，完全违法户占1%。对各类户的处理办法分别是：基本守法户一般免退，少数酌退一部分；半守法半违法户只退不罚；对严重违法户除退出违法所得，还按其情节酌处罚款；对完全违法户，除令其退出全部非法所得，从重罚款外，还依据法律判以徒刑，其中罪大恶极者判处死刑。"五反"后期对工商户的定案分类，基本符合实际，在很大程度上纠正了运动初期对"五毒"估计和对工商户打击过重的问题，在处理上依据法律程序办事，这样便达到了教育团结广大私营工商业者，孤立打击罪大恶极的违法资本家的目的。

为了扭转市场萧条的状况，"五反"运动后再次调整工商业。采取的措施是：在退款补税方面，"先活后收"，"先税后补"。第一要先活，即除极少数投机商和完全有害无益的企业任其倒闭外，其余私营企业首先让其能够继续经营下去，因为只有企业能够继续经营才能收到税款。第二是先收税，资本家的违法收入一时无力退还补足，可延期分期偿还，但税一定要收。在工业方面，进一步扩大加工订货，制定合理的加工费标准，使资本家有利可图。在商业方面，进一步调整批零差价；收缩国营零售业务，公私商业比重维持在1∶3范围内。在私营企业内部，对资本家报复"五反"积极分子的行为必须制止；职工提出的工资福利要求必须适应企业经营的情况，不能过高；资方的财产应受到保护，企业的经营管理和人事调配的职权仍属资方，但应受到工人监督，遵守国家法

① 《中央对西北局关于开展五反的步骤和策略报告的复电》，《建国以来毛泽东文稿》第3册，中央文献出版社1989年版，第330页。

② 毛泽东：《中央关于增加受保护的资本家数目给上沛市委的电报》，《建国以来毛泽东文稿》第3册，中央文献出版社1989年版，第337页。

令。上述各项措施的贯彻，逐步扭转了市场萧条的局面。

“五反”运动打击了资本家的“五毒”经济违法行为，惩治了罪行严重的不法资本家，进一步限制了私人资本主义的不利于国计民生的消极作用；清除了私营企业的后账，摸清了私营工商业的底细，有利于加强对私企业以及整个国民经济的管理和之后进行有计划的大规模的经济建设；在许多企业中提高了工人的地位，加强了工人的团结，有利于在此基础上进一步建立起新民主主义的新型劳资关系；进一步显示了以工人阶级为领导的人民民主专政的威力，使资本家认识到与人民政府对抗是没有出路的，必须服从政府的领导与法令。

六、新民主主义经济制度的巩固和国民经济的恢复

（一）新民主主义经济制度的巩固

经过全国人民的共同努力，到1952年底，民主革命的遗留任务顺利完成，新民主主义经济制度更加巩固。

1. 国营经济的领导地位不断加强。

在新民主主义经济发展过程中，社会主义性质的国营经济迅速地恢复和发展。其原因，除了自身的优越性得到发挥，还由于得到了国家的支持。人民民主专政的国家利用财政手段把社会再生产的大多数积累资金掌握在自己手中。1950年至1952年，国家财政用于基本建设投资的资金总额为67亿元，相当于1952年私人资本资金总额43亿元的1.5倍。国家投资建设，建成的主要是社会主义的国营企业，因而国营经济比其他各种经济成分的发展速度更快，在国民经济中的领导地位不断加强。具体表现在以下几个方面。

国营工业企业不断壮大。国营工业产值占工业总产值（含合作社、私人资本主义和公私合营企业，不含手工业）的比重1949年为34.2%，

1952年上升为52.8%；重要工业产品产量占全部产量的比重也不断上升。从表2-1的数据可以看出，国营工业在生产资料生产方面继续保持和扩大优势，在消费资料生产方面，在一些主要产品的生产中也开始占有优势（详见表2-1）。从资本存量方面看，1952年底，国营工业企业固定资产净值和流动资金即资金总额为146.8亿元，而同是经营着现代化的经济事业的私营资本主义工业资本总额只有26亿元。与之相比，国营工业占有绝对的优势。

表2-1　1949、1952年国营工业企业主要工业产品产量占全部产量的比重　单位：%

年份	电力	原煤	生铁	钢	水泥	棉纱	机制纸	面粉	卷烟
1949年	58	68	92		68	49	35	19	17
1952年	88	84	95	100	64	48	59	43	64

资料来源：《中华人民共和国私营工商业社会主义改造统计提要（1949—1957）》，第12—17页。本表中的"全部产量"含私人资本主义和公私合营经济，不包括手工业。表2-2同。

在交通运输方面，1952年国营企业在全国铁路、航空、邮电业务量中占100%，占水运货运总量的比重从1949年的43%上升到75%，占公路货运总量的比重从21%上升到54%。

在国内商业方面，国营商业与供销合作商业相结合，建立了强大的国内商业网，掌握了各种主要物资，如粮食、花纱布、煤炭、工业原料等，控制了很大部分社会商品的流通过程。国营商业和供销合作社商业在全国商业机构商品批发和零售额中的比重，1950年为23.8%和14.9%，1952年上升为63.2%和42.6%，由此基本上主导着市场价格，并通过加工订货、价格政策调节私人资本主义和个体经济的生产经营。此外，国营外贸机构在进出口总额中所占的比重由1950年的66.5%上升到93%，在对外贸易中也占据绝对统治地位。

在金融方面，1952年，资本主义金融业提前完成社会主义改造，国家银行和信用社掌握了金融机构99%的存放款业务，成为全国现金、短期信贷的结算中心。

由于有强大的人民民主专政做后盾，有强大的国营经济控制国家经济命脉，并掌握着大部分的社会扩大再生产的资金，这样，中国的新民主主义的建设过程就是一个向着既定方向前进的可以控制的过程。

2. 个体经济的变化。

个体经济在国民经济中的比重略有下降，但在数量上仍占统治地位。仅以工农业的情况为例。1949 年，手工业和农业产值占工农业总产值的比重为 76.8%，1952 年下降为 67.3%。[①] 这种下降主要是现代经济的比重上升，而不是由于个体经济所有制的变化引起的。

在新中国成立之前，我们说农民个体经济，虽然是实行家庭个体经营，但许多农民要租种地主的土地，在市场上依附于买办商业和帝国主义控制的国际市场，在政治上、经济上受封建主义的束缚。在新民主主义制度下的个体农民，拥有自己的生产资料，在政治上翻了身，摆脱了对封建主义和资本主义的依附，是一种真正意义上的个体经济。

在国民经济恢复时期，在国家的倡导和辅助下，各种合作经济组织逐步发展起来。1952 年，全国共有各种类型的合作社 3.6 万多个，社员 1.1 亿多人。其中，农村供销社 3.2 万多个，社员近 1 亿人，建立了 10 万多个固定零售商店和近 4 万个货摊和零售点，遍布全国各地。农村信用社也发展较快，在 1952 年底已有 2271 个，此外，还有信用部 1578 个，信用互助组 16218 个，吸收存款 10 亿多元。在农村，生产领域中的互助合作是农村互助合作组织的主要形式，其中农业生产互助组发展得最快。到 1952 年，互助组发展到 802.6 万个，入组的农户（当年实际投入生产和参加秋收分配）4536.4 万户，占农户总数的 39.9%；另外，还建立了少量的初级农业生产合作社。在农村中，除了农业生产合作社，其他各种互助合作组织都是建立在农民小私有制基础上的，进行产前、产后的服务和产中的互助，并不否定农民的家庭经营，对农民个体经济发展生产起到了积极的推动作用。在手工业方面，1952 年手工业合作社社员达到 23 万人，占手工业从业人员总数的 3.1%；在全部手工业总产值中，手工业生产合作社所占的比重为 3.5%。

---

① 国家统计局编《伟大的十年》，人民出版社 1959 年版，第 15 页。

3. 私人资本主义经济得到恢复发展与改组，国家资本主义经济不断发展。

私人资本主义经济得到恢复与发展，但在国民经济中的地位下降。1952年与1949年相比，私人资本主义工业企业户数增长了21.6%；职工人数增长了25.1%；产值增长了54.2%，年均增长15.5%。私营商业的零售额1952年较1949年增长约20%。但由于社会主义经济成分增长得更快，私人资本主义经济在国民经济中的比重下降。从工业看，1949年私人资本主义工业产值占工业总产值（不含手工业）的比重为63.3%，1952年下降为39%。其主要工业产品产量在全部产量的比重也都有不同程度的下降（详见表2-2）。

表2-2 私人资本主义工业主要产品产量在全部工业中的比重 单位：%

年份	电力	煤炭	生铁	面粉	棉纱
1949	36	28	8	79	47
1952	6	12	3	47	37

资料来源：《中华人民共和国私营工商业社会主义改造统计提要（1949—1957）》，第12—17页。

私人资本主义工商业得到初步改组。有利于国计民生的产业、行业得到较快的恢复和发展，有关操纵国家经济命脉的部分发展受到很大限制，不利于国计民生的部分被削弱或淘汰。如与1949年相比，私营工业机器工业产值增长了3.98倍，冶炼业产值增长了4.04倍，造纸业产值增长了1.88倍。而天津市制香业在新中国成立前有55户，以后基本全部转产。经营国际贸易的私营企业主要转向国内贸易，部分批发企业转向工业或零售业。还有部分企业由沿海地区搬迁到内地。

私营金融业的社会主义改造提前完成，国家资本主义得到较快发展。工业中国家资本主义的主要形式是加工订货，到1952年，加工订货产值已占私人资本主义工业（为了便于比较，这里指的“私人资本主义工业产值”为私营企业自产自销、加工订货和公私合营的产值之和）49.8%；实行公私合营的私营企业数量不多，但主要是些大型企业，产值占私人资本主义工业产值11.4%，两者合计已占61.2%。私营工业自产自销的产值只占38.8%。即是说，私人资本主义工业的生产经营大部分已直接或间接纳入国家计划的轨道。

总之，私人资本主义在新中国成立初期三年得到恢复和发展，但在国民经济中的比重下降，在资本结构上发生着适应中国政府偏好和新的社会经济需要的变化，已成为国家可以调节和控制的资本主义，在新民主主义经济建设中发挥着重要的作用。三年新民主主义经济发展过程证明，中国共产党在设计新中国经济蓝图时确定把私人资本主义作为新民主主义经济的一个基本经济成分，对其实行利用、限制的政策，是符合国情的，有利于促进生产力的发展，在实践中达到了预期的目的。当然，私人资本主义经济作为社会经济的一个组成部分，与社会整体利益是有矛盾、有斗争的，这在多种经济成分并存的新民主主义经济条件下是不可避免的，否定这种矛盾和斗争是不对的。但是这种矛盾和斗争在中国特定的历史条件下是可以调整和控制在一定范围之内的，调整控制得好，是有利于社会经济的发展的。如果把这种矛盾和斗争绝对化，认为它们不能调整和控制，只要存在这种矛盾和斗争，新民主主义社会就前途叵测，处理这种矛盾和斗争的方式就是严厉打击私人资本甚至立即着手消灭资本主义经济成分，这就在理论上否认了私人资本主义在当时中国历史条件下还有利于国计民生的积极作用，否认在新民主主义制度下多种经济成分并存的必要性和可能性，从而从根本上否定了中国共产党人所创造的新民主主义经济理论。这种论断付诸实践，就会给社会经济生活造成严重后果。在新中国成立之初平抑市场物价和“五反”运动中就因对私人资本打击过重，造成市场萧条。通过调整工商业，私营工商业得到恢复发展，也促进了整个国民经济的恢复发展，证明新民主主义经济理论和政策的正确性。在三年国民经济恢复时期，中国政府对私人资本主义经济的政策总的来看是成功的，但也出现过限制过严、打击过重的问题，造成了私营经济比重下降过快。当然，这种多种经济成分并存的经济制度是一个新生事物，如何磨合多种经济成分本身也是一个崭新的课题，需要在实践中不断探索。只要基本方针不变，善于总结实践的经验，就能够更好地解决这个问题，在国营经济的领导下，更好地发挥包括私人资本主义经济成分在内的各种经济成分的积极作用，更有利于中国经济的发展。

到1952年，各种所有制在国民收入中的比重分别为：国营经济占19.1%，合作社经济占1.5%，国家资本主义经济占0.7%，私人资本主义经济占6.9%，个体经济占71.8%。在当时历史条件下，国民经济中现代化的经济比重很小，个体经济占了很大的比重。社会主义国营经济在国民经济中虽然数量上不占主体地位，但是国民经济中现代化的经济事业的主体，控制了国家经济命脉，掌握了能操纵国计民生的经济事业，因而在国民经济中占主导地位，是决定社会经济性质、调节其他社会经济成分和决定社会经济前进方向的经济成分。私人资本主义经济在国民经济中还占一定的比重，但如前所述，力量相对下降，自物价稳定后，已再无力全面与国营经济抗衡，成为国家可以控制的资本主义。

通过上述分析，我们认为，在国民经济恢复时期结束之时，新民主主义经济制度更加巩固。巩固的含义既包括基本经济（成分）结构的稳定，也包括国营经济的领导地位的加强，新民主主义经济的远景前途更加确定。中国共产党作为执政党，在当时历史情况下面临着两种选择：一是按照既定的方针，继续走新民主主义的道路；一是利用强大的政治和经济优势，进行社会主义改造。依据中国共产党所创造的新民主主义理论，是否终结新民主主义的社会经济制度，或是要看新民主主义经济制度是否可行，以及是否真正解放了生产力，有利于发展生产力；是否为建立社会主义制度准备好了所必备的物质文化条件。如果生产力尚未发展到高度发达的程度，就应该按照原来的设想，在社会经济的发展中，尽可能从有利于生产的发展出发，尽可能发挥新民主主义社会各种经济成分的积极性，使逐步走向社会主义远景前进的过程与经济发展的水平相适应，改变经济结构（成分）是为了适应生产力的发展，促进生产力的发展，稳步前进，少留后遗症。

（二）活跃城乡物资交流

恢复国民经济的工作千头万绪，要从多方面进行努力。新中国成立之初，由于多年战争的破坏，商品流通特别是城乡交流渠道堵塞，农副产品特别是土特产品滞留在农民手中，影响了农民收入的提高和农业再生产的进行。农村市场狭小，工业品下不了乡，也不利于城市经济的发展。因而，开展商品流通，促进商品经济的发展，就成为振兴全国经济的一个重要的环节。

新中国成立后，城乡物资交流就在全国范围内逐步展开。特别是1950年第二季度，由于通货膨胀停止后虚假购买力的消失，一度出现了工业品滞销的现象。加速商品流通，开展城乡物资交流，打开工业品在农村市场的销路，就成为刺激工业生产发展和活跃商业的中心环节。从1949年秋后到1950年冬，各地通过各种措施来加强城乡贸易和交流。例如，国营商业增设土产公司，合作社商设立专营土产的机构，开展土产购销业务；鼓励私商下乡采购和贩运土产；恢复和改善交通运输条件，开辟新的商业渠道，便利城乡交流；恢复农村集市、庙会，组织群众开展短距离的物资交流；召开各地土产会议，指导土特产品的生产和运销；建立货栈和农民交易所、农民服务部，方便农民出售土产；组织和举办土产交流会和以销为主的物资展览会；等等。这些活动，推动了城乡物资交流的活跃，对工商业的初步调整起到了积极的推动作用。

1950年第四季度，抗美援朝战争爆发，国防支出大大增加，给财政收支平衡带来了巨大的压力。为了既支持抗美援朝战争，又保持财政收支平衡，以稳定市场，就必须增加收入，包括增加农业税收。要使农民对增税负担得起，就要帮助农民增加收入。农民增加收入的渠道很多，但在短期内能见效的办法就是进一步开展城乡物资交流，把滞留在农民手中的土特产、小商品、手工业品推销出去。据当时的测算，仅猪鬃、桐油、茶叶、药材、鸡蛋等项，就平均占农民收入的10％～20％。1950年土特产价值240亿斤小米，相当于当年农业税的总额。这些产品由于城乡商品流通渠道堵塞，大部分积压在农民手中。帮助农民把农副产品推销出去了，增加几十亿斤小米的税收，农民就不会感到负担很重。从1950年底开始，开展城乡物资交流就已不仅是恢复国民经济的一般性措施，而且成为增加国家税收的一项紧迫的任务。

1951年，全国城乡物资交流进入蓬勃发展的第一个高潮。这个高潮是以大城市为中心召开的大区范围内的土产物资交流会为主要特征。华北地区是最早运用举办土产交流会这种形式打开土产品销路的，从1950年冬至1951年春，通过举办土产交流会、物资展览会等方法，销售了大约总值25亿公斤的土特产品。中财委很快推广了华北地区的这种好形式。1951年6月10日，上海市率先召开土产展览交流大会，有16个展览馆，200多个零售商场，通过两个月的交流，滞销土产90%以上均售出，华东全区农民和手工业者增加收入2亿元。紧接着，1951年6月28日，在汉口召开了中南区土特产品交流大会，历时75天，9月10日闭幕。大会分设15个展览馆，交易总额8129万元。许多滞销土产通过交流打开了销路，有的由滞转畅。大会还沟通了中南和东北两区阻塞多年的贸易关系，仅东北区工商代表团就通过大会采购各种土特产290万元。东北区物资交流大会于1951年9月15日在沈阳开幕，12月15日闭幕，会期长达3个月。大会共设16个展览馆，还设立了友区馆和交易处，交易处下设三个交易所和一处零售商场。大会交易总额达2.3亿元。华北区城乡物资交流展览会于10月5日在天津开幕，11月20日闭幕，历时45天。大会确定了“会场就是市场”的方针，设有土特产、畜产水产、日用百货、工业产品等4个交易所和包括200多个商店的零售商场，大会成交总额1.5亿元。此外，各省、市和专、县，也召开了土产交流会或物资交流会，形成了全国性的城乡物资交流高潮。据粗略统计，1951年全国土产销售通过交流大会成交的即达10.4亿元。1951年的城乡物资交流，促进了全国经济的振兴和繁荣，对国民经济的恢复和发展起了重大的作用。

1951年冬和1952年第一季度，在全国范围内开展了“三反”、“五反”运动。运动发动后，出现了城乡交流不畅、市场萧条等情况。为了改变这种状况，在再次调整工商业的同时，进一步开展了城乡物资交流。1952年3月，中财委发出了恢复交流、活跃经济的指示。4月下旬，贸易部召开全国土产会议，要求各地在1951年土产交流的基础上，巩固和扩大国内土产交流。随后，在全国范围内掀起了第二次城乡物资交流的高潮。

1952年城乡物资交流的主要特点，是在推广大区和省级城乡物资交流大会经验的基础上，普遍召开专、县以至区的物资交流会，以开展短距离物资交流为主要任务，使城乡物资交流进一步深入和普及。1952年继续召开以大城市为中心的大区物资交流大会。首先，华北区物资交流大会于1952年4月23日至5月23日在天津举行，成交额7454万元。随后，华东区城乡物资交流大会于5月25日至6月13日在上海举行，成交额17431万元。中南区物资交流大会于7月10日至31日在汉口举行，成交额23232万元。西南区物资交流大会在重庆举行，成交总额5665万元。9月27日至11月15日，华北区举行当年第二届物资交流大会，成交额56475万元。11月17日至12月6日，在广州举行华南物资交流大会，购销总额29500万元。与此同时，还广泛召开了以省会城市为中心的省级物资交流大会，或省、市联合召开交流大会。陕西省与西安市召开的省、市物资交流大会，1952年10月12日至12月31日在西安举行，成交总值1500万元。这一年，专、县及区、乡初级市场的物资交流有了一个很大的发展。华东地区初级市场物资交流蓬勃开展，1952年初至11月底，举行有组织的各级物资交流大会1100余次，12月在500次以上，河南许昌专区1952年9月至10月上旬有28个城镇先后举行物资交流会，成交额281万元，参会群众170余万人。据不完全统计，1952年全国共召开初级市场物资交流大会7738次，成交金额16.38亿元，比1951年全国物资交流会成交总额还要多一半以上。

在1952年的城乡物资交流中，既发挥了国营商业、合作社商业的领导、骨干作用，又充分注意调动私商的积极性，为活跃城乡交流服务。这一年，国营商业、合作社商业都积极参加城乡物资交流工作。国营西北贸易公司系统从1952年1月至11月底，共收购各种土特产达796万元，较上年土产贸易两公司全年收购总数增长23.46%。同期两公司系统工业产品销售额较1951年增长33.16%。合作社已遍布广大农村和集市，成为推动农村物资交流的重要力量。在城乡交流中，充分发挥了私商的人力和资金的作用，组织他们下乡收购土产，供应农村生产资料和工业品。甘肃省酒泉专区，鼓励私商下乡收购土产，取得明显效果。私商携带各种油、布、针线和百货，深入到高台、敦煌、金塔、鼎新、清水、西店、南山等地，短期内就收购了大量皮毛、药材、棉花、鸡蛋等农副土特产品，活跃了城乡经济。

对于山区、少数民族地区，利用民间运输工具，改善交通条件，组织短途运输，促进城乡交流。例如，贵州凯里，处于苗岭的崇山峻岭之中，通往外地的唯一交通是一条滩多水急的清水江，物资交流堵塞。1951 年政府发动农民修通了一条由凯里到炉山的公路，1952 年又整顿和发展了清水江流域的木船运输事业，使运输总量提高了 2.5 倍。这样，每天都有一两万斤烤烟从凯里运出，并由湖南、炉山等地运来农具、盐巴，物资交流得到了全面开展。

城乡物资交流的开展，对于工商业的调整，推动工农业生产的恢复和发展，活跃国内市场，促进全国经济的振兴和繁荣，都有着重要的作用。第一，大幅度提高了农民的购买力，促进了农村生产的发展和农民生活的改善。第二，沟通了全国各地区之间的经济联系，扩大了商品流通，促进了全国市场的活跃。第三，增加了工业的原料，促进了工业生产的发展。第四，推动了城乡经济的结合和工农联盟的巩固。第五，促进了城市工商业的繁荣。第六，促进了国家财政收入大幅度增加。

搞好商品流通，促进商品经济的发展，这是国民经济恢复时期经济工作成功的经验。以国营经济为领导，又不搞垄断，充分利用各种经济成分的积极性，形成多种流通渠道；以行政单位出面组织，但不搞地区封锁，不画地为牢，这些也是城乡物资交流取得巨大成效的原因。

（三）“边抗、边稳、边建”方针下的重点建设

国民经济恢复时期的经济建设是在十分困难的条件下进行的。特别是在 1950 年第四季度爆发了抗美援朝战争，中国人民志愿军渡江参战，军事费用迅速上升，占财政支出超过 50%，迫使经济转入战时经济的轨道。为了保证战争的胜利，争取到长期的和平建设的环境，在短期内必须把支持国防开支放在第一位。这样用于经济建设的资金就有限了，只能有多少钱办多少事，把有限的资金用于事关国民经济全局的重点建设上去。

1950 年至 1952 年期间，中国政府在财力十分紧张的情况下，挤出了一部分资金，量力而行地进行了重点建设，投资额度随着财政收入的增加逐年有所增加。1950 年为 18.4 亿元，1951 年为 22.1 亿元，1952 年为 26.5 亿元，三年总计用于基本建设投资的金额为 67 亿元，占三年财政支出的 18.3%。[①] 建设重点是解决水利失修、提高运输能力、扩大能源和原材料供应等恢复工农业生产的关键性问题。

在水利建设方面，重点是加强现有堤防的建设，三年内全国 4.2 万多千米的堤防大部分被重新进行了整修。1950 年黄河曾出现了历史最高水位，由于黄河中下游动员了数十万人整修堤防，黄河两岸人民平安地度过了汛期。

除了整修河堤，在新中国成立伊始，便开始了对江河流域的治理。重点是淮河和长江中游的“荆江河曲”地带。通过三年的努力，对淮河的治理初见成效；荆江分洪工程开始规划并付诸实施。

三年水利建设经费共计 7 亿元，约占基本建设投资总额的 10%；完成土石方 17 亿立方米，直接参加水利建设的人员达 24 万人次。水利工程的建设，对于农业生产的恢复发展起到了积极的作用，而且保证了大城市、工业区和交通干线的安全。

在交通运输建设方面，重点是铁路的修复和新建。三年修复和加强旧线 1 万多千米，相当于旧中国通车里程的一半。新建线路 1320 千米。其中连接成都和重庆的成渝铁路，1950 年 6 月动工，1952 年 6 月完工，全长 505 千米。这条铁路从清朝末年开始筹建，人民出了不少钱，但在新中国成立之前却未铺一根铁轨。新中国成立不到三年，就实现了四川人民和全国人民的夙愿。这条铁路的建成，对于天府之国——四川经济的发展，起着重要的作用。此外，还新建了来睦线、天兰线等。在公路建设方面，新建公路 3868 千米，主要有康藏线、昆洛线、新兰线、西宁黄河沿线等。经过 15 个月的建设，塘沽新港于 1952 年 10 月开港。三年中，交通事业投资 17.7 亿元，占基本建设投资总额 26.4%。

---

① 根据《中国统计年鉴（1983）》中国统计出版社 1983 年版第 417 、420 页计算。

在重工业建设方面，建设的重点地区是东北地区，特别是辽宁省。因为东北地区，尤其是辽宁省重工业基础比较好。日本帝国主义侵华期间，为了掠夺东北的原料，实现以战养战，在东北开发了一些矿区，建了一些企业，交通也比较发达。在东北地区的工农业总产值中，重工业占的比重达到34%，而全国平均只有8%。东北地区的工业生产虽在战争中受到了比较严重的破坏，但在此基础上首先进行恢复性建设，是投资少、见效快的最好的途径。工业建设的方式是以改建扩建为主，同时开始建设新的项目。此后列入“一五”计划的一些项目，在恢复时期已动工兴建。

重点建设的项目包括煤炭、冶金、电力等。这些是新中国建设的基础性产业，在国民经济中又十分落后。以煤炭工业为例。中国煤炭资源很丰富，但采煤业十分落后。1949年产量只有3200万吨，人均不到60公斤。再看钢产量。中国钢产量最高的年份是1943年，90多万吨；1949年只有十几万吨，人均不到0.5公斤。如此落后的基础产业，无法支持国民经济的顺利发展。因此，中国政府在新中国成立之初便对重工业进行了重点的建设。1950年至1952年这三年间，重工业投资21.6亿元，占全部投资总额的32.4%。到1952年底竣工的项目有：辽源煤矿中央竖井，海州露天煤矿，抚顺抚新电厂，丰满水电站一期工程。开始施工的有：鞍钢大型钢材厂、无缝钢管厂和8号高炉，抚顺铝厂，鸡西煤矿竖井，富拉尔基电站等。通过基本建设新增生产能力：炼铁76.4万吨，炼钢55.8万吨，煤炭开采1564万吨，发电机组容量22万千瓦。这些项目的建设，不仅对国民经济的恢复起到了积极的推动作用，而且为今后开展大规模的经济建设打下了重要的基础。

（四）国民经济奇迹般恢复

1.工农业生产迅速增长，经济总量迅速恢复。

中华人民共和国成立前夕，由于多年战乱，农村经济受到严重破坏。到1949年，粮食产量只及战前最高年份的3/4，棉花约减产一半，耕畜减少了16%。三年恢复时期，全国农村广大地区顺利完成了土地改革，加上社会秩序安定，政治清明，农民生产积极性空前高涨；中国政府领导广大农民兴修水利，改良种子，推广新式农具，防治病虫害，在农民个体私有制基础上开展农业互助合作运动，促使农业生产得到迅速的恢复和发展。1952 年与 1949 年相比，农业总产值由 326 亿元增加到 461 亿元，增长 41.4%，年均增长 12.2%。粮食产量从 11318 万吨增加到 16392 万吨，三年增加了 5074 万吨，增长了 44.8%，年均增长 13.1%；棉花产量从 44.4 万吨增加到 130.4 万吨，三年增长了 193%，年均增长 43.2%；油料产量从 256.4 万吨增加到 419.3 万吨，三年增长 63.5%，年均增长 17.8%；[①] 其他如黄红麻、糖料作物、桑蚕茧、茶叶、烤烟、水果、大牲畜、猪、羊、水产品等农林畜产品的产量也都呈百分之几十甚至成倍的增长。到 1952 年，粮食、棉花、黄红麻、甘蔗、甜菜、烤烟、大牲畜、生猪、水产品的产量都已超过历史最高水平；当然，油料、茶叶、桑蚕茧等重要经济作物的产量距历史最高水平还有较大差距（详见表 2-3）。农业的迅速恢复和发展为整个国民经济的恢复发展和人民生活的改善打下了一个良好的基础。

表 2-3　主要农产品产量 1949 年、1952 年与新中国成立前最高年的比较

产品名称	单位	新中国成立前最高年		指数（以新中国成立前最高年为 100）	
		年份	产量	1949 年	1952 年
粮食	万吨	1936	15000	75.5	109.3
其中：水稻	万吨	1936	5735	84.3	119.4
小麦	万吨	1936	2330	59.2	77.9
玉米	万吨	1936	1010		166.8
大豆	万吨	1936	1130	45.1	84.1
棉花	万吨	1936	84.9	52.4	153.6
花生	万吨	1936	317.1	40.0	73.0
油菜籽	万吨	1934	190.7	35.8	48.3

① 根据《中国统计年鉴（1983）》中国统计出版社 1983 年版第 158—159 页计算。

续表

产品名称	单位	新中国成立前最高年		指数（以新中国成立前最高年为100）	
		年份	产量	1949年	1952年
芝麻	万吨	1933	99.1	32.9	48.5
黄红麻	万吨	1945	10.9	33.9	280.7
桑蚕茧	万吨	1931	22.1	14.0	28.1
茶叶	万吨	1932	22.5	18.2	36.4
甘蔗	万吨	1940	565.2	46.7	125.9
甜菜	万吨	1939	32.9	58.1	145.6
烤烟	万吨	1948	17.9	24.0	124.0
大牲畜年底头数	万头	1935	7151	83.9	109.9
其中：牛	万头	1935	4827	91.0	117.2
马	万头	1935	649	75.1	94.5
驴	万头	1935	1215	78.1	97.2
骡	万头	1935	460	32.0	35.6
猪	万头	1934	7853	73.5	114.3
羊	万头	1937	6252	67.7	98.8
水产品	万吨	1936	150	30.0	111.3

资料来源：《光辉的三十五年》，中国统计出版社1984年版，第60页。

在工业生产方面，三年恢复时期，工业总产值和各主要工业产品产量都有较大幅度提高。1949年与1952年相比，工业总产值由140亿元增加到349亿元，增长了149.2%，年均增长35.6%；棉纱增长了1倍，棉布增长了1倍，食糖增长了1.25倍，原煤增长了1倍，原油增长了2.67倍，发电量增长69.8%，钢增长了7.54倍，生铁增长了6.72倍，水泥增长了3.33倍，硫酸增长了3.75倍，烧碱增长了4.26倍，金属切削机增长了7.56倍，其他一些工业产品产量也有较大增长，并超过历史最高水平（详见表2-4）。在产品产量迅速增长的同时，生产技术也有所提高。在冶金工业方面，生产出许多过去自己不能生产的产品，如矽钢片、钢轨、大型钢材、无缝钢管等，这期间修建的成渝铁路，就全部是使用的国产钢轨。在机械工业方面，生产出各种精密机床，开始生产成套设备。三年恢复时期中国新建了5个纺织厂，其中4个工厂的成套设备是国内生产的。此外，还自制了第一套水轮发电机组。

经过全国人民的共同努力，到1952年底，国民经济迅速医治了十多年战争的创伤，得到奇迹般的恢复。1952年与1949年相比，社会总产值由557亿元增加到1015亿元，增长了82.2%，年均增长22.1%。国民收入由358亿元增加到589亿元，增长了64.5%，年均增长18.1%；按人均国民收入由66元增加到101元，增长了53.0%，年均增长15.2%。工农业总产值由466亿元增加到810亿元，增长了73.8%，年均增长20.2%。仅从增长速度来看，这三年是新中国成立之后各个历史时期经济增长最快的。当然，这种速度具有恢复性质。到1952年，就工农业生产的总量而言，已超过历史最高水平的1936年。其中工业总产值比1936年增加了22.3%，农业总产值超过18.5%。在短短三年的时间里便使得受到战争破坏的国民经济得到恢复，这应该说是中国人民在中国共产党领导下创造的奇迹。

表2-4　主要工业产品产量1949年、1952年与新中国成立前最高年比较

产品名称	单位	新中国成立前最高年		1949年产量	1952年产量	指数		
		年份	产量			1952年比1949年增长	以新中国成立前最高年为100	
							1949年	1952年
纱	万吨	1933	44.5	32.7	65.6	100.6	73.5	147.4
布	亿米	1936	27.9	18.9	38.3	102.6	67.7	137.3
火柴	万件	1937	860	672	911	35.6	78.1	105.9
原盐	万吨	1943	392	299	495	65.6	76.3	126.3
糖	万吨	1936	41	20	45	125	48.8	109.8
卷烟	万箱	1947	263	178	295	65.6	67.8	112.3
原煤	亿吨	1942	0.62	0.32	0.66	106.3	51.6	106.5
原油	万吨	1943	32	12	44	266.7	37.5	137.5

续表

产品名称	单位	新中国成立前最高年		1949年产量	1952年产量	指数		
						1952年比1949年增长	以新中国成立前最高年为100	
		年份	产量				1949年	1952年
发电量	亿度	1941	60	43	73	69.8	71.7	121.7
钢	万吨	1943	92.3	15.8	135	754.4	17.1	146.3
生铁	万吨	1943	180	25	193	672	13.9	107.2
水泥	万吨	1942	229	66	286	333.3	28.8	124.9
平板玻璃	万标准箱	1941	129	108	213	97.2	83.7	165.1
硫酸	万吨	1942	18	4.0	19.0	375	22.2	105.6
纯碱	万吨	1940	10.3	8.8	19.2	118.2	85.4	186.4
烧碱	万吨	1942	1.2	1.5	7.9	426.7	125.0	658.3
金属切削机床	万台	1941	0.54	0.16	1.37	756.3	29.6	253.7

资料来源：《光辉的三十五年》，中国统计出版社1984年版，第74页；《中国统计年鉴（1983）》，中国统计出版社1983年版，第242—248页。

2. 国民经济结构的变化。

经过三年的经济恢复，国民经济不仅在总量上迅速增长，而且结构开始发生可喜的变化。1952年与1949年相比，在国民收入的构成中，工业和建筑业共提高了10.2个百分点，商业和运输业共提高了0.5个百分点，农业降低了10.7个百分点（详见表2-5）。其中，农业比重的下降和工业比重的上升是主要的特征。在工农业总产值中，农业占的比重由1949年的70%下降到56.9%，工业总产值的比重由30%上升到43.1%(详见表2-6)。工农业结构的这种变化不是由于农业的衰退、停滞造成的，而是农业较大幅度增长而工业增长更快的结果。如前所述，农业总产值在这三年中以年均14.1%的速度增长；主要农产品的人均产量，粮食人均产量从1949年的418斤增加到576斤，增加了150多斤，棉花人均产量从1.6斤增加到4.6斤，油料人均产量从9.5斤增加到14.7斤，基本上满足了工业原料和人民生活改善的需要。因此，这种结构变化基本上是合理的。第二产业的迅速增长是一个国家在工业化初期阶段经济发展的基本标志。当然，随着工业的迅速发展，城市人口的增加和人民购买力的迅速提高，将会对农业将会造成更大的压力，这种压力，在1952年下半年就已开始逐步显示出来。在进行工业化建设的过程中，如何使农业的发展与整个国民经济的发展相适应，这是摆在中国政府面前的一个重要课题。

在工业内部，轻重工业的比重也发生了变化。1952年与1949年相比，轻、重工业产值在工业总产值中的比例由约4∶1变成为3∶1。这种变化也是在轻工业迅速恢复与发展，而重工业发展速度更快的基础上的。1952年与1949相比，轻工业总产值增长了115.5%，而重工业总产值增长了230%，使得重工业在工农业总产值中的比重得以提高。原因除了国家在此期间投资恢复和建设的重点是重工业外，轻工业的增长也在一定程度上受到购买力的制约。

表2-5　国民收入构成（以国民收入总额为100）　　单位：%

年份	农业	工业	建筑业	运输业	商业
1949	68.4	12.6	0.3	3.3	15.4
1952	57.7	19.5	3.6	4.3	14.9

资料来源：《中国统计年鉴（1983）》，中国统计出版社1983年版，第24页。

表2-6　1949、1952年工农业总产值的构成　　单位：%

年份	占工农业总产值				占工业总产值	
	农业总产值	工业总产值	轻工业总产值	重工业总产值	轻工业总产值	重工业总产值
1949	70.0	30.0	22.1	7.9	73.6	26.4
1952	56.9	43.1	27.8	15.3	64.5	35.5

资料来源：《中国统计年鉴（1983）》，中国统计出版社1983年版，第20页。

3. 财政收支平衡，物价稳定，市场繁荣。

随着工农业生产的发展，国家财力不断增强，财政收支平衡，略有结余。1952年与1949年相比，国家财政收入增加近3倍，支出增加2倍多。这三年中，1950年略有赤字，从1951年起实现财政收支平衡，略有结余。三年收支相抵，节余15.4亿元。国家财政收支平衡是市场物价稳定的重要基础。财政不仅不向银行透支，而且有盈余存入银行，在民间存款有限的情况下保证了信贷的平衡。银行积极支持国营商业吞吐物资，有利于调控市场物价。

由于工农业生产的增长，人民收入提高，市场日益繁荣。1952年与1950年相比，国内商品零售总额增长了62.3％，农副产品采购额增长了62.1％，商业部门农业生产资料供应额增长了93.2％。新中国成立前夕，国内市场是一种虚假的繁荣。工农业生产萎缩，社会物质财富没有增加，市场上充斥着大量贬值的纸币，工商业者囤积渔利，人民群众抢购保值，这种虚假的繁荣并不能起到刺激生产的作用，它的背后是以官僚资本为首的投机资本对广大人民群众的疯狂掠夺。国民经济恢复时期，工农业生产迅速恢复与发展，国家积极进行建设，工商业者、个体农民都有投资欲望，人民收入增加，购买力提高，因此，这种繁荣是真正的繁荣。

在国民经济恢复时期，尽管受到了西方国家的经济封锁和禁运，中国的对外贸易还是以相当快的速度恢复和发展。1952年中国进出口总额达到19.4亿美元，其中出口额8.2亿美元，进口总额11.2亿美元，分别比1950年增长了71.7％、49％和93.1％，支持了国家的经济建设。

4. 人民生活得到初步改善。

广大农民无偿获得7亿亩土地，人均免除了近200斤的地租。人民政府赋税较轻。农产品销售价格和农村商品价格比较合理，免除了一部分中间剥削。在生产发展的基础上，农民收入增加，生活改善。1952年与1949年相比，农民人均收入增加了30％左右，消费水平提高了20％左右，食油、肉、棉布的消费量提高50％左右。城市就业人口增加，职工工资1952年比1949年提高了70％。国营企业还普遍实行了劳动保险制度，包括病、婚、事、工伤假制度，退休制度等。所以，职工实际生活水平比工资提高幅度更大。

文化、教育、卫生事业也得到初步的发展。1952年，大专、中专、普通中学、小学在校生数比新中国成立前最高年分别增加了23.2％、66.1％、66.4％和115.8％。城市、农村都开展了大规模的扫盲活动，工矿企业开展职业教育。文化教育事业的迅速发展，是一个民族复兴的标志。医药卫生事业也得到发展。医院增加，群众性爱国卫生运动普遍开展，霍乱、鼠疫等传染病基本得到控制，人们谈虎色变的肺结核病也得到有效防治。

1950 年至 1952 年中国的经济增长还带有恢复的性质，人民的生活的改善也只是初步的，但是这种变化开始显示了新的社会制度的优越性，证明了新民主主义经济制度是适合国情的，有利于促进生产力的发展。

第三章
启动大规模的经济建设和建立社会主义经济制度

到 1952 年底，中国民主革命遗留的任务已基本完成，国民经济迅速恢复到历史最好水平。按照中国共产党原来的设想，此后的任务，是在新民主主义制度下，发挥各种经济成分的积极作用，开展经济文化建设，为将来进一步向社会主义转变准备一切必要的物质文化条件。但此时，中国共产党和中国政府的战略发生了重大的转变，要求立即着手消灭一切私有制，向社会主义过渡，并明确了优先发展重工业的经济发展战略。以这些政策思想为基础，制定了过渡时期总路线和发展国民经济的第一个五年计划。

一、过渡时期的总路线和发展国民经济的第一个五年计划

（一）中国共产党在过渡时期的总路线

1. 过渡时期的总路线的酝酿和提出。

1949 年 3 月，党的七届二中全会提出个体经济通过合作社的形式走向现代化、集体化的方向，对私人资本主义实行利用、限制的政策，国家资本主义是国家和私人资本主义合作的形式，即新民主主义的经济政策，也形成了从新民主主义向社会主义过渡的基本路径。至于在什么条件下、从什么时候开始、采取什么方式去实现向社会主义过渡，中国共产党在新中国成立之初提出过一些设想，后来随着客观形势的发展和变

化又进行了新的思考。

经过新中国成立后三年的努力，至1952年中国经济内部的关系发生了一些重大变化。首先，公私经济所占比重有了根本性变化：在全国工业（不包括手工业）总产值中，国营工业从1949年的34.2%上升到1952年的52.8%（合作社营、公私合营工业占8.2%），私营工业从63.3%下降到39%。在社会商品批发总额中，国营商业从1950年的23.2%上升到1952年的60.5%，私营商业则从76.1%下降到36.3%（只是在零售方面，私营商业仍占57.2%）。这些变化的实质是，社会主义性质的国营经济在整个国民经济中的领导地位更为增强，不仅控制着有关国计民生的重要行业和产业部门，而且在现代工业中超过私营工业，占据了优势，并在批发商业中占明显优势，能够有力地调控重要商品的价格和供求关系，从而使国营经济成为中国逐步过渡到社会主义的主要物质基础。其次，私营工商业经过一系列调整，有相当一部分通过加工订货、经销代销、公私合营等多种形式被纳入国家资本主义轨道，在不同程度上接受着国家的管理和监督。再次，全国基本完成土地改革后，农业互助合作运动在广大农村普遍开展起来，其中参加互助组的农户占到农户总数的40%，初步显示了将个体农民组织起来增加农业生产的优越性。

在这期间，中国社会经济中也出现和积累了一些新的矛盾。工业的恢复和新建设项目的开工，要求商品粮和其他工业原料的生产有较大幅度的增长，而土地改革后个体农民扩大再生产的能力非常有限，不能满足大规模工业化建设的需求。国家开始进行有计划的经济建设，要把有限的资源、资金和技术力量集中使用到重点建设上来，而私人资本主义经济则要求扩大自由生产和自由贸易来发展自己。这就不可避免地引起国营经济同私人资本主义经济之间的矛盾和冲突。现实的发展，需要党采取新的方针来解决社会经济中的矛盾问题。这样就把对国民经济实行系统的社会主义改造的任务提到日程上来。①

① 《中国共产党历史》第二卷（1949—1978）上册，中共党史出版社2011年版，第183—184页。

随着实践的发展，中国共产党的认识也不断深化。中国共产党在创立初期的纲领明确提出为实现社会主义而奋斗的目标，但是在中国半殖民地半封建的社会形态下，党领导人民实现社会主义必须分两步走：第一步，实现反帝反封建的新民主主义革命纲领，然后才能走第二步，转入社会主义革命。这是中国革命的必由之路。“关于完成新民主主义到社会主义的过渡的准备”，毛泽东在新中国成立前夕提出：“我国在经济上完成民族独立，还要一二十年时间。我们要努力发展经济，由发展新民主主义经济过渡到社会主义。”① 当时设想，先经过 10 年到 15 年的新民主主义经济建设，工业发展了，国营经济壮大了，再实行工业国有化和农业集体化。如同 1950 年 6 月毛泽东所说：“我们的国家就是这样地稳步前进，经过战争，经过新民主主义的改革，而在将来，在国家经济事业和文化事业大为兴盛了以后，在各种条件具备了以后，在全国人民考虑成熟并在大家同意了以后，就可以从容地和妥善地走进社会主义的新时期。”②

经过三年来的发展，社会主义因素一直在不断增长，当时的想法已经发生转变。1952 年 9 月 24 日，毛泽东在中共中央书记处会议上提出：我们现在就要开始用 10 年到 15 年的时间基本上完成到社会主义的过渡，而不是 10 年或 15 年以后开始过渡。这是中国共产党领导人第一次提出“现在就要开始”向社会主义的过渡，“而不是 10 年或 15 年以后才开始过渡”的思想。11 月 3 日，毛泽东说，要消灭资产阶级，消灭资本主义工商业；但要分步骤，一是要消灭，二是还要扶持一下。首次明确了要立即着手消灭资本主义。从现在就要向社会主义过渡和立即着手消灭资本主义，这与中国共产党 1949 年前后的设想有很大的区别，因而标志着政策思想的战略性转变。此后，毛泽东多次讲到过渡时期总路线问题。1953 年上半年，中共中央统战部部长李维汉，在总结前几年对资本主义

① 毛泽东：《在中共中央政治局会议上的报告和结论》，《毛泽东文集》第 5 卷，人民出版社 1996 年版，第 146 页。

② 毛泽东：《在全国政协一届二次会议上的讲话》，《毛泽东文集》第 6 卷，人民出版社 1999 年版，第 80 页。

工商业工作经验的基础上，提出了通过国家资本主义从低级向高级的发展，把资本主义企业改造成为社会主义企业的设想。这一设想得到中共中央的认可，解决了和平改造资本主义的具体途径。1953 年 6 月，毛泽东在李维汉给中共中央报告的批语中，明确提出过渡时期总路线的基本内容。8 月，毛泽东在审阅周恩来在全国财经会议上的结论时，第一次对过渡时期总路线作了比较完整的文字表述："从中华人民共和国成立，到社会主义改造基本完成，这是一个过渡时期。党在这个过渡时期的总路线和总任务，是要在一个相当长的时期内，基本上实现国家工业化和对农业、手工业、资本主义工商业的社会主义改造。"8 月 11 日，周恩来在全国财经会议上作结论，传达了毛泽东对总路线的这个表述。1953 年 12 月，中共中央批准并转发经过毛泽东修改的、中共中央宣传部编写的《为动员一切力量把我国建设成为一个伟大的社会主义国家而斗争——关于党在过渡时期总路线的学习和宣传提纲》。这个提纲最后确定了总路线的表述，详细阐述了总路线的内容。1954 年 2 月 10 日，党的七届四中全会通过决议，正式批准了这条总路线。

2. 过渡时期总路线的基本内容。

在 1954 年 9 月制定的《中华人民共和国宪法》中，将中国共产党在 1953 年提出的过渡时期总路线的基本思想作为国家在过渡时期的总任务。中国共产党在过渡时期总路线是："从中华人民共和国成立，到社会主义改造基本完成，这是一个过渡时期。党在这个过渡时期的总路线和总任务，是要在一个相当长的时期内，基本上实现国家工业化和对农业、手工业、资本主义工商业的社会主义改造。"

这条总路线的实质是解决所有制问题：消灭私有制，扩大社会主义公有制。通过国营企业的新建与扩建以扩大全民所有制；通过发展合作经济，把个体所有制改造成为集体所有制；采用国家资本主义办法，用赎买的方式，把资本主义所有制改造成为社会主义所有制。这样，使生产资料的社会主义公有制成为社会唯一的经济基础。刘少奇说："中国共产党的这条总路线，是引导中国社会由当时的既有社会主义经济，又有资本主义经济，又有个体经济的复杂的经济结构，过渡到单一的社会主义的经济结构的路线。”①

这条总路线的主体是实现社会主义工业化。只有实现工业化，才能使国民经济建立在现代化技术的基础上，并为改造私有制提供物质条件；才能改善人民生活，巩固国防，国家才能独立和富强。实现工业化的中心环节是发展重工业。发展重工业需要的资金多，重工业的产品不能直接满足人民消费的需要，这要求全国人民节衣缩食，艰苦奋斗。

社会主义工业化与对农业、手工业、资本主义工商业的改造是不可分割的两个方面。一方面，只有发展社会主义工业，才能把整个国民经济置于先进的技术基础之上，才能扩大社会主义国营经济成分，才能吸引、改造和代替资本主义工商业，才能领导农业、手工业的社会主义改造。另一方面，只有对农业、手工业和资本主义工商业实行社会主义改造，才能解放生产力，推动社会主义工业化的发展。社会主义工业化与社会主义改造同时并举，这个问题涉及如何处理生产力和生产关系之间、革命与建设之间的关系。在宣传这条总路线的内容时，人们把实现对农业、手工业和资本主义工商业的社会主义改造简称为“三大改造”；把“实现国家工业化和对农业、手工业和资本主义工商业的社会主义改造”简称为“一化三改”。对于“一化”与“三改”的关系，毛泽东用一个比喻作说明：“一化”，如鸟的主体；对资本主义工商业的社会主义改造和对农业、手工业的社会主义改造，如同鸟的两翼。这个比喻一方面说明，“一化三改”是一个整体，不可分割，要同时前进；另一方面说明，像鸟飞行中前进一样，主体由两翼带动，“一化”由“三改”带动，改变私有制是工业化的动力。总路线就是通过社会主义工业化和社会主义改造解决所有制问题，消灭剥削制度，建立社会主义社会。

过渡时期是一个相当长的历史时间。这是因为：(1) 中国的经济和文化落后，需要一个相当长的时期来创造为保证社会主义胜利所必需的经济和文化的前提；(2) 中国有为数极多的个体农民和手工业者，还有

① 刘少奇：《马克思列宁主义在中国的胜利》，《辉煌的十年》，人民日报社 1960 年版，第 8 页。

在国民经济中占很大比例的资本主义工商业，要求一个相当长的历史时期来逐步地改造它们。中国共产党估计过渡时期为“十年至十五年或者更多一些时间”，“三个五年计划或更长的时间”。

提出过渡时期的总路线，是在民主革命任务完成后，及时地提出了在中国进行社会主义革命和社会主义建设的伟大任务，为全国人民指明了前进的方向。1953 年 6 月，在中共中央政治局会议上，毛泽东强调指出：“党在过渡时期的总路线和总任务，是要在十年到十五年或者更多一些时间内，基本上完成国家工业化和对农业、手工业、资本主义工商业的社会主义改造。这条总路线是照耀我们各项工作的灯塔，不要脱离这条总路线，脱离了就要发生‘左’倾或右倾的错误。”①

（二）优先发展重工业的第一个五年计划

1. 第一个五年计划的编制。

发展国民经济的第一个五年计划（以下简称“一五”计划）的计划期是从 1953 年到 1957 年。1949 年 10 月在中财委内设立了计划局，1952 年 1 月成立国家计划委员会，由这些机构负责编制全国的国民经济计划。“一五”计划是从 1951 年开始编制的。1951 年试编了纲要性的《关于制定 1951—1955 年度恢复和发展中华人民共和国人民经济国家计划的方针的指示（草案）》，对五年内国民经济的恢复和发展提出了一些轮廓性的要求和初步部署。1952 年 8 月提出了《关于编制五年计划轮廓的方针》（1953—1957 年）和《五年建设的任务》的计划文件，使“一五”计划的编制工作有很大的改进，在方针政策、奋斗目标和建设内容等方面，都有比较明确的规定。这些文件中提出的基本任务是，以重工业建设为重点，为国家工业化打下基础，以巩固国防，逐步提高人民的物质生活水平，并保证中国经济向社会主义前进。存在的问题主要是工农业发展速度太快，基本建设规模过大。1953 年“一五”计划就边编制边开始实施，经过 1953 年和 1954 年国民经济计划的执行，取得了不少实践经验。在

① 毛泽东：《批判离开总路线的右倾观点》，1953 年 6 月。

此基础上，对五年计划草案又作了较多的补充和修正。到 1955 年 2 月，即“一五”计划在执行了两年以后才编制完毕。这个计划草案于 1955 年 3 月由中国共产党的全国代表会议基本通过。1955 年 6 月提交国务院讨论，7 月在第一届全国人民代表大会第二次会议上审议通过，成为正式计划文件，并予公布。

“一五”计划的编制费时较长，在边实施中，边修改和补充。这是由于对于资源缺乏调查，统计资料很少，建设工作的经验不足，更无编制长期计划的经历。从国家的整个情况来看，抗美援朝到 1953 年 7 月才实现了停战；苏联帮助建设的 156 个工业单位中的主要部分——第二批 91 个单位，到 1953 年 5 月才确定。故只能一面进行建设，一面编制中长期计划。苏联帮助建设的第一批 50 个单位，早在 1950 年就已确定并陆续施工，所以在建设方面并没有延误时间。而且正因为在前两年的建设中取得了不少经验，这就使第一个五年计划更加接近实际，更能保证它的胜利完成。

向苏联学习是中国“一五”计划编制和实施的一个重要特点。“一五”计划的重要建设项目是苏联帮助建设的 156 项建设过程项目。“一五”计划的编制也注意了吸取苏联经济建设的经验教训。1952 年 8 月中旬，周恩来率领中国政府代表团访苏，主要内容是商谈中国的“一五”计划问题。苏联方面对中国的“一五”计划提出了一些很好的建议。

2. “一五”计划的基本任务和重要内容。

第一个五年计划的基本任务，概括地说来就是：集中主要力量进行以苏联帮助设计的 156 个建设单位为中心的、由限额以上的 694 个建设单位组成的工业建设，建立中国的社会主义工业化的初步基础；发展部分集体所有制的农业生产合作社，并发展手工业生产合作社，建立对于农业和手工业社会主义改造的初步基础；基本上把资本主义工商业分别地纳入各种形式的国家资本主义的轨道，建立对于私营工商业的社会主义改造的基础。

围绕着上述基本任务，第一个五年计划有以下各项具体内容。

建立和扩建电力工业、煤矿工业和石油工业；建立和扩建现代化的钢铁工业、有色金属工业和基本化学工业；建立制造大型金属切削机床、发电设备、冶金设备、采矿设备和汽车、拖拉机、飞机的机器制造工业。这些建设的逐步完成，将使中国能够在社会主义大工业的物质基础上改造国民经济原来落后的面貌。

随着重工业的建设，相应地建设纺织工业和其他轻工业，建设为农业服务的新的中小型的工业企业，以便适应城乡人民对日用品和农业生产资料的日益增长的需要。

在建设新工业的同时，充分合理地利用原有的工业企业，发挥它们的潜在的生产能力。在“一五”计划期间，重工业和轻工业的生产任务的完成，主要还是依靠原有的企业。

继续开展农业生产的合作运动，同时发挥单干农民潜在的生产能力，加强国营农场示范作用，对农业进行初步的技术改良，利用一切可能的条件努力开垦荒地，注意兴修水利，植树造林，广泛地开展水土保持工作，促进种植业、畜牧业和水产业的发展，特别是保证粮食和棉花生产的发展，逐步克服农业落后于工业的矛盾。

随着国民经济的发展，相应发展运输业和邮电业，重点是铁路的建设。

按照手工业、个体运输业和独立小商业等不同行业的情况，分别地用不同的合作形式把它们逐步地组织起来，使它们能够有效地为国家和社会的需要服务。

对资本主义工商业逐步实行社会主义改造。根据需要和可能，扩展公私合营的企业，加强对私营工业产品的加工、订货和收购的工作，并稳步、分批地使私营商业为国营商业执行代销、经销等业务。

保证市场的稳定，继续保持财政收支的平衡，增加财政和物资的后备力量。随着工农业生产的发展，相应地发展城乡和内外的物资交流，扩大商品流通。对生产增长赶不上需要增长的某些主要的工农业产品，在努力增产的基础上逐步地实施计划收购和计划供应的政策。

发展文化教育和科学研究事业，提高科学技术水平，积极地培养为国家建设特别是工业建设所必需的人才。

厉行节约，反对浪费，扩大资金积累，保证国家建设。

在发展生产和提高劳动生产率的基础上，逐步地改善劳动人民的物质和文化生活。

继续加强国内各民族之间的经济和文化的互助和合作，促进各少数民族的经济事业和文化事业的发展。

3. “一五”计划的投资安排和建设布局。

第一个五年计划五年内国家对于经济事业和文化事业的支出总数为766.4亿元。其中国家财政拨款为743.1亿元，由中央各经济部门和各省市动员的内部资金为23.3亿元。其分配情况如下：工业部门为313.2亿元，占40.9%；农业、水利和林业部门为61亿元，占8%；运输和邮电部门为89.8亿元，占11.7%；贸易、银行和物资储备部门为21.6亿元，占2.8%；文化、教育和卫生部门为142.7亿元，占18.6%；城市公用事业为21.2亿元，占2.8%；各经济部门的流动资金为69亿元，占9%；各经济部门的大修理费用为36亿元，占4.7%；其他经济支出为11.8亿元，占1.5%。

在以上的经济事业和文化教育事业的支出总数中，各部门的基本建设投资为427.4亿元，占支出总数的55.8%。五年内，新建和改建限额以上的建设单位共计1600个，限额以下的建设单位有6000个以上。

进行如此大规模的投资建设，这在中国近代史上历届政府中是从来没有过的。据研究，在中国19世纪的二三十年代，中国国民收入中可以用来进行积累的部分就已占国民收入总额的20%以上。但在半殖民地半封建的旧中国，国民收入中的一部分被帝国主义掠走，封建地主经济的地租除用于奢侈的生活，其余大部分转入土地的购买和高利贷；在产业资本中，80%左右的资本属于具有很大投机性的商业、金融、房地产等资本；辛亥革命后，军阀混战，军费支出在国家财政支出中占很大的比重，特别是国民党政府在覆灭前夕，军费竟占财政支出的80%以上。因此，真正用于工业化建设的资金就非常有限了。从19世纪70年代中国开始有近代化的工业到新中国成立前夕的1949年，积累下来的工业固定资产仅有128亿元。新中国成立后，肃清了帝国主义对华的经济控制权，消灭了封建势力，建立了廉洁、真正代表人民利益的政府，领导中国人民艰苦奋斗，才能搞这么大规模的建设。

表 3-1 “一五”计划基本建设投资的部门分配

投资的部门	工业	运输邮电	农林水利	贸易、金融物资储运	文化、教育、卫生	城市公用事业建设	其他
投资额（亿元）	248.5	82.1	32.6	12.8	30.8	16	4.6
占总投资额的比重（%）	58.2	19.2	7.6	3	7.2	3.7	1.1

资料来源：《建国以来重要文献选编》第 6 册，中央文献出版社 1993 年版，第 415—416 页。

在基本建设投资总额中，各部门的安排如表 3-1。可以看出，在基本建设中，工业是重点，占了基本建设投资总额近 60%，如加上交通运输，两部门合计超过 75%。而 1953 年占社会总产值比重 41.1%、国民收入占 52.8%的农业仅占 7.6%。在制订计划时也感觉到农业投资少了一些，但考虑到资金有限，只好确保工业这个重点；且农业尚未实现集体化，无法大量进行投资；另外，农民自己也会投资近 100 亿元。尽管制订“一五”计划时对农业投资问题进行了权衡，但总的来看，仍然是对农业对于大规模经济建设的制约作用估计不足。

在工业内部，重工业基本建设占工业投资总额的 88.8%，轻工业仅占 11.2%，两者的比例为 8∶1，重工业是重中之重。工业建设的重点为电力、煤炭、石油、冶金、基本化学、机械制造等行业。著名的鞍山钢铁公司、武汉钢铁公司、包头钢铁公司、长春第一汽车制造厂、洛阳拖拉机厂、武汉重型机床厂，大同、阜新、开滦等煤矿等大型企业都是“一五”计划新建和改建的重要项目。轻工业投资的安排比重很小，是出于以下两方面的考虑：一是当时轻工业的基础比较好，尚有潜力可挖；二是轻工业要以农业为原料，农业发展速度不可能很快，项目搞多了原料供应会发生困难。从项目安排上看，在苏联援建的 156 个特大型项目中，属于轻纺工业的只有一个造纸厂和两个制药厂。

就重工业的投资方向看，建设的项目大都是自我服务型的。例如，在这个时期的重工业投资中直接为农业服务的农药、化肥、农机等建设项目等，只占总项目数的2.9%。在156个重点项目中，仅有1个拖拉机厂，3个化肥厂。

从建设的地区布局看。“一五”计划的总体设想是，基本上完成以鞍钢为中心的东北工业基地的建设，包括鞍钢的扩建工程，改造抚顺、阜新、鹤岗的煤矿工业，改建本溪钢铁工业、沈阳的机器制造业、吉林的电力和重化工。同时积极进行华北、西北、华中的工业基地建设，以便在今后10年中分别形成以包钢、武钢为中心的新的工业基地。以后，再以东北、华北、华中3个工业基地为中心，推进全国经济的发展。

根据上述设想，“一五”计划工业投资的重点是东北和内地。以苏联帮助建设的156个重点项目为主体的694个投资1000万元以上的工业项目中，有472个分布在内地，其余分布在沿海地区的222个项目又有相当数量在辽宁省。156个重点项目中（实际进行施工的为150项），民用工业企业106项，分布在东北地区50个，中部地区32个；44个国防企业项目，分布在中部地区和西部地区35个，其中21个安排在四川、陕西两省。

为了与工业建设的总体布局相配合，交通运输特别是铁路建设，要修建（武汉）长江大桥，贯通京汉和粤汉铁路，在西北、华北地区新建兰新线、包兰线、宝成线、集二线、京承线等铁路线。

此期间重点建设的主要是包头、太原、兰州、西安、武汉、洛阳、成都等内地城市；对上海、鞍山、沈阳等城市适当改建、扩建；对南京、济南等非重点建设的大行政都市，在财力允许的情况下给予维修；其他中小城市暂时无力顾及。

4.“一五”计划的技术、设备引进。

“一五”计划建设的重点是建立起一批大型骨干企业。原有的工业生产技术水平落后，无力为这些企业提供成套设备，要想迅速实现社会主义工业化目标，必须引进国外先进技术设备。后进国家要想赶上先进国家，这是必经的途径。

“一五”计划引进技术设备的主要项目，是从苏联引进的156个大型企业的成套设备。此外，从东欧国家引进技术设备69项。从苏联引进的156项，包括25个煤炭企业、2个石油企业、25个电力企业、7个钢铁企业、13个有色金属企业、7个化工企业、24个机械企业、1个造纸厂和2个制药厂，以及一批军工企业。这些项目的设计生产能力包括：钢200万吨、铁237万吨、原煤1000万吨、发电机组容量120万千瓦、载重汽车3万辆、合成氨5万吨。

“一五”计划在引进设备的同时，注意引进技术，引进人才和管理方法。在引进关键设备的同时，注意利用自己的技术力量，生产配套设备，引进技术设备与利用外汇相结合。这些经验至今仍有借鉴意义。

通过技术设备的引进，建立起一批大型现代化骨干企业，奠定了中国社会主义工业化的初步基础；提高了中国工业技术水平，缩小了与世界先进国家的差距；加快中国工业的发展速度，增强了中国自力更生的能力；建立起一批军事工业。这些对中国社会主义建设起了积极、重要的作用。

5. “一五”计划的经济指标。

第一个五年计划对生产、流通和人民生活发展的指标的安排是：

工农业总产值。1957年工农业总产值将达到1279.9亿元，比1952年的827.1亿元增长54.7%，即年均增长8.9%。现代工业在工农业总产值中的比重将由1952年的26.7%上升到1957年的36%。

工业。工业总产值（包括现代工业和工场手工业的产值，不包括合作化手工业、个体手工业和农村副业的手工业产值）由1952年的270.1亿元增加到1957年的535.6亿元，增长98.3%，年均增长14.7%。其中生产资料的生产年均增长17.8%，消费资料的生产年均增长12.4%。

手工业。手工业总产值（包括合作化手工业和个体手工业的产值，不包括农村副业的手工业的产值）由1952年的73.1亿元增加到1957年的117.7亿元，增长61.0%，年均增长9.9%。

农业。农业及其副业的总产值由1952年的483.9亿元增加到1957年的596.6亿元，增长23.3%，年均增长4.3%。粮食产量由16391.5万吨增加到19281万吨，增长17.6%，年均增长3.3%；棉花产量由130.5万吨增加到163.5万吨，增长25.3%，年均增长4.6%。五年内农业互助合作运动要有进一步发展。1957年参加初级农业生产合作社的农户要占全国农户总数的1/3左右。其中，东北各省、山西、河北、山东、河南和其他老解放区，合作化的规模可能达到农户的半数左右，在经济作物区和城市郊区，将努力争取先一步实现合作化。

运输和邮电。交通方面主要是加强铁路建设，相应地发展内河和海上运输，扩大公路建设。五年内铁路货物周转量增长 101%，铁路旅客周转量增长 59.5%，内河货物周转量增长 321.5%，沿海货物周转量增长 190.5%，公路汽车货物周转量增长 373.5%，民用航空旅客周转量增长 278.5%，通讯方面邮路总长度增长 45.2%。

商业。发展城乡的物资交流，扩大商品流通。1957 年全国社会商品零售总额达到 498 亿元，比 1952 年增长 80%左右。1957 年进出口贸易总额将比 1952 年增长 66.5%，即由 1952 年的 64.6 亿元增长到 107.5 亿元。

培养建设人才。五年中，国家调整和扩大现有的各类高等学校，并新设置高等学校 60 所。这样，到 1957 年，将共有高等学校 208 所，累计招收新生 54.3 万人，毕业学生 28.3 万人；五年内，各类中等专业学校招收新生 100.6 万人，毕业学生 88.8 万人；派遣留学生 1 万人和出国实习生 1.1 万人，学成归国的为 900 人；中央有关经济部门培养熟练工人 92 万多人；各种科研机构和科研人员都有较大的发展，1957 年，中国科学院所属研究机构由 1952 年的 28 所增加到 51 所，研究人员由 1952 年的 1200 余人增加到 4600 余人。

人民生活。在生产发展的基础上，逐步改善和提高人民的物质文化生活水平。五年内，全国职工平均工资增加 33%。国家拨款建造的职工住宅 4600 万平方米。用于保险、医药费、福利费等支出约 50 亿元；农民的购买力增加近 1 倍。

二、粮棉油的统购统销

粮食、棉花、油料是关系到国计民生的重要商品。在生产资料的社会主义改造完成与国民经济计划体制全面形成之前，即从 1953 年秋起，中国就开始对粮棉油实行了严格的计划收购和计划供应（以下简称“统购统销”），并建立了单独的收购、供应渠道和加工储藏体系。粮棉油等农副产品的供销问题，不仅仅是一般的流通问题，它还在很大程度上反映了中国的工农关系和城乡关系。

（一）1953年粮食市场紧张状况及其原因

由于近代中国农业生产力低下，加上连续十多年战争的破坏，到1949年，中国的粮食、棉花产量从历史最高年份的（1936年）的3000亿斤、1698万担下降到2263.6亿斤和888.8万担，分别下降了24.5%和47.7%；按全国人口平均的粮食、棉花年产量只有418斤和1.6斤，不足以维持全国居民生存的基本要求。因此，解决中国人民的“吃饭”问题，成为新中国政府成立后经济工作面临的一个十分重要的问题。在新中国成立初期发生的几次大的物价风潮中，粮价的上涨，往往成为物价全面上涨的先导。稳定粮价也就成为稳定市场的重要环节。在新中国成立之初，国家综合运用经济、行政、法律的手段，按价值规律和货币流通规律办事，打击了投机资本，初步稳定了市场物价。国民经济恢复时期，工农业生产迅速恢复发展，财政收支平衡略有结余；国家非常重视市场的稳定，贯彻稳定市场在前、经济建设次之的方针；社会主义商业发展壮大，对市场领导力量不断加强。因此，市场虽然也出现过几次小的波动，但基本稳定。在进行战后恢复的一些国家，如日本等，都对粮食等重要物资进行了统制。而中国在物资匮乏，进行抗美援朝战争的条件下，通过各种政策相配合，以国营商业领导市场，对粮食等重要农副产品仍实行自由买卖，表现了中国领导人驾驭市场的领导艺术。

随着大规模经济建设的开展，一些人民生活必需品的供求日趋紧张，粮食问题尤为突出。从1952年下半年起，全国许多地区出现抢购粮食的现象。抢购粮食之风，造成粮食市场收购价格上涨，与国家牌价差距拉大。1953年春天，江苏省杂粮市价高于牌价15%，有的地区高出30%。河南、江西、安徽、山东、山西、河北、陕西等省的粮食市价一般高出牌价10%～20%。由于粮食市价高于牌价，国营粮食部门按牌价收购不到粮食。如江西省赣州地区稻谷牌价每百斤 5.05 元，而市价为 5.50～5.80 元，使国家粮食收购比重由原占上市量的 70%，下降到只占 2.9%。湖南、湖北两省的粮食产区，国家收购的粮食所占的上市量亦由 60%～70%下降为 10%～30%。从 1952 年下半年起，出现了国营粮食部门购少销多，逆差急剧扩大的现象。全国 1952 年的粮食征购量仅比 1951 年增加 14.6%，而销售量却增加了 44.7%。到 1953 的 10 月，全国粮食销售量比 1952 年同期又增加了 31.3%，其中大米销售增加 59.5%。全国粮食销售量在迅速增加，而收购量却不能完成计划，如 1953 年 9 月的粮食收购量虽比 1952 年同期增加了 27%，却只完成计划的 80.1%，西北地区仅完成月计划的 46%。① 在粮食品种上，北京、天津等大城市面粉供应严重不足，形势日趋紧张。

当时，自由市场和私商尚存在，粮食供求关系的紧张引起粮价上涨，国营商业又仅以牌价收购，这就使大宗农副产品主要由社会主义商业购销经营的局面受到一定影响，私商有了扩大经营粮食的机会。社会上一些粮食商人利用粮食市价与国营牌价的扩大，收购粮食。在江苏省苏南地区，投机商利用变相提价、拦路收购等灵活的方式争购新稻。这种粮食投机行为加剧了国家收购粮食的困难。

粮食市场的紧张局势，集中地反映了中国农业落后状况对开展大规模工业建设的制约作用，反映了市场经济与集中全国财力、物力，实施优先发展重工业战略的矛盾。从 1952 年起，工业化建设的准备工作已开始进行，1953 年大规模的建设全面铺开，基本建设规模迅速扩大。随着大规模工业化建设的展开，城市人口和职工人数激增。1952 年和 1953 年，城市职工增加近 400 万人，1953 年就增加了 253 万人。全国城乡人口构成比例，城镇人口 1949 年为 10.6%，到 1953 年增至 13.3%。其中，1952 年城市人口增加 531 万人，1953 年增加 663 万人，两年增加近 1200 万人。这两年城市增加的人口，300 多万人是城市自然增殖，其余 800 多

① 邓力群、马洪等主编《当代中国的粮食工作》，中国社会科学出版社 1988 年版，第 70 页。

万人来自农村。城市职工的增加，提高了城市居民的购买力。1953年，仅全民所有制职工工资就增加了21亿元。这样，就大大增加了对农副产品的需求。特别是从农村进入城市的劳动者，进城后不仅收入和消费水平提高，而且过去粮食消费是生产自给，进城后则需要供应商品粮。同时，随着经济建设事业的发展，经济作物区不断扩大，种植经济作物的农民和其他缺粮农民有将近1亿人口，也需供应粮食，这使得国家承担的社会粮食供销量越来越大。

国民经济恢复时期，农业和粮食等主要农产品增长的速度是很快的，大大超过人口的增长。但因占全国总人口80%以上的农村人口，原生活水平很低，随着农业生产的恢复和发展以及农民的收入水平的提高，首先增加的消费就是粮食。按1952年不变价格计算，1949年农民的收入为326亿元，1952年增加到484亿元，增长158亿元。农民增加的收入，大部分用于改善生活，主要是增加粮食消费量。根据统计，1949年全国农民的粮食消费量人均为370斤，1952年增加到444斤，每人平均增加74斤。1952年全国农村人口为50319万人，共增加粮食消费量370多亿斤。为了防备灾荒，农民还要储存一些余粮。因此，粮食产量虽有较快速度的增长，但增产的粮食，相当一部分被农民用于自身消费和储备，商品粮率不仅没有随着生产量的增长而相应提高，有些年份相反在下降。1951年粮食上市量及征收占总产量的比重为28.2%，1952年下降到25.7%。

因此，始于1952年下半年的粮食市场的紧张局势，从供求关系的角度看，是供应的增长不能满足增长更快的需求所造成的。而需求的迅速增长又是与国民经济的恢复发展和居民收入与生活水平的提高相联系的，特别是国家大规模工业化建设导致城市职工和城市人口的迅速增加，对商品粮的需求迅速扩大了。这种供求矛盾与新中国成立之初的供求矛盾的性质已有所不同，是国家经济建设中的结构矛盾的反映，即农业的落后状况不能与大规模工业化建设相适应。粮食的供不应求，必然导致市场粮价的上涨，农民惜售，待价而沽，私商提高粮食收购价格，与其说是一种投机行为，不如说是适应供求规律的竞争反应。这样就对国营商业相对稳定的牌价造成了巨大的压力。

（二）统购统销的两难抉择与内容

1. 统购统销的两难决策。

面对粮食市场的严峻形势，陈云受党中央的委托，提出对策。他广泛地征求各方面的意见，并在深入进行调查研究后，认为在粮食问题上有四种关系要处理好。这就是：国家跟农民的关系，国家跟消费者的关系，国家跟商人的关系，中央跟地方、地方跟地方的关系。而这四种关系中，难处理的是前两种，最难处理的只是第一种。处理好了第一种关系，天下事就好办了。但是，要处理好国家跟农民、跟消费者的关系，尤其是跟农民的关系，是十分棘手的。他形象地比喻："我现在是挑着一担'炸药'，前面是'黑色炸药'，后面是'黄色炸药'。如果搞不到粮食，整个市场就要波动；如果采取征购的办法，农民又可能反对。两个中间要选择一个，都是危险家伙。"① 他在调查研究的基础上，进行缜密、细致、周详的考虑，设想出多种方案，逐个地进行比较，权衡利弊得失。1953 年 10 月，陈云在北京召开的全国粮食会议上详尽地报告了当时全国粮食基本情况及解决粮食问题可供选择的八种具体方案。这八种方案是：(1) 又征又配。就是在农村征购，在城市配给。(2) 只配不征。就是只在城市配给不在农村征购。(3) 只征不配。就是只在农村征购不在城市配给。(4) 原封不动。就是按原办法，自由卖出，自由买进。(5) 临渴掘井。就是先自由购买，到实在没有办法的时候，再往产区去征购。(6) 动员认购。就是下达一个任务数，号召大家认购。(7) 合同预购。就是订预购合同，按合同购粮。(8) 各行其是。就是由地方政府各行各的办法。这八种方案中，陈云主张采取第一种。他指出："上面这些办法，看来只能实行第一种：又征又配，就是在农村征购，城市配给。其他的办法都不可行。"②

---

① 陈云：《实行粮食统购统销》，《陈云文选（一九四九——一九五六年）》，人民出版社 1984 年版，第 207 页。

② 陈云：《实行粮食统购统销》，《陈云文选（一九四九——一九五六年）》，人民出版社 1984 年版，第 209 页。

全国各大区参加会议的领导干部，在听取陈云的意见后进行了认真的讨论和研究。他们根据本地区的具体情况，一致认为实行征购和配给，是调剂粮食产需矛盾的最佳方案。但也提出相应要解决的问题，如农民历来就有互通有无的习惯存在，完全关闭自由市场是不行的，应该允许有限制的粮食自由贸易，但不准私商经营粮食；现行农产品收购价格过低，工农剪刀差偏大，应作适当调整，以维护农民的利益。

陈云提出的采取"又征又配"的办法，即实行粮食的计划收购和计划供应，立即得到毛泽东和周恩来的支持和赞许。中国政府随即于 1953 年 10 月发布了《关于实行粮食的计划收购与计划供应的决议》（以下简称《决议》），接着中央人民政府政务院制定了《关于实行粮食的计划收购和计划供应的命令》（以下简称《命令》），全国除西藏和台湾外，其他各省、自治区、直辖市均根据《决议》和《命令》从 12 月初开始贯彻实施。

2. 对粮棉油统购统销及对其他农产品派购、统购的内容。

粮食统购统销的办法，包括计划收购政策、计划供应政策以及由国家严格控制粮食市场的政策和中央对粮食实行统一管理的政策。

(1) 对农村余粮户实行粮食计划收购（简称统购）。关于粮食统购，政务院的《命令》规定："生产粮食的农民应按国家规定的收购粮种、收购价格和计划收购的分配数量将余粮售给国家。"按此规定，国家在农村统购粮食的对象，是农村生产粮食的余粮户，所要统购的是余粮户的余粮。所谓余粮户，就是对生产粮食的农民，留足其全家口粮、种子、饲料和缴纳农业税外，还有多余粮食的农户。对余粮户的余粮，一般统购 80%～90%。农民在完成统购任务以后还有多余的粮食，"可以自由存储和自由使用，可以继续售给国家粮食部门或合作社，或在国家设立的粮食市场进行交易，并可在农村间进行少量的互通有无的交易"①。

当时国家初步确定的粮食统购总量，略多于上年的粮食上市量。国家制定的统购价格，基本维持在当时的城市出售价格的基础上，以不赔

---

① 《中央人民政府政务院关于实行粮食的计划收购和计划供应的命令》，中共中央文献研究室编《建国以来重要文献选编》第 4 册，中央文献出版社 1993 年版，第 561 页。

不赚为原则。在此原则下，全国各地的秋粮统购价格，维持当时的收购牌价。关于贯彻统购的具体方法，是进行充分的政治动员，并且采取由上级颁发控制数字和群众实行民主评议的办法。在乡一级将控制数字公布，使群众心中有数。

（2）对城市人民和农村缺粮人民实行粮食计划供应（简称统销）的政策。即城市居民凭证供应粮食，集镇、经济作物区、灾区和一般农村的缺粮户，采取由上级政府颁发控制数字和由群众民主评议相结合的办法，确定需要供应的数量；对于熟食业、食品工业等所需粮食，旅店、火车、轮船等供应旅客膳食用粮和其他工业用粮，一律由国家粮食部门有计划地给予供应，不准私自采购或转售。计划供应的覆盖面，不仅包括县以上城市，而且包括集镇、缺粮的经济作物区、农村人口中大约1/10的缺粮户和灾区灾民。按此范围，国家在城乡保证供应粮食的人口，总数接近2亿人，超过当时全国人口总数的1/3。

（3）实行由国家严格控制粮食市场，严禁私商自由经营粮食的政策。在实行粮食统购统销后，一切有关粮食经营和粮食加工的国营、地方国营、公私合营、合作社经营的粮店和工厂，统一归当地粮食部门领导；所有私营粮商一律不许私自经营粮食，但可以在国家严格监督和管理下，由国家粮食部门委托代理销售粮食。对于违犯国家法令的投机分子，给予严厉惩处。

（4）实行在中央统一管理下，由中央与地方分工负责的粮食管理体制。在实施粮食的计划收购和计划供应政策的同时，确定了“统一的管理，统一的指挥和调度”的粮食管理体制。在这种体制下，凡有关粮食问题方针政策的确定，所有收购量和供应量，收购标准与供应标准，收购价格与供应价格等，都由中央统一规定或经中央批准，地方则在既定的方针政策原则下，因地制宜，分工负责，保障其实施。

在实行粮食统购统销的同时，对食用植物油脂、油料，也逐步实行了统购统销。食用油料种类很多，其中较大宗的有花生、芝麻、大豆、棉籽、菜籽、胡麻籽、芥菜籽等7种，中央确定在全国范围内进行统购；地区性的油料如茶籽、葵花籽等则由各省根据生产的数量与集中情况，确定增加统购的品种。在统购粮食时，允许农民交纳油料作物，规定合理的油粮比价，使农民乐于交纳油料作物以代替粮食。

食油的统销办法与粮食统销方法大体类似，但是对农村缺油地区供应食油十分严格。

对棉花的统购。政务院于1954年9月14日发布《关于棉花计划收购的命令》，决定从当年秋季新棉上市时起，在全国范围内实行。其办法是：棉农按国家规定的收购价格，将所产棉花除缴纳农业税和必要的自用部分以外，全部卖给国家，棉农留作自用部分需要出售时，可由供销合作社继续收购。私营棉花商贩一律不得经营籽棉、皮棉的收购和贩运业务。

按照国家最初的规定，在统购任务完成以后，允许农民把自己留用的粮食、油料、棉花在国家领导下的粮食市场和其他市场上出售。1956年10月，国家还一度开放了农村自由市场。但在1957年反右斗争之后，由于“左”倾指导思想的影响，认为粮食是农村中两个阶级、两条道路斗争的焦点，把粮食市场看成资本主义自发势力的集中场所，国务院于当年8月发布《关于由国家计划收购（统购）和统一收购的农产品和其他物资不准进入自由市场的规定》，宣布凡属国家计划规定收购的农产品，如粮食、油料、棉花，一律不开放自由市场，全部由国家计划收购。国家计划收购任务完成以后，农民自己留用的部分，如果要出卖，也必须卖给国家，这样实际上就关闭了粮食及棉花、油料市场。

3. 对生猪及重要农产品的派购和统一收购。

20世纪50年代中期，在对粮棉油实行统购统销的同时，对重要农副产品也实行了派购和统一收购。

派购，就是向农村的集体单位或农户分派一定的收购（交售）任务。由于产品的不同，派购方式也是多样的，有的是分配一定的指标，有的是规定一定的比例。统一收购，即对若干重要工业原料和重要出口物资，由国家委托国营商业和供销合作社统一收购，办法是国家规定收购比例，国家收购数量完成以后，其余部分允许在市场上出售。

派购首先是从生猪开始的。1953年以前生猪是自由收购。由于城乡肉食消费需要逐步增长，而生猪生产却因粮食统购统销以后受饲料粮限制影响等原因导致产量下降，1954年上半年出现了猪肉供应紧张的情况。

1954 年初，华北地区为了保证京、津肉食供应，首先采取每村摊派两头猪的办法，东北地区有的省也提出摊派猪的问题。4 月，政务院财政经济委员会拨了 12.9 亿斤原粮、油饼同农民交换或订购生猪，正式提出了在交通方便、农民养猪较多的地区，可以采取派购办法。1955 年 2 月，全国财经会议确定 20 个省、自治区实行生猪派养派购，年底推行到 26 个省、自治区。为了鼓励农民积极饲养和出售生猪，规定在农民完成派购任务后，可以自行处理其剩余生猪，增养不增购，并在派购地区实行优先供应派购户一定数量猪肉、猪油的办法。

派购的范围并不限于生猪，对许多人民生活和出口需要的重要农产品，国家也先后实行了派购或统一收购。1956 年 10 月，国务院规定对一批重要农产品实行统一收购。1957 年 8 月，国务院又进一步规定，下列各种农产品属于国家统一收购的物资：烤烟、黄洋麻、苎麻、大麻、甘蔗、家蚕茧（包括土丝）、茶叶、生猪、羊毛（包括羊绒）、牛皮及其他重要皮张、土糖、土纸、桐油、楠竹、棕片、生漆、核桃仁、杏仁、黑瓜子、白瓜子、栗子，集中产区的重要木材，38 种重要中药材（大黄、甘草、当归、川芎、白芍、茯苓、麦冬、生地、黄连、黄芪、贝母、枸杞、泽泻、白术、银花、党参、附子、枣仁、山药、园参、牛黄、麝香、鹿茸、全虫、枳壳、槟榔、萸肉、红花、药菊、牛膝、白芷、三七、郁金、使君子、云木香、元胡、玄参、北沙参），供应出口的苹果和柑橘，若干水产区供应出口和大城市的水产品等。这些物资都由国家委托国营商业和供销合作社统一收购。不是国家委托的商店和商贩，一律不准收购。农民自己留用部分不准在自由市场上出售，必须卖给国家委托的收购商店，这些商店必须负责收购。不属于计划收购和统一收购的鸡、鸭、鹅、鲜蛋、调味品、分散产区的水产品、非集中产区的干果和鲜果、不属于统一收购的中药材等，仍然开放国家领导下的自由市场。但国营商业和供销合作社也必须根据需要，经营一定的比重。

中国对农产品的统购从粮食开始，继而又扩大到棉、油、糖、烟、蚕茧等。后又推出派购制度，把肉、禽、蛋直至水果、中药及城市郊区的蔬菜等，都列入了派购的范围。派购实际上是按政府的需要，指定收购的品种、数量和价格，先满足政府的收购后，方可由农民家庭和农村集体经济组织自行处理，并在上市方面受到严格的限制，因此，与统购并无质的差别。由于派购任务不仅中央政府可以下达，各级地方政府也可下达，以至被纳入统购和派购系列的农产品品种越来越多。在20世纪60年代初的困难时期，列入统购和派购的农产品最多时达200多种，直到1978年还有170多种。全面大规模地实行农产品的统购和派购后，能够进入市场自由流通的农产品在数量和品种上都已相当有限，农产品市场实际上基本被关闭了，时开时放的农村集贸市场在政策最宽松的时候也只是起非常有限的补充作用。

（三）统购统销的历史作用

通过实行统购统销，国家集中了重要农副产品商品部分中的绝大部分，满足了城镇人口、农村缺粮户、工业原料和出口的需要；通过价格政策，将农民的部分积累转化为国家的积累。这是在经济落后的情况下，得以集中物力和财力进行大规模经济建设的重要保证。

实行统购统销，在主要农副产品范围内割断了个体农民与市场的联系；排挤或取代了一批经营农业产品的批发商，迫使私营零售商和私营工业依靠国营经济取得货源或原料。这样，一方面促进了社会主义的改造工作，另一方面缩小了市场经济的范围，限制了农村商品经济的发展，成为逐渐形成的高度集中经济管理体制的一个重要组成部分。将农民的一部分积累转化为国家积累，在低水平配给的基础上实现的供需平衡，在一定程度上掩盖了改变农业落后状况的紧迫性。这对于调动各方面的积极性，首先是农业生产者的积极性，加速农业生产的发展，都是不利的。

三、对农业的社会主义改造

中国共产党关于过渡时期总路线的提出和“一五”计划的执行，加快了改造生产资料私有制为公有制的进程。设想要 15 年或更长一些时间内做到的事情，竟在短短的 4 年内基本完成。进展之快超出了预期。

改造生产资料私有制为公有制被划分为三个领域：改造农业领域中的个体农民私有制为农业生产合作社所有制，改造手工业领域中的个体手工业者私有制为手工业生产合作社所有制，改造工商业领域中的工商业私有制为国家所有制。

（一）土地改革后农村形势

中国农业通过什么途径走上社会主义和现代化的道路，是中国共产党和人民政府面临的重大课题。对这个问题的正确解答，首先涉及对土地改革后农村形势的正确估计。

土地改革后，农民发展生产致富的积极性之高，是历史上未曾有过的。他们辛勤劳动，积极进行生产积累，渴望先进技术。农村出现一片兴旺景象。土地改革完成较早的地区，部分农民已不满足于在狭小土地上的经营。他们努力寻找新的致富途径，兼营商业、运输业、手工业和其他副业。这是农村商品经济在新的基础上进一步发展的好兆头。但是，农业生产力落后的状况并没有根本改变。经营规模小，生产上基本靠人力与畜力，耕畜与工具不齐全。1952 年，国家统计局对 25 省 16000 多家农户调查显示，土地改革结束时，每个农户平均占有土地 15.25 亩，拥有耕畜 0.64 头，犁 0.54 部，水车 0.1 部。农业人口人均农业产值仅 91.62 元，人均生产毛粮 652 斤。农产品的商品率低（据典型调查，1954 年商品粮只有 25.7%）。农户积累率也很低（据典型调查，1954 年中农户平均年购买生产资料 79.80 元，其中包括对生产资料的补偿）。中国的农业是以手工劳动为主的、半自给性质的经济。

土地改革后，大多数农户经过努力生产，不同程度扩大了生产规模，生活逐步改善，经济处于上升地位。据典型调查，农村各阶层每户所有的耕地、耕畜和大型农具，如以土改结束时为 100，1954 年底情况如表 3-2 所示：

表 3-2　农村各阶层每户所有的耕地、耕畜和大型农具情况表

阶层 *	耕地	耕畜	犁	水车
贫雇农	110.3	169.4	124.0	114.4
中农	102.8	132.1	107.4	107.0
富农	102.0	145.4	107.7	106.6

* 为有可比性，贫雇农是指土改时划定的成分。

与此同时，农村阶级结构发生了变化，各类农户占农村总户数的比重情况如表 3-3：

表 3-3　各类农户占农村总户数的比重表

阶层	社员户	贫雇农	中农	富农	地主	其他
土改结束时	—	57.1	35.8	3.6	2.6	0.9
1954 年末	4.2	29	62.2	2.1	2.5	—

统计数字说明，土地改革不久，原贫雇农中的 50%上升为中农，富农中的 40%左右下降为中农，这使中农在农户总数占的比重由 35.8%上升到 62.2%。中农化是农村经济与阶级结构变化的基本趋势。这种趋势是农村经济好转的重要标志，它有利于农业生产的进一步发展。

少数农民，虽在土地改革中得到实惠，但因原来太穷，经济力量仍然薄弱，在天灾人祸的打击下，生产、生活面临困难，无法经营土地而出卖土地。据 1953 年中南地区 6 省 35 个乡的调查，土地改革后有 1%到 2%的农户出卖土地。其中，因生病、负债、自然灾害导致经济困难和因无劳力（残疾人、孤寡老人等）经营土地而出卖土地的占 56%，懒汉、二流子因不愿生产而出卖土地的占 4%，因调剂土地、妇女出嫁带走土地、职业变动（当脱产干部、教师、参军、进城当工人、经商等）而不再从事农业生产等占 40%。上述三类情况中，第一类属于社会保障和社会救济问题；第二类属于教育问题，他们出卖土地，与两极分化无关；第三类属于正常现象，对经济发展起积极作用。出卖土地农户中的绝大多数，只是出卖所有土地中的一部分，而不是将所有土地卖完。买入土地的，绝大多数是耕地不足的农民。在土地私有、可以买卖、缺乏社会保险的情况下，出现贫富差别和土地买卖的情况难以避免。如何在保护广大农民生产积极性的同时，帮助那些面临困难的农民摆脱困境，共同走上富裕的道路，这是党和政府极为关切的问题。

（二）对农业的社会主义改造的指导思想

在土地改革以后，农民怎样才能走上共同富裕的道路和避免走资本主义发展道路，同时又最有利于采用先进技术，兴修水利，迅速提高农业生产力，适应工业化的需要？中国共产党根据马克思主义的理论和苏联的事实，认为只有实现农业生产合作化，才是唯一出路。

对于中国应在何时实现合作化的问题，涉及合作化条件、步骤与对农村形势的认识。认识是各种各样的。其中有分歧的是：

1. 关于农业生产合作化的物质条件。

刘少奇主张先机械化后合作化，毛泽东后来提出先合作化后机械化。一些人认为，经济越发达的地区（如南方各省和平原地区），合作化的经济条件越成熟。另一些人认为，越是经济落后的地区，生产工具不全的农户越多，他们对合作生产的要求越迫切，因而提出合作化不受经济发展水平限制，山区、经济落后地区、少数民族地区，都可实行合作化。

2. 关于土地改革后农民的积极性与合作化的群众基础和阶级基础。

新中国成立之前，毛泽东认为中国人民文化落后而且没有合作化的传统，组织合作社会遇到困难。1949 年 6 月，他提出“严重的问题是教育农民”。1953 年公布的中共中央关于农业生产互助合作的决议指出，土地改革后，农民有两种积极性，即个体经营的积极性和互助合作的积极性。1955 年下半年，毛泽东认为占农村人口的 60%～70%的贫下中农积极拥护合作化，他们是合作化的群众基础和阶级基础。农民群众中蕴藏着极大的社会主义积极性，现在的问题是我们的某些干部思想落后于群众。

刘少奇曾认为，土地改革以后，农民发家致富的积极性很高。这种个体经济积极性使农户经济迅速充实，有的已上升为富裕中农。这说明农村形势好。这些富裕户生产条件好，是发展生产力的带头人。富裕户生产资料齐全，没有在生产领域合作的要求。生产资料不全的贫困户要求互助，他们一旦有了齐全的生产资料，也就没有互助的要求。全体农户都有在流通领域（资金借贷、产品出售、购买商品）合作的积极性。但他在受到毛泽东批评后，接受了毛泽东的认识。

3. 关于合作化的形式与步骤。

一些人认为，普遍发展各个领域中各种形式的互助合作组织，应先重点发展以个体农民私有制为基础的（即不动农民的私有制和不改变农民的生产方法与生活方式，因而容易为农民接受）流通领域的供销合作社和信用合作社，帮助个体农民解决生产资料与生活资料购买、产品销售与资金运转中的困难。通过这种合作，使农民懂得合作的好处，养成合作的传统，然后将重点转向生产领域的合作。另一些人认为，在普遍发展各种互助合作组织时，一开始就应将重点放在生产领域的互助合作上，在生产过程中实行集体劳动，以便立即改变个体农民的生产方式。

在对这些问题的讨论中，毛泽东的先合作化后机械化的观点、农民中蕴藏着极大的社会主义积极性的观点、趁热打铁的观点、在生产过程中实行集体劳动的观点，成了合作化的指导思想。在以下两个问题上（它们也是农业生产合作化指导思想的组成部分），在理论上没有出现过重大分歧。

一是逐步过渡的思想。在生产领域里，农业生产劳动从互助组到初级农业生产合作社，再到高级农业生产合作社（以下简称“互助组”“初级社”“高级社”），即逐步过渡的思想。这样便于逐渐实现生产资料公有制和按劳分配，使农民逐步适应经营方式的变化，避免经济改革中出现大的社会震动。

二是坚持自愿原则的思想。农民是劳动者，对他们不能实行剥夺。要通过思想教育和典型示范，使他们自觉自愿参加合作社。要贯彻自愿原则，必须坚持互利原则，没有互利便不会有自愿。互利的重点在于处理好贫农和中农的关系。

（三）对农业的社会主义改造的过程

1. 农业互助合作运动的初步开展。

国民经济恢复时期的农业互助合作运动，是在老解放区农民劳动互助的基础上发展起来的。新中国成立后，在中国共产党和政府的领导下，经过土地改革的新区农业生产互助组有了进一步的发展。此外，在流通领域中还建立了农村供销社和农村信用社。

1951 年 9 月，中共中央召开第一次农业互助合作会议，通过了《中共中央关于农业生产互助合作的决议（草案）》。这个决议指出，农民在土地改革基础上所发扬起来的生产积极性，表现在两个方面：一方面是个体经济的积极性，另一方面是互助合作的积极性。对农民个体经济的积极性，不能忽视，应该加以保护。但是，要使广大贫困农民克服困难，发展生产，并适应国家工业化的需要，就必须提倡组织起来，发展农业互助合作组织。农民互助合作组织有三种形式：第一种形式是简单的、临时性的、季节性的劳动互助组；第二种形式是常年互助组；第三种形式是以土地入股为特点的农业生产合作社，应在群众有比较丰富的互助组经验，而又有比较坚强的领导骨干的地区，有领导同时又有重点地发展。领导农业生产互助合作的方法是，坚持自愿与互利的原则，进行典型示范，由少到多，由低级到高级，逐步推广。既要防止强迫命令，又要反对放任自流。这个文件于当年 12 月发给各级党委试行，促成了 1952 年秋冬全国第一次农业合作化的高潮。

到 1952 年底，农村初级农业生产合作社已由 1950 年的 18 个，入社农户 187 户，发展到 3634 个，入社农户 5.7 万户；另建立高级社 10 个，入社农户 1840 户。

新中国成立之初的三年中，农业生产互助合作运动还基本上是在农民个体所有制的范围内发展的，半公有半私有和完全公有制的农业生产合作社虽已出现，但数量还很少，还是属于试办性质的，农业互助合作组织的发展状况总的来说是适应中国农村生产力水平的，促进了农村经济的迅速恢复。

值得注意的是，在三年恢复时期，有些地方已发生混淆互助合作运动性质的做法。如有的地方强迫中农借粮、借钱，为贫雇农和军烈属解决困难、办公益事业或作为贫雇农和军烈属的入社股金。这种错误做法一方面影响了中农的生产积极性，另一方面也使一些困难户产生了依赖思想。为了纠正类似错误，各地人民政府通过各种途径对农民进行了新民主主义政策教育，特别是教育在土地改革中分得一定土地和财产的贫雇农，此后必须主要通过自己努力生产，改善经营，以提高自己的生活水平，决不能寄希望于“平分又平分”，“救济又救济”。新中国成立之初的新民主主义政策的教育是十分必要的，但由于历史的原因，未能坚持下去，对于纠正“贫穷光荣、富裕可耻”的错误思想未能取得真正的成效。

更值得注意的是，农民在三年恢复时期对于仅仅在农业直接生产领域实行集体劳动的农业生产互助组已感到不满足，迫切要求在经济上拿出新办法。一些地区也曾提出组织起来与提高技术相结合，与工副业相结合，与供销合作相结合，并初步取得成效。但不久就把着眼点放在动摇农民私有制上，明确了以苏联集体农庄式的农业生产高级社作为中国农业互助合作组织发展的目标模式，确定了从互助组到初级社再到高级社的农业集体化的道路。以后的实践证明，这种以农业生产直接环节的集体劳动、统一经营、统一分配为特点的农业集体经济组织，虽然通过平均主义的内部分配抑制了农民贫富差别的扩大，但却不利于调动广大农民的生产积极性，发展农村经济。

2. 农业生产合作社的迅速发展和整顿。

1953 年 2 月，中共中央把曾经以草案形式发给各级党委试行的《关于农业生产互助合作的决议》作了部分修改，增加了积极领导农业生产互助合作运动的内容，作为正式决议公布，进一步推动合作化运动的开展。

事实上，以迅速实现农业集体化为目标的农业合作化运动，在 1952 年底到 1953 年春，就已产生了明显的急躁冒进的倾向。在新解放区，主要表现为打击单干农民，强迫农民大批加入互助组，侵犯中农利益。在老解放区，又表现为轻视互助组，盲目发展农业生产合作社。如华北地区 1952 年秋收前共建合作社 1592 个，秋后一下就发展到 9283 个。① 不

① 中国社会科学院、中央档案馆编《1953—1957 中华人民共和国经济档案资料选编：农业卷》，中国物价出版社 1998 年版，第 155 页。

少地方在办社中存在着“宁多勿少，宁大勿小”，“越多越好，越大越好”的思想。盲目追求公共财产的现象十分严重。如山西省长治专区新建的千余个农业生产合作社中有76%是将农具、耕畜归社公有的，有的甚至连棺木寿材、老羊皮袄也归了社。这种做法在群众中引起了思想的混乱，不少地方发生一冬无人拾粪，无人搞副业，地里庄稼无人收拾，牲口无人喂（甚至有饿瘦、饿死者），有的地方已发生了卖牲口、砍树杀猪、大吃大喝等破坏生产的严重现象。①

对于农业合作化运动中出现的急躁倾向，1953年春召开的全国第一次农村工作会议指出，这种急躁冒进过左的偏向产生的思想根源，主要是过高地估计了合作社的性质，把它看成为完全社会主义的经济形式。中央计划要用10到15年甚至更多一些时间才能实现全国合作化，所以农业互助合作运动必须采取稳步前进的方针，绝不能操之过急。因为，第一，互助合作运动既不同于过去的战争动员，也不同于过去的土地改革，不能采取阶级斗争的对抗方式。第二，互助合作必须根据生产的需要，干部的领导能力和群众的觉悟程度去逐步建立，不能一哄而起。

根据中央农业部门的指示，各地对农业合作社的发展工作进行了检查，发生偏差的地方进行了纠正偏差的工作。如华北地区已建立的9283个农业生产合作社，其中有7100个已经过检查整顿，有2621个社即36%的社，因条件不具备而转为互助组，整顿后保留了农业生产合作社约6000个。经审查保留下来的社，其中又有半数以上的社内约有1/10的社员退出去了。原有135个50户以上的大社，根据具体情况，已经缩小。耕畜、农具一律作价入社的现象很普遍，约有2/3的社是如此，山西省在整顿中，一般已根据社员自愿，分别采用租用、雇佣以及作价入社等多种形式加以解决。通过纠正急躁冒进的偏向，农民生产情绪已趋稳定，原部分地区卖土地、卖耕畜、杀猪、宰羊、伐树等混乱现象已停止，抗旱播种的任务顺利完成。干部认识了盲目冒进对工作的危害，开

① 中国社会科学院、中央档案馆编《1953—1957中华人民共和国经济档案资料选编：农业卷》，中国物价出版社1998年版，第152页。

始转变了重社轻组的错误认识，曾消沉一时的互助组又开始活跃并有所发展。①

1953年冬，全国第三次农业互助合作会议召开。会议提出要加快农业合作化的速度，强调要对农业合作化加强领导。12月16日，中共中央公布了《关于发展农业合作社的决议》，中央对各地方下达了发展农业合作社的任务指标，各地也相继抓紧了发展农业合作社的组织工作。到年底，全国农业生产合作社已发展到1.4万多个，比1952年增加了3倍多。1954年春，全国出现了互助组大量转为农业合作社的势头，各地相继追加了在全国第三次农业互助合作会议期间原定的计划数字。6月，全国农业生产合作社已由1953年底的1.4万多个增加到9万多个，增长了5倍以上。秋收前后，全国又新建立了30多万个农业社，1954年全年共新建48万多个农业社。到年底，全国的农业生产合作社已发展到50多万个，比上年增长了34倍以上；参加农业生产合作社的农户占全国农户总数的11%，入社土地面积占全国耕地总面积的14%。1955年春，这种势头还在发展，农业生产合作社一度发展到67万个。农业生产合作社的迅速发展以及在这种高速发展中不可避免地发生强迫命令、侵犯中农利益的各种情况，再度引起了农村社会的震动。一些地方再次出现了大批杀羊、砍树等现象，不少地区发生大量出卖耕畜，畜价猛跌和滥宰耕畜的严重现象，有的省估计至少杀了30万头耕畜，有的省估计耕畜减少20%。②

鉴于农业合作社发展过快，重数量不顾质量的情况，1955年1月中共中央连续发出了《关于整顿和巩固农业生产合作社的通知》《关于大力保护耕畜的紧急指示》等文件。这些文件指出，对于农业合作化的大好形势，需要有全面的估计，不能只是盲目叫好。现有的社中，有一部分新社是在无准备或准备很差的条件下建立的，在许多地方已经陆续出现新建立的社垮台和社员退社的现象。这表明目前的农业社虽多，但却不

---

① 中国社会科学院、中央档案馆编《1953—1957中华人民共和国经济档案资料选编：农业卷》，中国物价出版社1998年版，第155—156页。

② 《中共中央关于大力保护耕离的紧急指示》，中共中央文献研究室编《建国以来重要文献选编》第6册，中央文献出版社1993年版，第15页。

巩固。因此，当前的农业合作化运动应基本转入控制发展，着重巩固的阶段。3月22日，中共中央农村工作部发出《关于巩固现有合作社的通知》，要求各级农村工作部门抽调人员，组织力量下去，切实帮助若干合作社制定出一个办社章程，以解决目前合作化运动面临的多而不稳的问题。

1955年上半年，对于合作社的整顿巩固工作主要有两个方面。

首先是组织整顿。中共中央要求，农业合作化运动应坚定地贯彻自愿的原则，在那些完成发展计划的地区，“停止发展，全力转向巩固”；未完成计划的地区，“有准备地在巩固中继续发展”。计划过高的要“适当收缩”；不具备条件的社要“进行整顿”，在不损伤合作社积极分子的热情，而又能保证新建社的质量的原则下，允许现有的社数和社员户数作必要的合理的减少；对某些地方出现的一些有名无实的挂名社，要进行清理。

其次是经济整顿。其内容，一是土地报酬问题。中共中央指出，“合作社的土地产量和土地报酬的评定，牵扯到每一个社员的利益，必须认真掌握”。这个问题的关键是，评定工作要体现互利精神。有了互利，合作社才能办下去。互利的标准就是做到使贫农和中农这两方面在社内收入，预计都比入社前单干时多，这样，双方就不致吃亏。所以，土地报酬量虽然应该规定得低于劳动报酬量，但也不能规定得过低，要使占有较多较好土地的中农入社以后能适当增加收入，至少要不低于入社以前的实际收入。同时，土地报酬的数量或比例要在一定时期内稳定下来，不要急于降低。这样做，一方面有利于扩大合作社的公共积累；另一方面有利于稳定社内外中农的情绪，使整个合作化运动的发展较为顺利。二是牲畜入社问题。中央要求，各地在农业合作化运动中，对于牲畜入社问题要克服急躁草率情绪，应说服全体社员，耕畜应作价入社，其价格应稍高于当地不正常的市价（因大批农民变卖牲畜，市场畜价猛跌）。一些新办的农业合作社不必过早地实行耕畜折价归社伙喂的办法。至于小牲畜和林木等，目前暂不提倡入社。这样做有利于合作社的团结，也有助于稳定农民饲养牲畜的情绪。三是劳动力管理问题。各地政府机关要保证有适当的力量及时投入办社工作，具体指导大批合作社建立和健全劳动组织，可以实行包工的办法，加强社员劳动的责任心，避免新建社发生劳动管理混乱的现象。

1955 年夏季以前，各地根据中央的要求，对农业生产合作社进行了初步整顿。1955 年 6 月间统计，全国原有 67 万个农业生产合作社，缩减了约 2 万个。到年底统计，整顿后的 65 万个农业社中，80%以上的社当年都有所增产。事实证明，1955 年上半年对农业生产合作社的整顿工作是必要的。

总的看来，在 1955 年夏秋之前，农业合作化运动较好地贯彻了稳步发展的方针，边发展，边巩固，边整顿，许多合作社增了产，中国领导人为此深受鼓舞。但也必须看到，此时入社农户只占全国农户总数的 14%，因此，农业生产合作社的发展仍处在典型示范阶段。与单干和互助组的农民相比较，与此后普遍兴办的合作社相比，还处在典型示范阶段的合作社有许多有利的条件。第一，最初办的合作社，成员往往是政治思想素质较高的农民。几个党员、骨干志同道合，响应政府的号召办合作社，走社会主义道路，政治上很光荣。他们觉悟高，思想好，可以做到先公后私甚至公而忘私，不那么斤斤计较，社内矛盾少，大家热气高，干劲大，生产经营搞得好。普遍建立合作社后，不仅是政治思想上的先进分子，而且中间分子、落后分子都毫无例外地入了社。不仅要求认真地按劳分配，还有人会处心积虑地占集体和他人的便宜。这就对管理提出了更高的要求。由于农业生产过程的特点，始终未能找到贯彻按劳分配的好形式，社内矛盾无法解决。第二，为了试办合作社，国家培训了干部、会计和生产骨干，在贷款、技术扶助、农业生产资料的供应等各方面给予优待。相对于广大单干户来说，试办的合作社在人才、物资、资金方面具有优势，是单干户所没有的，显得很突出。合作社普遍发展起来后，大多数合作社就不再具备这些条件了。第三，试办的合作社往往是由几家劳动力强壮的农户组织在一起。完成合作化后，老弱病残，鳏寡孤独，军属、烈属、干属都入了社，劳动力强度的平均水平大大下降。一些试办的合作社增产了，说明在特定的条件下合作社可以办好，但不具有普遍意义，不能以此作为普遍推广合作社的依据。

3. 农业合作化的高潮和合作化的基本完成。

1955年夏季，在农业合作化运动发展速度问题上，中国共产党内出现了不同的认识。以邓子恢为代表的意见，是要整顿巩固，稳步前进。他主张1955至1956年度农业合作化的进度按中共中央原定计划发展。他认为，农业合作化运动应与工业化的进度相适应；现有的65万个合作社存在的问题很多，巩固的任务很繁重，要打好基础；地区不平衡，领导水平、群众觉悟水平不同，应逐步推广。另一种意见是要加快发展，以毛泽东为代表。他对1955年上半年整顿合作社不满意，认为"在农业合作化问题上，有种消极情绪"。1955年7月31日，毛泽东在省委、市委、自治区党委书记会议上所作的《关于农业合作化问题》的报告中提出："在全国农村中，新的社会主义群众运动的高潮就要到来。我们的某些同志却像一个小脚女人，东摇西摆地在那里走路，老是埋怨旁人说：走快了，走快了。过多的评头品足，不适当的埋怨，无穷的忧虑，数不尽的清规和戒律，以为这是指导农村中社会主义运动的正确方针。""否，这不是正确的方针，这是错误的方针。"① 他还指责"有些同志被几十万个小型合作社吓昏了"，批评这是从资产阶级、富农，或具有资本主义自发倾向的富裕中农立场出发。要求全党干部克服右的错误，加快合作化的步伐。这次会议提出了"全面规划，加强领导"的方针，要制定全国、各省、各专区、各县、各区、各乡的农业合作化分期完成的规划。要求在1955年下半年，全国农业合作社的发展在原有的65万个社的基础上增加1倍，达到130万个左右。稳步前进的方针遂被否定。1955年10月，中国共产党召开七届六中全会。会议根据毛泽东的讲话精神，制定通过了《关于农业合作化问题的决议》，再次规划了合作化运动进展的速度和规模：在互助合作运动比较先进的地方，到1957年春以前，合作社应发展到当地农户的70%～80%，基本上实现半社会主义合作化；在全

① 毛泽东：《关于农业合作化问题》，《毛泽东文集》第6卷，人民出版社1999年版，第418页。

国大多数地方，在1958年春以前，基本上实现半社会主义的合作化。

此后，全国农业集体化迅速掀起高潮。从1955年夏季开始，到该年年底的5个月内，全国有5000多万农户加入了合作社，使初级农业生产合作社增加到190多万个，入社农户达7500多万户，占全国农户总数的63%左右；农业集体的耕地面积达10亿亩以上，占全国耕地总面积的64%左右。

在农业生产初级社发展的高潮中，迅速实现高级合作化的要求又被提上日程。1955年12月，毛泽东向各地征询对农业十七条的意见，在通知中向各地表示，希望在1956年上半年基本上完成初级合作化，并进一步提出合作化的高级形式要争取于1960年基本完成，如若缩短一年，则争取于1959年基本上完成。1956年1月23日，中共中央政治局提出了《一九五六年到一九六七年全国农业发展纲要（草案）》，要求各省、市、自治区在1956年上半年基本上完成初级合作化，并在当地试办一至几个大型（100户以上）的高级社，在1958年基本上完成高级形式的农业合作化。

在这种形势下，1956年春，又掀起了以发展高级社为中心内容的全国农业合作化运动的第二个高潮。这个高潮与1955年下半年大办初级社的高潮实际上是连成一气的，也可以说是一个大高潮的两个阶段。1956年春的合作化高潮来势更猛，进展更快，各地的初级社纷纷转为高级社。到1956年底，除了农村一些深山老林的住户与猎户以及某些少数民族地区外，差不多都实现了农业合作化，入社农户已占全国农户总数的96.3%，其中，参加高级社的农户达到87.8%。原定15年左右完成的农业社会主义改造的任务，仅仅4年的时间就完成了。

（四）农业社会主义改造的历史作用

农业社会主义改造的完成，实现了农业生产的基本生产资料即土地由私有到公有的转变。这是中国土地制度史上第二次大变化（前一次变化发生在两千多年前，是由公有制向私有制转变）。伴随着土地所有制变化的，是1亿多以土地私有为特征的个体农业经济，转变为以土地公有制为特征的社会主义农业经济，5 亿多农民走上了社会主义道路。这是中国农业继续前进的基础。

农业社会主义改造的完成，在经济上切断了资产阶级和农村的联系，在政治上使其接受社会主义改造。与苏联农业集体化过程比较，没有发生像苏联那样的社会震动与农业生产下降。这与中国共产党与农民群众在长期斗争中建立的密切关系，有关政策注意了从中国农业、农民与土地制度的历史特点出发，前期注意了坚持自愿互利原则和逐步过渡、稳步前进的方针有密切的关系。在我国农业合作化期间，特别是前两个阶段，社会秩序安定，农业稳步上升。

农业社会主义改造也存在缺点，特别是在最后一个阶段，要求过急，步子过快，工作过粗，形式过于简单。1953 年 12 月，《关于过渡时期总路线宣传提纲》规定在 15 年或更长的时间内完成社会主义改造，要求 1957 年有 20%的农户参加农业社。1955 年 3 月公布的“一五”计划，规定 1957 年有 1/3 农户参加农业社。1955 年底，毛泽东提出 1956 年实现初级合作化，1960 年或 1959 年实现高级合作化。1956 年 1 月，中共中央提出 1958 年实现高级合作化。这是不断地缩短完成农业合作化的期限。结果是，1956 年基本完成高级合作化。与其他社会主义国家相比，中国完成农业社会主义改造的速度是最快的。从新中国成立时算起，只有 7 年。从土地改革完成时算起，仅 4 年。苏联共产党 1917 年夺得政权和宣布土地国有化，1932 年宣布全盘集体化（其时仅 57.6%的农户加入集体农庄），1936 年宣布社会主义建成，历时 19 年。匈牙利从土地改革完成算起，8 年初步实现合作化，15 年基本实现合作化。罗马尼亚从土地改革完成时算起，经过 17 年才完成合作化。民主德国从 1949 年算起，16 年才完成合作化。

中国农业合作化推进速度最快的是最后阶段。1955 年上半年，14.2%的农户参加初级社，50.7%的农户参加互助组，35%的农户是个体户，参加高级社的不到全国农户总数的 1‰。1956 年底，已有 87.8%的农户参加高级社。多数农民没有经过初级社，或虽有入初级社之名，却没有参加过初级社的生产和分配，就进入高级社。有些农户没有经过互助组就进入了高级社。这就是说，多数农户没有经过逐步过渡。这种实践过程与原来的逐步过渡的理论和设计区别甚大。

在工作方式上，某些地区为了完成合作化进度的指标，用阶级斗争、群众运动的办法，造成强大的政治压力，违反自愿原则。在经济问题的处理上，主要是损害中农利益。土地报酬过低，或急于取消土地报酬。急于把大牲畜、树木作价入社，或作价过低。这引起社会震动。一些地区出现了畜价狂跌、滥宰耕畜、乱伐树林等严重现象。以大牲畜言，1949 年 6002 万头。1949 年至 1955 年，年年增多，平均每年增加 462 万头。1956 年开始由增加变为减少，该年比 1955 年减少 2 万头。1957 年比 1956 年减少 391 万头。1958 年又比 1957 年减少 618 万头。直到 1966 年、1967 年，大牲畜数才恢复到 1955 年的水平。以树木言，1955 年至 1956 年是新中国历史上三次林木大砍伐中林木数量陡降的第一次。1956 年、1957 年农业生产的实际情况也不好。这些现象反映了某些地区农业合作化的工作方式不顾生产力的发展水平，盲目追求公有化程度高的形式，急于完成过渡时期的指导思想，对农业生产很不利。

形式过于简单主要表现在合作社形式少。合作社本有多种形式，如生产合作，供销合作，信用合作等等。解放区有过犁牛合作社、粮食合作社等单一生产要素或单一商品的合作。1949 年以后，开展互助合作运动的直接目的是把它作为改造个体农民私有制的手段，所以强调直接从生产领域入手组织生产互助合作，对从流通等环节入手的合作社形式的作用与地位重视不够。在农村组织了大量的供销合作社和信用合作社，但把它们仅仅看成是国营商业和银行的助手，没有充分发挥它们是联合农民的主要形式的作用。农业互助合作的发展，关键的一步是在互助组促进生产恢复后，如何继续前进的问题。正确的做法应该根据生产力和商品经济发展的客观的要求，发展生产和流通领域各种形式的合作组织。实际的做法却是从既定模式（就是集体生产、统一经营、生产资料公有的高级社即集体农庄）出发，着眼于克服农民的自发性，在手工劳动、半自给性质小农的基础上，坚持集体生产的内容，进一步实行统一经营，把互助组引向土地入股的初级社。逐步过渡的内涵，是首先解决集体劳动和分散经营的矛盾，然后再解决统一经营与生产资料私有的矛盾。这就把合作的主要内容局限于集体生产，而且是小而全的半自给性质的生产。这对商品经济的发展不利。

形式过于简单也表现在农业社经营管理体制上。在农业合作化运动中，广大基层干部和农民群众根据各地的实际情况，创造了各种形式的责任制，总的趋势是从集体劳动、统一经营到有统有分。包产到户等形式已产生。这种趋势反映了生产力的客观要求。

四、对资本主义工商业、对手工业的社会主义改造

（一）利用、限制、改造

1. 从利用、限制到利用、限制、改造，消灭资本主义经济任务的提出。

在对中国经济发展历史过程进行分析与总结，以及领导解放区经济工作经验的基础上，党的七届二中全会提出，新中国成立后对资本主义工商业实行利用、限制的政策；在构成新民主主义经济形态的五种经济成分中，有一种资本主义经济，还有一种国家与私人资本合作的国家资本主义经济。在没收官僚资本和随后对私人资本主义银行的改造过程中，已产生了国家资本主义性质的公私合营企业。在三年国民经济恢复时期，通过调整公私关系、劳资关系、产销关系，使资本主义工商业中有利于国计民生的行业与企业得到恢复和发展；打击投机资本，开展“五反”斗争，逐步建立对私营工商业的管理制度，限制资本主义工商业的消极作用。在利用、限制的实践中，产生了代销、经销、加工、订货、公私合营等可以将生产资料资本家所有制改造为国家所有制的经济形式。1952 年底，中国共产党开始酝酿制定过渡时期总路线，提出了改造资本主义工商业的任务。在总结前几年工作经验的基础上，明确了国家资本

主义从低级到高级的各种形式，提出了利用国家资本主义改造资本主义工商业的方针。通过国家资本主义从低级到高级的发展，社会主义经济成分与资本主义经济成分由企业外部的联系发展到企业内部的联系，企业里社会主义因素逐步增加，直至最后过渡到完全的社会主义。这种变革生产关系的方式，不是采取暴力剥夺的形式，而是在利用、限制中实现改造的，采取赎买的方法、和平的渐进的形式，从而形成了“利用、限制、改造”的完整政策。

“利用、限制、改造”是一个完整政策的三个方面，中国的经济落后是制定这个政策的基本依据。在相当长一段时期内允许私人资本主义存在和发展，有利于增加社会财富和国家税收，有利于城乡交流，满足市场的需求和方便人民的生活，有利于增加就业机会，有利于利用资本家阶级中的技术人员和管理人员为国家建设服务。新中国成立后头三年经济迅速恢复和发展，证明这一政策是正确的。利用是为了发展生产力，为最终消灭资本主义所有制，在全社会范围内建立社会主义所有制创造物质前提。资本家唯利是图的本性，资本主义经营的投机性、生产的盲目性和无政府状态，必然与国家的经济政策、有计划的经济建设和国营经济的领导地位发生矛盾和冲突。对资本家与资本主义经济的这个方面，必须加以限制。恢复时期限制与反限制的斗争充分说明了这一点。这种限制和反限制，是新民主主义国家内部阶级斗争的主要形式。限制的目的是为了使资本主义工商业在有利于国计民生的范围内发展，使它变成国家能控制的资本主义，从而为进一步改造资本主义创造条件。新民主主义社会前进的方向是社会主义，对资本主义进行改造是这个既定目标的内在要求。改造必须在利用、限制的基础上，根据生产力发展的客观要求逐步进行。

中国具有和平改造资本主义工商业的政治条件和经济条件。新中国成立后，由于没收官僚资本和处理外资企业，消灭了资本主义的主要部分，建立了强大的国营经济，这是实行利用、限制、改造政策的物质基础；共产党领导的解放军和人民民主专政日益强大，不怕资本家阶级造反，这是利用、限制、改造政策的政治前提；第二次世界大战后，世界民主和平力量不断壮大，国际资产阶级力量削弱了，且有了干涉社会主义国家内政失败的教训，加上中国民族资产阶级力量较弱，他们中的多数人有爱国主义的传统，不可能有组织有预谋地同外国帝国主义勾结，这是实行利用、限制、改造政策的有利国际条件。

2. 国家资本主义——消灭资本主义工商业的形式。

对采取什么样的步骤、方法、形式消灭资本主义经济的问题，是在酝酿过渡时期总路线的过程中逐步地明确和具体化的。毛泽东在 1952 年 9 月中共中央政治局会议上第一次提出向社会主义过渡的问题时说，现在，工业中，私营占 32.7%，国营占 67.3%，是三七开；商业零售是倒四六开。再发展五年，私营比例会更小，但绝对数字仍会有些发展，这还不是社会主义。五年以后如此，十年以后会怎么样，十五年以后又怎么样。到那时，私营工商业的性质也变了，是新式的资本主义，公私合营、加工订货、工人监督、资本公开、技术公开、财务公开，他们已经挂在共产党的车头上，离不开共产党了。① 1952 年 10 月，刘少奇率中共代表团参加苏共十九大期间，受毛泽东委托，在莫斯科给斯大林写了一封长信。信中写道："我们估计：再过五年，即我们执行了第一个五年经济计划之后，在工业中国营经济的比重将会有更大的增加，而私人资本主义经济的比重则会缩小到百分之二十以下。再过十年，则私人工业会缩小到百分之十以下。私人工业在比重上虽将缩小，但在绝对数上则还会有些发展，因此，多数资本家还会觉得满意，并和政府合作。在十年以后，中国工业将有百分之九十以上是国有的，私人工业不到百分之十，而这些工业又大体都要依赖国家供给原料、收购和推销它们的成品及银行贷款等，并纳入国家计划之内，而不能独立经营。到那时，我们就可以将这一部分私人工业不费力地收归国家经营。在征收资本家的工厂归国家所有时，我们设想在多数的情形下可能采取这样一种方式，即劝告资本家把工厂献给国家，国家保留资本家消费的财产，分配能工作的资

---

① 薄一波：《若干重大决策与事件的回顾》（修订本）上卷，人民出版社 1997 年版，第 220—221 页。

本家以工作，保障他们的生活，有特殊情形者，国家还可付给资本家一部分代价。我们估计：到那时，中国的资本家可能多数同意在上述条件下把他们的工厂交给国家。”① 毛泽东、刘少奇在强调国营经济迅速增长和私营经济比重下降的同时，还容许私营经济在绝对数上有所增加；设想在国营经济的比重达到绝对优势时，“劝告”资本家“把工厂献给国家”，“有特殊情况者，国家还可付给资本家一部分代价”。1953 年 5 月，中共中央统战部在调查资本主义工商业和国家资本主义的情况后，向中共中央提交《关于资本主义工业中的公私关系问题的调查报告》，对国家资本主义的各种形式进行了分析；把原来已经实行，但以前未认定是国家资本主义经济性质的加工订货、经销代销等，认定为国家资本主义经济的低级形式；建议经过国家资本主义，特别是公私合营这一主要环节，来实现资本主义所有制的变革。这个建议被中共中央采纳，国家资本主义从低级到高级的发展成为中国改造资本主义工商业的具体组织形式和道路。

（二）国家资本主义从低级向高级的发展

1. 国家资本主义的低级形式。

工业中，国家资本主义低级（或称初级）形式包括收购、统购、包销、订货、加工等五种，简称“加工订货”。在两次调整工商业的过程中，加工订货作为维持私营工业生产的手段，得到较快发展。中国共产党在酝酿过渡时期总路线的过程中，明确了加工订货是改造资本主义的重要形式之一，推动了加工订货进一步发展。1953 年，加工订货产值占私营工业总产值的 53.6%。1954 年以后，由于公私合营形式的发展，加工订货所占比重开始下降。

在属于资本主义性质的零售商业中，国家资本主义低级形式是批购、经销和代销。批购（又称批购零销或批销），是指私商以现款向国营商业

① 中共中央文献研究室编《建国以来重要文献选编》第 3 册，中央文献出版社 1992 年版，第 368 页。

批购商品，并按照规定的牌价或核定的价格出售，私商在零售中取得批零差价的收入。经营批购的私商仍可在自由市场进货。经销，是指国营商业把商品委托给私营零售商店经销，经销私商按国营商业供应计划，以现款从国营进货，并按国营商业规定的零售牌价和供应办法出售，从经销中取得批零差价的收入。它与批购不同的是：经销店对其经销的商品，不得再从自由市场进货。代销，是指国营商业把商品委托给私营零售商店代销，私商代销店在按国营商业的供应计划和规定的牌价出售商品后，把货款交给国营商业，同时从国营商业领取规定的手续费。执行代销业务的私营商店，须向国营商业缴存一定的保证金，并不得再向自由市场购进属于代销品种的商品。在三年国民经济恢复时期，商业中的国家资本主义形式的发展仅仅是萌芽。1953 年以后，尤其是对粮、棉、油实行统购统销后，国家掌握大量商品的货源，私营商店已不可能从自由市场上取得粮、棉、油等商品，商业中的国家资本主义低级形式得到较大的发展。

国家资本主义低级形式的作用在于：(1) 在利用资本主义的生产能力与经营能力的同时，把资本主义工商业的生产经营活动间接纳入国家计划的轨道，在一定程度上限制其生产、经营的盲目性。(2) 由于国家规定加工费、手续费和价格，使资本家的利润受到严格的限制。(3) 在不同程度上削弱了资本主义工商业与市场的联系，使资本主义工商业的存在和发展逐步丧失了外部条件，不得不日益依赖于国营经济。这样就为进一步的改造创造了条件。(4) 国营经济由此掌握了大量的商品和销售网，加强了在国民经济中的领导地位。

在生产领域，国家资本主义低级形式是社会主义经济与资本主义经济的外部联系形式。在企业内部，资本家拥有生产资料所有权，掌握经营管理权。在与国家的关系方面，资本家凭借企业经营管理权，经常以拒绝加工订货、偷工减料等方式抗拒限制。“五反”运动后，工人阶级的政治优势加强，劳资矛盾日益尖锐。加工订货的利润按成本计算。在加工订货制度下，资本家缺乏改进技术、降低成本的动力。资本家为国家加工订货，而国家订货计划又很难做到完全适合市场需要，所以往往造成产品积压。这对资本家与国家都不利，使二者矛盾趋于尖锐。这些矛盾推动人们寻找解决矛盾的新形式、新制度。

2. 国家资本主义高级形式的初级阶段。

国家资本主义高级形式是公私合营。公私合营在发展过程中要经历两个阶段。第一阶段是个别企业的公私合营，它被称为初级阶段。第二阶段是某个行业全行业公私合营，它被称为高级阶段。

在工矿业中，个别企业公私合营的发展经历了两个阶段。在第一阶段（1950—1953年），公私合营企业产生的主要途径和原因是：(1) 接收国民政府的企业中有私股，或没收私营企业中国民政府所有的股份。于是，这些企业中既有国家资本，又有私人资本，成为公私合营性质的企业。(2)“五反”运动后，少数资本家无力退赔，将其应退款折做公股。(3) 个别私营企业在资金方面发生困难，国家对其进行投资。这个时期公私合营的企业规模较大。1953年，公私合营企业生产的产值占全部私营工业产值的13.4%。第二阶段（1954—1955年），1953年进入社会主义改造阶段以后，公私合营成为改造资本主义工商业的主要形式。1954年，中共中央批准中财委《关于有步骤地将十个工人以上的资本主义工业基本上改造为公私合营企业的意见》，制定了发展公私合营企业的计划和具体政策。从经济形势上讲，国家掌握的工业原料日益增多，私营企业经营日益困难；较大工业户的公私合营，从政治上、经济上对整个资本家阶级产生了很大影响。从1954年起，公私合营开始有较大的发展，趋势是从大厂发展到小厂，从主要行业发展到一般行业，从大城市发展到中小城市。1955年，在全部私营工业产值中，公私合营占49.7%，加工订货占41%，自产自销占9.3%。

1952年至1955年，在资本主义性质的交通运输业中，主要大户先后实现了公私合营。

在私营商业中，属于资本主义性质的商业户不多，大户更少，个别企业公私合营发展较慢。1955年8月，在全国私营商业企业中，实行公私合营的只有440户。

公私合营企业利润分配的办法是“四马分肥”，即企业的利润分成四个部分：国家征收的所得税、企业公积金（用于扩大再生产）、企业工人的奖励基金、资本家的红利。资本家的红利占利润的25%左右。

企业实行公私合营后，性质发生重大变化，企业的生产资料已由原来的资本家占有变为公私共有。人民政府派出的公股代表参加企业管理，在企业中居领导地位，实际上掌握了对生产资料的支配权。企业生产、经营活动直接纳入国家计划。资本家的剥削受到进一步的限制。这样，企业转成半社会主义性质的。私营企业变成公私合营企业，是对资本主义工商业改造关键的一步。

3. 国家资本主义高级形式的高级阶段。

全行业公私合营是完成对资本主义工商业改造的基本形式。1952年，私营金融业务首先实现全行业的公私合营。随着社会主义改造的不断发展，计划经济范围不断扩展，市场经济范围不断缩小，资本主义工商业逐渐失去了其生存的外部条件。统购派购对象的增加，使国营经济掌握了越来越多的工业原料，私营企业的原料来源必须依靠国家供应。加工订货范围的扩大与国营商业垄断批发商业，私营工厂与私营商业的联系被割断。加上按行政区划分的地区之间的封锁，私营工业产品销售发生极大困难。中小私营企业技术、设备落后，不能达到国家成批订货所要求的质量标准和成本标准，它们得不到加工订货任务，又无自由市场环境，困难更为严重。私营商业因得不到货源，也很困难。1954年（尤其是下半年），有些资本家准备停工、歇业，有些资本家抽走资金。这种情况对于维持就业，对于进一步改造资本主义工商业，都不利。为了解决这些问题，中共中央提出“统筹兼顾、全面安排”的方针。根据这个方针，1954年底到1955年上半年，对私营工业采取如下措施：统筹安排整个行业的生产，国营工业适当让出一部分原料和任务，维持私营工业的生产；通过合营、合并、迁厂等方式，对私营工业按行业进行改组、改造；中央政府和地方政府建立或加强对私营工业的业务领导机构，各大城市设立工业局，按行业将国营、公私合营、私营企业统管起来。这些措施的实施，使私营工商业的困难有所缓和，促进了国家资本主义各种形式的发展，并逐渐产生出新的改造形式——全行业的公私合营。

统筹安排的目的既是维持生产，又是为了进一步的生产改组和企业改造。要进行全行业的生产改组，企业的生产资料、资金和职工要经历一个重新组合的过程。对此，不仅生产资料私人占有形式不能适应，就是个别企业的公私合营形式也不能适应。在个别企业公私合营的形式中，资本家根据某个具体企业的生产经营情况按比例分得红利，他对生产资料的部分所有权表现为对企业的部分经营权。在这种形式中，无法根据生产需要进行生产改组。只有通过全行业公私合营，由统一的领导机构来承认资本家的所有权，按一定原则支付股息，使资本家的所有权脱离具体的企业，才可能统一生产改组。1955 年下半年开始全行业公私合营的试点。1955 年 10 月，上海八个轻工行业首先实行全行业公私合营。全行业公私合营“上海方式”的特点是：行业的改造以个别企业的公私合营为基础；全行业公私合营不一定包括行业中的每个企业，个别企业不愿合营，还可以等一等；工作是按照计划，在专业机构的领导下，派遣工作组，一行一业分别进行；企业改造和生产改组相结合，或先生产改组再全行业合营，或边合营边改组。1955 年下半年的农业合作化高潮，使资本家阶级在经济上与农村市场的联系被彻底割断；在“社会主义好”的宣传鼓动下，在社会主义改造的高潮中，私营企业内部工人群众迫切要求摆脱资本家的剥削与管理，尽快进入社会主义。在企业陷入严重困难以及强大的政治压力下，资本家除了接受改造，交出企业，已别无出路。1955 年底，中共中央决定把对资本主义工商业的改造从个别企业的公私合营推进到全行业公私合营阶段，在全国掀起对资本主义工商业改造的高潮，其特点是全行业公私合营在短期内全面铺开。这种做法 1956 年初出现在北京。办法是：首先批准全行业私营企业进入公私合营，各企业生产经营依旧，从业人员不动，然后进行清产核资、人事改组和生产改组。3 月底，除了一些少数民族地区，全国各大中城市的工商业户全部实行公私合营。到 1956 年底，私营工业产值不到全国工业总产值的 1‰。工商业的社会主义改造基本完成。

实行全行业公私合营后，取消“四马分肥”的利润分配办法，实行定息制度，即按核定的资本家的股份金额，每年付给年息 5 厘的定息。

全国私营工商业核定资产共计 34 亿元（其中工业 24 亿元），年付息 1.65 亿元。实行全行业公私合营和定息制度后，企业的生产资料归国家所有，由国家统一分配和安排，资本家对生产资料完全丧失支配权。企业性质发生了根本的变化。资本家领取的定息，与企业经营不发生联系。留在企业任职的资方人员，不是以生产资料所有者的身份，而是作为职工参加企业工作。除此之外，这些企业已与国营企业没有区别。

（三）对资本主义工商业进行社会主义改造的经验

从中国半殖民地半封建经济的实际情况出发，根据资本主义企业所有权关系和在社会经济中的地位与作用，将资本主义分为国家垄断资本主义和私人资本主义两部分，对前者实行剥夺，对后者实行利用、限制、改造的政策，从理论上解决了民主革命与社会主义革命的区别与联系。在向社会主义过渡的时期内，注意利用私人资本主义有利于国计民生的积极作用，限制其消极作用，以利于生产力的恢复与发展，并为社会主义经济制度的建立创造物质条件。

通过国家资本主义从低级到高级的发展，使资本主义所有制逐步转变为社会主义所有制，保护了生产力，减少了社会震动，实现了对资产阶级的和平赎买，创造了和平改造资本主义的具体形式、步骤，丰富了马克思列宁主义的内容。

在对资本主义工商企业实行社会主义改造过程中，注意把企业的改造与人的改造结合起来。对资本家开展前途的教育，使他们认识到必须接受社会主义改造。同时，对他们给予安排和使用，使他们的生活有保障，使他们的技术和管理经验能为社会服务，使他们在工作、生产中发挥才干，并逐步转变为自食其力的劳动者。这有利于社会生产力的发展，同时减少改造的阻力，保证了改造的顺利进行，人尽其才，有利于社会生产力的发展。

对资本主义工商业社会主义改造的基本完成，使中国大陆上最后的一种剥削制度和一种私有制度被消灭。这个过程是与对农业、对手工业的社会主义改造同时完成的。中国的社会主义经济制度由此而建立起来。

由于生产力落后和社会主义经济制度处于刚刚诞生的时期，中国的社会主义社会处于初级阶段，中国是一个发展中的社会主义国家。

（四）对手工业的社会主义改造

1. 手工业生产在国民经济中的地位及其特点。

将手工业与农业、资本主义工商业并列为“三大改造”的内容，是因为手工业在国民经济中占着重要地位和具有自身的特点。

在半殖民地半封建的旧中国，手工业是国民经济的基本生产部门之一。手工业从业人员众多，行业复杂，产品种类繁多，地域性强。由于封建制度的束缚、官僚资本的压榨、外国资本和商品的输入，严重压抑了手工业的发展。尽管如此，在新中国成立之初，手工业仍是国民经济的重要部门。它在工业总产值中占的比重大，与人们生活关系非常密切，生产农民所需要的大部分生产资料，为大工业配套承制零件和包装用品，生产各种建筑材料，在对外贸易中还占有独特的地位。手工业在国民经济中所具有重要作用，不仅仅是因为大工业的落后，还由它灵活的经营方式和某些行业的特殊性所决定。所以，它将作为国民经济的一个独立的生产部门长期存在。

2. 个体手工业者合作化的进程。

新中国成立后，人民政府在着手恢复发展手工业生产的同时，开始建立手工业合作社。过渡时期总路线提出后，手工业生产合作社作为改造个体手工业者的组织形式，迅速得到发展。手工业合作社的发展即手工业的社会主义改造经历了三个阶段。

第一个阶段，即 1950—1952 年，是重点试办、典型示范阶段。新中国成立初期，在城市失业工人中组建了一批手工业合作社，在个体手工业者中也组织起为数不多的合作社。这些合作社最初是以国营商业和供销合作社对手工业实行加工订货为基础，建立起供销小组或合作社，通过发原料，收购产品，在供销方面保证手工业的产品出路问题，摆脱对商业资本的依附。初期组建的合作社，在经营思想、企业管理、民主办社等方面都存在一些问题，如有的名为合作社，实为私营工厂，有的则办成了“救济所”。1951年6月，第一次全国手工业生产工作会议召开。会议总结了前阶段工作的经验教训，制定了《手工业生产合作社章程准则草案》。会后，各地对手工业生产合作社进行了整顿，如清除混进合作社的坏分子，人民政府对手工业者自发的、带有很大盲目性的、内部管理混乱组织松散的合伙组织进行整顿，加强思想教育、配备干部、建立规章制度，把它们改变成真正的供销生产合作社或生产合作社。这样，就为合作社的巩固和进一步发展打下了良好的基础。

1952年8月，第二次全国手工业生产工作会议召开。会议提出了积极发展、稳步前进的方针，确定以手工织布和手工造纸业为组织合作社的重点。总结了在组建合作社过程中取得的经验，纠正了某些地区把雇佣少数学徒和帮工的手工业者当成资本家对待的错误倾向。肯定了两种合作社的组织形式：一种是供销生产合作社，它是从供销入手将个体手工业者组织起来，生产资料私有，分散生产，由合作社统一经营供销业务；另一种是手工业生产合作社，生产资料集体所有，实行统一经营，集中或分散生产。会议还明确提出，解决合作社产品销路的关键是提高产品质量。到1952年底，全国手工业合作社（组）发展到2600个，社（组）员22.8万人，占手工业从业人员总数的3.1%。

第二阶段，即1953—1955年，是手工业合作社的发展阶段。1953年11月至12月，全国第三次手工业生产合作会议召开。会议指出对手工业社会主义改造的方针是积极领导，稳步前进，组织形式有手工业生产合作小组、手工业供销合作社和手工业生产合作社；步骤是从供销入手，从小到大，由低级到高级逐步过渡。既反对要求过急，贪大求多，也反对放任自流，停滞不前。朱德在会议上的讲话中强调，要防止盲目集中和盲目机械化，要根据手工业者的要求，采取不同的组织形式，反对规定一个死格式到处乱套。会后，手工业合作化运动进入全面发展的新阶段。

国家对于手工业合作化运动给予大力支持：国有商业、供销合作社通过供销业务支持和指导手工业合作社的生产和销售，国营工业组织合作社为其加工、配套，国家把清仓呆滞物资低价出售给合作社，并实行减免税、提供低息贷款等各种优惠政策。可是，随着大规模经济建设和社会主义改造的全面展开，公与私、手工业与大工业在产销方面的矛盾，还是趋于尖锐。不少手工业合作社买不到原料，个体手工业者尤为困难。为此，1954 年 12 月第四次全国手工业生产合作会议召开。会议提出了“统筹兼顾，全面安排，积极领导，稳步前进”的改造方针；确定 1955 年的工作是继续摸清手工业主要行业的基本情况，按行业拟定供产销和手工业者的安排，以便有准备、有步骤地进行改造；巩固、提高现有社（组），为进一步改造奠定稳固的基础。从 1954 年下半年到 1955 年，对全国手工业进行了调查、摸底、排队，为统一安排，实行行业改造准备了条件。采取了各种措施，安排手工业生产的产供销平衡。从中央到地方，建立健全手工业生产合作社的领导机构，加强对手工业改造的领导，使手工业合作化运动有了较大的发展。到 1955 年底，参加合作社的手工业者达 220.6 万人，占手工业从业人员总数的 26.9%。

第三阶段是 1956 年，是手工业合作化的高潮阶段，基本完成了对手工业的社会主义改造。1955 年下半年掀起的农业社会主义改造高潮，推动了手工业社会主义改造高潮的到来。1955 年 12 月召开的第五次全国手工业生产合作会议，要求手工业的社会主义改造与国家工业化的发展速度，与农业和资本主义工商业的社会主义改造速度相适应，在 1956 年至 1957 年两年内基本上完成手工业合作化的任务。1956 年 3 月，毛泽东提出手工业改造的速度慢了，要求在 1956 年内完成改造，这对进一步加快手工业改造产生了很大的影响。1956 年春，全国掀起了手工业社会主义改造的高潮。北京市通过全市全行业全部组织起来的办法，于 1 月 12 日全部实现手工业合作化。这种办法在全国大中小城市推广，大大加快了全国手工业合作化的步伐。到年底，全国手工业生产合作社（组）发展到 10 万多个，社（组）员 603.9 万人，占手工业产业人员总数的 91.7%，基本上完成了手工业的社会主义改造。

3. 手工业所有制和经营形式趋向单一。

在手工业社会主义改造高潮之前，中国政府创造了手工业合作社的三种形式，提倡要从流通到生产，从小到大，从低级到高级逐步过渡，提出要防止盲目集中，要保留某些手工业的特色，这些都是很可贵的。但在1956年改造的高潮中，为了迅速完成社会主义改造，一些地区不顾某些手工业生产与经营的特点，盲目地将个体所有制改变为集体所有制；忽视手工业供销合作社这种组织形式具有的适用性，一味追求公有化程度更高的生产合作社，或把供销生产合作社一律转为生产合作社；盲目拆小社、并大社，集中生产、统一经营、统一核算、统一分配。这就违背了前一段工作中的成功经验，致使所有制和经营形式趋向单一。在改造高潮中仓促建立起来的合作社，由于缺乏巩固的思想基础和干部等一系列条件，有些社管理混乱，成本提高，质量下降；有的原有的生产协作关系和供销关系中断，造成原料供应和产品销售困难。这些是过急过快带来的短期效应。盲目采取统一核算、统负盈亏，在合作社内部助长了平均主义和吃"大锅饭"的思想，影响合作社社员的积极性，致使市场上适合人民需要的商品品种减少，服务质量降低，给人民生活带来极大的不便。这是手工业所有制和经营形式单一带来的后果，它的影响是长期的。

中国政府对上述问题很快地有一定程度的察觉，在手工业合作化运动高潮的后期，对手工业合作社进行了某些调整和整顿。工作的重点是根据各行业的特点和具体条件，从有利于生产和更好地为居民服务出发，适当地解决集中与分散的问题，对个体手工业的限制也有所放松。这对于调动手工业者的生产积极性，方便居民生活，起到了积极作用，但在当时历史条件下，手工业所有制和经营形式单一的问题，不可能得到根本的解决。

五、高度集中的计划经济体制的建立

到1956年底，随着对生产资料私有制的社会主义改造基本完成，中国实现了从新民主主义社会到社会主义初级阶段社会的过渡。与此同时，市场经济体制被改造为计划经济体制。计划经济体制的一个基本特征是经济决策权力和资源配置权力的高度集中。

（一）经济体制逐步趋向集中统一的历史渊源

革命根据地和解放区民主政府经济工作的基本目标是达到经济自给，支援革命战争。管理经济的方法是按军政系统组织领导，资金无偿使用，消费品按平均原则分配。这种战时共产主义体制，保证了革命战争的胜利。新中国刚成立时，经济管理工作在许多方面仍沿用了过去的做法。以后随着经济的发展，管理办法有了不少改进，但供给制的影响没有根本消除。

新中国成立初期，经济受战争严重破坏，物资缺乏，财政赤字庞大，物价飞涨。不久，又开始了抗美援朝战争，经济转入战时轨道。客观形势要求国家适当集中财力、物力，以支持抗美援朝战争，平抑市场物价，进行重点经济恢复和建设。在当时特定历史条件下，这是行之有效的。

国民经济恢复和基本取得和平的建设环境后，中国政府实施了发展国民经济的第一个五年计划。“一五”计划的经济建设是以重工业为重点。中国当时还处于工业化的起始阶段，资源的秉性是资金和外汇极其缺乏，劳动力资源丰富。如果由市场配置资源，那么首先得到发展的将是资金需求相对较少、劳动力能得到充分利用的轻工业。为了实现优先发展重工业的目标，中国政府采取了高度集中的计划管理体制，改变资源的配置以符合政府的偏好。经济体制趋向集中是经济发展战略选择的客观要求。

新中国成立后，缺乏经济建设的经验。苏联是第一个社会主义国家，进行社会主义建设已有 30 多年的历史，取得的成就在当时得到很多落后国家的羡慕。中国进行经济建设，不可能不更多地向苏联学习。特别是斯大林对于苏联经济体制的理论总结《苏联社会主义经济问题》，对中国社会主义建设的理论和实践的影响是极为深远的。

（二）以中央为主的经济决策体系

新中国成立以后，财政经济工作是在中央人民政府领导下进行的。经济决策的机构，在新中国成立之初，政务院设有财经委员会。1952 年

11 月，又设立国家计划委员会（以下简称“国家计委”）。它们对国民经济进行综合管理。此外，还设立有各种专业管理部门，它们既是政府管理各行各业的职能部门，又是直接管辖和管理若干企业的生产经营的管理单位。在中央人民政府领导下，省、县两级地方政府负责管理行政区内的经济建设工作。地方政府相应设有经济管理职能机构，并管辖和直接经营若干企业，在业务上受中央人民政府主管部门的指导。

在基本建设方面，绝大部分的投资项目由中央各部门直接安排投资和管理。地方的基本建设，主要搞一些农林水利、城市公用事业、文教卫生等项目，并须经中央有关部门批准，设计施工任务由国家下达。

在工业管理方面，各大中型企业由中央各部门直接管理。从产值来看，中央直属企业在工业总产值中占 49%，各主要部门的情况是：钢铁部门占 94%，有色金属占 87%，电力部门占 83.8%，煤炭部门占 72%，化学部门占 57%，机械部门占 47.2%。

中央直接支配的财权很大，地方和企业支配的财权很小。在物力支配方面，全国重要的生产资料由中央统一支配，按其重要程度又划分为统配物资和部管物资。统配物资由国家计委统一分配，部管物资由中央各主管部门分配。实行统购统销后，主要农产品由国家商业机构掌握，实行计划供应，在中央领导下，中央与地方分工管理。

1954 年以后，职工人数计划由国家逐年批准下达，企业招工须经有关主管部门批准，不得自行在社会上招工。工资管理也逐渐趋向中央集中管理。国家职工工资等级、标准、定级、升级的办法，增加工资的幅度，都由中央统一规定。

此时形成的经济决策体系，是在中央设置决策与管理部门，发展战略由中央决定，大中型项目的投资由中央直接投资，大中型企业由中央直接管理，大部分财力、物力、人力由中央直接支配，工资制度由中央直接规定和管理。

（三）以指令性计划为主的经济调节体系

中央设国家计委，中央各部门和省、市、地、县各级人民政府及其地方政府各部门、各企业相应设立计划机构，形成了从上到下的完整的经济计划管理体系。在国家计委领导下，通过编制和执行国民经济发展计划，实现对国民经济的计划管理。计划管理的范围广，包括了国民经济的各部门、各方面；指标齐全，具体规定了各部门、各企业的主要经济活动。对国家机构、国营企业及重要经济活动下达的具体指标有指令性，用行政办法保证计划的执行。

对全民所有制的国营企业（包括公私合营企业）实行直接的计划管理。国家向国营企业下达指令性指标，由主管部门组织生产资料的供应，由商业物资部门调拨或收购其产品，由财政部门统收统支其资金。国家下达的指令性指标包括产值、产量、品种、经济技术、成本、劳动生产率、利润、职工人数和工资等12种。通过这些指标，用行政的办法规定了企业经济活动的各个方面。对城镇集体企业主要是通过地方性的计划进行管理。

通过从中央到省、市、县的农业产值产量的计划，特别是对重要农产品实行统购统销，将农业合作社的主要经济活动纳入了国家计划的轨道。

（四）国民收入分配体系

1950年统一财政经济工作后，财政管理高度集中。1951年实行统一领导、分级管理、统收统支的财政体制。1954年以后，预算管理上初步贯彻包干的管理办法。但总的看来，中央集中了财力的绝大部分。在中央和地方之间的固定分成比例和调剂分成比例一年一变的情况下，地方超收和结余不多。加上中央对地方机动财力使用的指令性计划控制，地方能机动使用的财力很有限，财政工作高度集中的局面没有根本改变。

国营企业实行经济核算，但不自负盈亏。企业的利润和折旧基金全部上缴国家，纳入国家预算，亏损由国家财政补贴。企业所需基本建设资金、流动资金、固定资产更新和技术改造所需的技术措施费、新产品试制费和零星固定资产购置费等，由国家财政拨款解决，不偿付资金使用的费用。季节性、临时性的超定额流动资金部分由银行贷款解决。国营企业的这种资金活动具有供给性质。

在国家统一管理劳动力招收和调剂制度下，劳动者一旦进入企业，实际上就得到了终身劳动职位，得到了一个“铁饭碗”。1956 年全国工资制度改革后形成的新的工资制度，其基本特点，一是实行了固定工资制度，奖金所占比例很小，升级加薪、升级人员的办法、比例均由国家规定；二是在全国范围内，按产业、部门、地区类别，统一规定职工工资等级标准，企业职工的工资水平与企业的经营效果无关。企业内部劳动者之间，存在着平均主义的倾向，干好干坏一个样，不能起到奖勤罚懒的作用。手工业合作社的工资等级参照国营企业的规定执行，相应人员工资水平不得超过国营企业。农业合作社内部实行评分记工制，估工分、“大概工分”的现象普遍存在，很难真正贯彻按劳分配的原则。

（五）单一公有制的所有制结构

1956 年底，全国 96.3%的农户参加了农业生产合作社。在西藏和个别少数民族地区之外的地方，农业个体户所剩无几。91.7%的手工业从业人员参加了手工业生产合作社，全国个体手工业从业人员只剩下 54.4 万人。在全国机器工业总产值中，私营工业占的比重不到 1‰。在商业企业商品零售总额中，私营商业只占 4.2%。

1956 年，国民收入中各种经济成分占的比重：国营经济 32%，合作社经济 54%，公私合营经济 7%，个体经济 7%。这说明生产资料所有制结构已由多种经济成分并存转变为基本上是单一的公有制结构。

社会主义改造完成后形成的国民经济体制，在所有制方面的特点是高度单一，经济运行方面是排斥市场对资源配置的作用，在分配方面是大体平均，略有差别。这种管理体制，在当时历史条件下，对于动员全国的人财物力，贯彻优先发展重工业的战略起到了重要的作用。特别是在社会主义原始积累阶段，用平均主义的办法，大体保证了全国人民最基本的需求，避免了在许多资本主义国家原始积累时期严重贫富分化所造成的大的社会动荡，降低了工业化初期阶段的社会成本。但是其弊端，随着经济的发展，日益暴露出来。

六、计划经济建设的初步成效

（一）经济建设的进程

1. 集中力量进行重点建设。

在中国开始大规模经济建设时，资金、物资和技术人才都很少，党和政府采取了集中力量进行重点建设的方针，保证了建设投资取得较好的效益。具体措施主要有以下几个方面。

第一，根据集中力量“打歼灭战”的原则，合理安排重点工程的建设。在1953年至1956年的4年中，国家将集中起来的财力，用于重点工程的建设，确保重点工程的需要；采用集中调配物资的办法，将70%～90%的钢材、水泥、木材等重要物资，优先满足重点工程的供应；抽调大批干部和工程技术人员，充实基本建设队伍，加强技术培训，提高基本建设队伍的技术素质。1952年2月，全国第三次建筑工程会议决定，重点工程建设必须依照国防、重工业、文教、一般财经机关、机关团体的顺序合理安排，集中使用力量，首先保证重点工程，然后适当照顾其他工程。这种集中力量“打歼灭战”的办法，解决了建设规模与人力、财力、物力有限的矛盾，保证了重点工程建设的顺利进行。

第二，按照基本建设程序办事，确保重点工程的速度和效益。1952年1月中财委颁发的《基本建设工作暂行办法》，强调基本建设工作集中管理的重要性，规定了基本建设的有关原则、纪律、程序和制度，确定了以中央为主的基本建设项目审核批准程序。国家规定的基本建设程序，要求建设工程必须首先经过调查、勘察、设计，并按审批程序上报，经过批准后再按计划施工，完工后须经验收，验收合格后才能交付使用或投入生产。基本建设程序的执行，保证了重点工程保质保量地按期建成。

第三，集中力量和全面安排相结合。在重点保证军工、能源、冶金、机械制造等项目建设的同时，采取有效措施，促进交通运输和轻纺工业的增长，在集中投资大型骨干企业建设的同时，对中小企业的建设和现有企业的更新改造进行了统筹安排。工作中尚有不足的是，对农业对于整个国民经济发展的制约估计不足；在集中力量建设内地新兴工业基地时，对沿海老工业基地，如天津、上海等城市投资不足，导致这些城市生产增长缓慢。

2. 经济建设的高潮和反冒进。

1953 年是第一个五年计划建设的第一年，全国上下为工业化的前景所鼓舞，干劲很大。各部门、各地区争先要资金、上项目，对中央形成很大的压力。1952 年经济发展的基础不错，中国政府也想在“一五”计划期的头一年多进行一些投资，避免后几年发生不可预料的情况。在这种情况下，1953 年的年度基本建设计划规模定得较大，全年国家预算内投资实际完成 75.49 亿元，比上年增长了 103.4％（按当年价格计算）。当年国民收入比上年增长了 14％，工农业总产值增长了 14.4％，工业总产值增长了 30.3％，经济建设规模大，增长速度也很高。但由于基本建设规模过大，造成了国民经济各方面关系的紧张。

在 1953 年预算时，已预计财政收入增长有限，为了扩大建设规模，决定动用历年结余作为当年的收入。但是历年的结余存放在银行，银行已贷给了国营商业作为流动资金，变成商品放在仓库里。这就形成了一笔款两处用，“一女嫁二男”的局面。财政挤银行，银行挤国营商业，国营商业被迫抛售物资，一定程度上削弱了对市场的控制能力。国家贸易部担负着稳定市场的任务，国营商业还必须控制一定数量的商品，资金周转不出来，不能还贷。财政的资金一时收不回来，但支出不能减少，上半年出现赤字 21 亿元，不得不通过发行钞票来弥补，出现了总需求大于总供给的情况。

总量失衡的表现形式是结构矛盾。由于大量项目的建设处于初期阶段，投资品的不足突出地表现为建筑材料供不应求。中国当时增发货币，主要是投入基本建设。1953 年国家基本建设投资增长 103.4％，大大高于三大建筑材料钢材（增长了 38.7％）、水泥（增长了 35.7％）、木材（增长了42.3%）的增长幅度，造成大量建筑单位窝工待料，增加了费用，拖长了工期，降低了投资效益。由于基本建设投资额的大约40%要转化为消费需求，投资规模增长过猛也导致了消费品市场的紧张。1953年全国购买力增长25.8%，消费品货源仅增加18.7%，差额较大；农产品市场供求关系更是紧张，价格猛烈上涨，国家被迫在秋后实行了统购统销。中央及时发现了经济建设中的冒进问题，采取了紧急对策，如强调集中财力保证重点建设，严格基本建设审批程序，开展增产节约运动。经过努力，1953年全年实现了财政收支平衡，略有结余，缓和了国民经济各方面的紧张状态。

国民经济恢复时期结束后，农业增长的势头明显呈减缓趋势。1950年至1952年农业产值年均增长14.1%，粮食产量年均增长13.1%，棉花年均增长43.1%，油料年均增长65.3%。而1953年和1954年，农业总产值只分别增长了3.1%和3.4%。粮食产量略有增加，棉花产量下降，油料生产出现波动。当时农业在国民经济中占很大的比重，是积累的重要源泉。农业增长速度减慢，不仅直接影响市场农副产品的供给、轻纺工业原料的供应、出口换汇，而且还影响到国家建设资金的积累。由于1953年和1954年农业增速明显放慢，使1954年和1955年国民经济的发展受到很大的影响。工业总产值的增长速度从1953年的30.3%下降为1954年的16.3%和1955年的5.6%，其中轻工业产值从26.7%下降为14.3%和零增长；国民收入的增长速度从14%放慢为5.8%和6.4%；基本建设投资的增加额从38亿元减少为8亿元和10亿元。这两年中国经济建设和增长速度放慢，基本原因是农业的落后状况不能适应大规模工业化建设的要求。1955年财政节余只有2.7亿元，是自1951年以来节余最少的一年，没有能力进一步扩大建设规模。1956年中国国民收入增长了14.1%，工农业总产值增长了16.5%，工业总产值增长了28.1%，国家基本建设投资147亿元，比上年增加54亿元，国民经济各主要指标超过或接近“一五”计划的要求。

1956年经济建设所取得的成就是巨大的，但这一年建设的步子迈得过大，出现了一些失误。这些失误与当时要求过高过急是有关的。1955

年下半年出现了社会主义改造的高潮，认为经济建设和文化建设的各个方面也应加快速度，批判在经济建设方面所谓的右倾保守思想。另外，1954年和1955年两年经济增长速度较低，基本建设投资规模也不如意，对“一五”计划的完成造成很大的压力。1955年农业丰收，建设材料供应也略显宽裕，为1956年的经济建设造成了较有利的条件。在这种形势下，1956年经济工作各方面要求都很高，造成了国民经济发展中急躁冒进的倾向。具体表现在以下几个方面。

第一，基本建设规模过大。基建项目不断追加，1956年，全国第一次基建会议，将“一五”计划期间的限额以上基建项目由原定的694个追加到745个，5年内建成的由455个追加到477个。同年6月，基建项目又猛增到800多个，建成项目增加到500多个。由于建设项目的增加，基建投资也超过原定的计划，由1955年9月预定的112.7亿元增加到147亿元，比上年增长了71%，基建投资额占“一五”计划投资总额的33%。

由于基本建设规模过大，造成两个问题。一是基建投资增长速度超过了财政收入的增长速度，1956年基建投资比上年增长了62%，而同期财政收入只比上年增长了5.7%，造成资金供应紧张。二是基建投资增长速度超出了生产资料的增长速度，以生产资料加工制造为主的重工业增长40%，从而引起了钢材、木材和若干机械设备供应紧张的情况，再次出现建设项目停工、窝工的现象。仅1956年4月由于建筑材料和设备供应不足，而未能如期开工的项目，占同期应开工项目的1/5。另外，基本建设使用的物资多了，在原材料的分配中，对于为市场服务的消费品的生产所需要的材料，就难以顾及了。如1955年供应给轻工业市场的钢材，占钢材消费量的23.2%，1956年降到18.7%。致使消费品生产不能满足供应市场的需要。

第二，职工人数增加过多。1956年计划增加职工84万人，但执行结果增加了230万人。这一年全民所有制企业的职工人数的增长和职工的升级调资，使当年的工资总额比上年增长了37%。而与人民生活密切相关的农业，总产值增长了5%，粮食产量有所增加，棉花等工业原料作物产量有所减少；以生产生活资料为主的轻工业生产，只比上年增长了19.7%。由于职工工资的增长幅度超过了生活资料增长的幅度，造成了消费品供不应求的现象。

第三，信贷突破计划。1956年计划增加农业贷款11.2亿元，但执行结果达到20.3亿元。原计划增加手工业、公私合营企业贷款2.9亿元，结果增加了9.4亿元。

由于上述原因，1956年执行国家预算的结果，出现财政赤字18.3亿元。财政赤字和贷款计划的突破，引起了银行货币投放的增加，在完成社会主义改造导致经济生活货币化程度大大减少的情况下，市场货币流通量比上年底增加17亿元。货币流通量的增加，又不得不动用相应的物资来保证，使这一年商业库存比上年减少17亿元。1956年的经济过热，造成国民经济各方面关系相当紧张的局面。

中央负责经济工作的周恩来、陈云等领导人发现上述问题后，采取措施予以纠正。在1956年6月召开的第一届第三次全国人民代表大会上，国务院在周恩来总理主持下，向大会提交了几个经济工作的报告。这些报告在肯定成绩的基础上，提出生产的发展和其他一切事业的发展，都必须放在稳妥可靠的基础上；在反对保守主义的时候，必须同时反对急躁冒进的倾向，而这种倾向在过去几个月中，在许多部门已经发生了；急躁冒进的结果，并不能帮助社会主义事业的发展，而只能招致损失。会议要求克服经济建设中急躁冒进的问题。与此同时，6月20日，《人民日报》发表了题为《要反对保守主义，也要反对急躁情绪》的社论。社论尖锐地指出，克服急躁冒进的倾向，关键在于领导。急躁冒进之所以成为严重的问题，是因为它不但存在于下面的干部中，而且首先存在于上面各系统的领导干部中。在总结1956年经济工作经验教训的基础上，根据量力而行的方针，1957年的国民经济计划对基本建设投资规模作了适当的压缩，调整了经济各部门的比例关系，使1957年的经济建设稳步前进，国民经济各方面的紧张关系得到缓解，经济效益比较好，全面完成了“一五”计划。

（二）经济建设的主要成就

1. 基本建设的巨大成就。

1953 年至 1956 年国家预算内基本建设投资额为 445.15 亿元，新增固定资产 358.26 亿元，全部建成大中型项目 333 个。到 1956 年上半年止，苏联帮助我国建设的 156 个项目中有 38 个全部建成投产。

工业建成的重要项目主要包括：鞍钢三大工程（无缝钢管厂、大型轧钢厂、7 号高炉系统）、抚顺铝厂、哈尔滨量具刃具厂、长春汽车制造厂、山西榆次纺织机械厂、沈阳第一机床厂、大连化工厂、佳木斯造纸厂、北京国棉一厂等；通过基本建设新增生产能力：铁矿开采 757.4 万吨，炼铁 239.2 万吨，炼钢 255.5 万吨，煤炭开采 4495 万吨，发电机组容量 172.8 万千瓦等。开始施工的重要企业有：洛阳轴承厂、哈尔滨轮机厂、武汉重型机床厂、富拉尔基第一重型机床厂、武汉钢铁厂、白银有色金属公司、吉林肥料厂、吉林涂料厂、兰州炼油厂等。这些大中型项目的建设，将大大提高工业生产能力，建立起一些新的工业部门，革新某些原有的老工业部门。在水利方面，兴建了官厅、佛子岭、梅山等大中型水库，对于保障农业生产起了重要的作用。在交通运输方面，新建铁路线路 4743 千米，集二、宝成、天兰线都已通车；全国新建公路 65931 千米，如康藏、青藏公路都已建成通车。

2. 工农业生产和其他各项事业的发展。

在工农业生产方面，1953 年至 1956 年工农业总产值年均增长 11.6%。工业增长速度很快，年均增长 19.6%，其中轻工业为 14.3%，重工业为 27.1%。主要工业产品产量大幅度增长。1956 年与 1952 年相比，煤炭增长了 66.7%。生铁增长了 150%，钢增长了 231%，发电量增长了 127%，水泥增长了 142%，棉布增长了 53.3%，机制纸增长了 97.3%。1953 年至 1956 年 4 年间，除 1955 年是丰年外，其他年份都是平年和歉年，但农业从总体上还是得到发展，农业总产值 4 年平均增长 4.8%。农业生产条件有了进一步改善。由于主要农产品的增产幅度超过了人口的增长幅度，按人口平均的产量有所增长（详见表 3-4）。尤其是人均粮食产量从576斤增加到了620斤，在此后的20年中几乎再未达到过（只有1975年为621斤），直到1978年才稳定地超过这一历史的纪录。

表3-4 1952年和1956年主要农产品人均产量 单位：斤

年份	粮　食	棉　花	油　料
1952	576	4.6	14.7
1956	620	4.7	16.4

资料来源：《中国统计年鉴（1983）》，中国统计出版社1983年版，第184页。

在国家财力方面，1956年国家财政收入284.7亿元，财政支出305亿元，分别比1952年增长56.5%和73%（按当年价格计算）。4年财政收支平衡，略有节余。国家财力的增强，保证了经济建设各项费用的支出，促进了经济建设的发展。国家财力的增长是建立在工农业生产增长和国民收入增加的基础上的。1956年国民收入达到882亿元，比1952年的589亿元增加了293亿元，按可比价格计算，增长了46.7%，年均增长10%。因此，财政收入虽然增长很快，但与国民收入基本上是同步增长，财政收入占国民收入的比重1956年只比1952年增加1.2个百分点。所以，财政收入的增长是可靠的。

其他各项事业也有发展。在交通运输方面，1956年与1952年相比，客运量增长了106.5%，货运量增长了138%，邮路长度增长了40.4%。在贸易方面，国内商品零售总额增长了66.5%，外贸进出口总额增长了68.2%。

工农业生产发展的基础上，由于分配制度比过去更加平均，并在开展经济建设时兼顾了人民生活（4年国民收入积累率为24%），广大人民的生活普遍得到改善。1956年与1952年相比，全国居民年人均消费水平从76元增加到99元，按可比价格计算，增长了20%，其中，城镇居民提高的幅度略大于农村居民（详见表3-5）。

1956年职工人数为2917万人，比1952年增长了85.7%，旧中国遗留下来的大批失业人员大部分得到安置；职工工资也有了提高，1956年全民所有制人均年工资达到610元，比1952年的446元增长了36.8%（未扣除价格因素）；国家兴建了一批职工宿舍，职工的住房得到改善；此外，还实行了劳动保险、公费医疗和各种福利制度，使职工生活得到较大水平的提高。

表 3-5　全国居民平均消费水平 1956 年与 1952 年的比较

平均消费水平 / 年　份	全国居民	农业居民	非农业居民
1952 年	76 元	62 元	148 元
1956 年	99 元	78 元	197 元
1956 年比 1952 年增长	20%	15%	23.7%

资料来源：《中国统计年鉴（1983）》，中国统计出版社 1983 年版，第 484 页。增长速度是按当年价格计算。

农民生活也得到改善。农业生产发展，农民收入增加，但农业税一直稳定在 1953 年的水平上，使农民在收入增加的基础上，负担相对下降。农副产品收购价格有所提高，工业品零售价格基本稳定，缩小了工农产品交换比价。这几年，农民生活提高的主要方面是农副产品消费量有所增加。城乡人民的卫生条件有很大改善，教育事业得到发展。

3. 工业化重新起步的良好开端。

1953 年至 1956 年，中国经济不仅经济发展速度快，而且经济结构和技术结构发生着变化，工业化建设迈出了重要的一步。4 年来，由于工业增长的速度大大高于农业，重工业增长速度又大大高于轻工业，使国民经济的结构进一步发生变化。到 1956 年，在国民收入中，农业的比重首次下降到 50%以下，而工业与建筑业之和首次超过 30%（详见表 3-6)。

表 3-6　国民收入构成　　单位：%

年份	农业	工业	建筑业	运输业	商业
1949	68.4	12.8	0.3	3.3	15.4
1952	57.7	19.5	3.6	4.3	14.9
1956	49.8	24.0	6.2	4.2	15.8

资料来源：《中国统计年鉴（1983）》，中国统计出版社 1983 年版，第 24 页。

在工农业总产值中，工业总产值的比重首次超过了 50%，重工业产值占工业总产值的比例也超过 40%（详见表 3-7)。基础工业得到加强，一些新兴的工业部门开始建立起来。其中包括汽车、飞机、大型电机设备制造业，重型和精密机器制造业，黑色及有色金属冶炼业，高级合金钢、无缝钢管和铝加工业、化学工业等。当时建设或正在建设中的这些大中型企业，长期以来成为中国的骨干企业，在社会主义经济建设中发挥了重要的作用。

工业技术得到较大的提高，生产了许多过去不能生产、国家建设又急需的产品。仅 1955 年、1956 年，试制和制造出的主要新产品就有：造船用钢、各种异型钢材、合金无缝钢管、耐高热合金钢等各种钢材，1.5 万千瓦水轮发电机、1.2 万千瓦汽轮发电机及汽轮机等电机电器，万能铣床、单轴自动车床、工作台宽 2 米龙门刨床等机床，载重汽车、喷气式飞机、货运机车、谷物联合收割机、48 行播种机等运输、农业机械，有机玻璃、聚氯乙烯、金霉素、合霉素、丙酮、夹层玻璃、手表等化工、制药、轻工产品。

表 3-7　农业、轻工业、重工业产值在工农业总产值中比例的变化　单位：%

年份	占工农业总产值的比重				占工业总产值的比重	
	农业	工业	轻工业	重工业	轻工业	重工业
1949	70	30	22.1	7.9	73.6	26.4
1952	56.9	43.1	27.8	15.3	64.5	35.5
1956	48.7	51.3	29.6	21.7	57.6	42.4

资料来源：《中国统计年鉴（1983）》，中国统计出版社 1983 年版，第 20 页。

工业布局从沿海地区向内陆地区扩展。4 年间，限额以上的工业建设单位有一半以上摆在内地。据统计，1953 年至 1955 年间，在内地的投资占工业投资的 55.3%，占新建企业投资的 73.9%。一批新兴的内地工业基地，如武汉、西安、兰州、太原、包头、洛阳已初成规模。1953 年至 1956 年，工业总产值年均的增长速度，内地为 26.1%，沿海为 19.5%，使得内地工业产值的比重从 1952 年的 27%上升到 1956 年的 31.3%。①

① 根据《我国的国民经济建设与人民生活》，统计出版社 1958 年版，第 35、37 页计算，当时公布的数据与 20 世纪 80 年代之后各统计年鉴的数字不完全相同，因现在公布的数据没有相应的统计口径，仍运用当时的数据。

这样就为工业化向内地的扩展打下了一个重要的基础。

1950年至1956年，中国工业的恢复、建设和发展的速度很快，工业总产值增长了317%，而苏联为105%，美国为27%，英国为17%，法国为50%，联邦德国为95%，日本为152%，印度为67%。中国工业增长的速度大大高于发达国家，也高于二战后恢复和发展中国家，缩短了与发达国家的差距，在新兴国家中也是首屈一指的。

（三）七年建设的经验教训

1. 七年建设取得巨大成就的宝贵经验。

在1949年10月至1956年的七年间，中国的社会经济制度发生了一次翻天覆地的大变化，从半殖民地半封建经济制度变为新民主主义经济制度，又从新民主主义经济制度变为社会主义经济制度。这两个相继发生的变化，使中国从以私有制为基础的经济制度变为以公有制为基础的经济制度，从人剥削人的经济制度变成没有剥削的经济制度，六亿中国人民得到了一次大解放。这是中国历史上四千年来的一大变化。在生产力方面，仅用了三年的时间就恢复了十多年来的战争创伤，随后又以比其他国家更快的速度向前发展。在取得如此辉煌成就的过程中，积累了许多宝贵经验，其中，有长久借鉴意义的有以下几点。

第一，顺应客观形势的发展，及时明确工作重点的转移。中国共产党领导人民开展革命斗争的根本目的，就是变革阻碍社会经济发展的上层建筑和生产关系，解放生产力，改变我国经济落后的面貌。新中国成立前夕召开的中共七届二中全会强调指出，随着革命形势的发展，工作重点将逐步由农村转向城市，城市工作的中心是恢复和发展经济。国民经济恢复的任务完成后，中国共产党又及时提出了“一化三改”的任务，领导中国人民开展有计划的经济建设。在社会主义改造完成后，中国共产党第八次全国代表大会又及时指出，在中国，无产阶级同资产阶级的矛盾已基本解决。国内的主要矛盾已经是先进的社会制度与落后生产力的矛盾，主要任务是把我国尽快地从农业国变为先进的工业国。新中国成立的头七年中，正因为把发展生产力的任务放在突出位置上，才将中国建设成为独立富强的国家，成为团结全国各族人民的伟大旗帜。也正是七年建设的巨大成就，向全国人民显示了新的社会制度的优越性，极大地调动了亿万群众的社会主义积极性。

第二，在处理经济问题时，注意研究经济运动的内在规律，运用与商品经济有关的各种经济杠杆，与行政的、法律的手段相配合，才能取得好的成效。新中国成立初期，在稳定物价的斗争中，除运用行政法律的手段外，通过紧缩银根、集中调运、集中抛售物资，使投机资本受到严重打击；以争取财政收支平衡为重点，配合金融措施。调运物资，实现物价的根本稳定；对分散个体农民的管理，主要是通过调整粮、棉、油比价，签订预售合同等办法，把其经济活动间接地纳入国家计划的轨道。事实证明，在商品经济条件下，依据经济活动内在规律，运用行政的、法律的、经济的手段相结合的方法，既实现了国家对国民经济的宏观控制，同时也有利于保障商品生产者的正当利益，发挥其积极作用，有利于活跃经济、繁荣市场、发展生产。

第三，关心群众生活，处理好积累和消费的关系。创造出更多更好的物质财富与精神财富，满足整个社会不断增长的物质文化生活需要，是新民主主义社会发展生产的根本目的。新中国成立头七年，中国共产党和人民政府十分关心人民生活，在工农业生产发展的基础上，人民的生活有了初步改善，广大人民从自己生活的改善方面看到了整个国家的前途，坚定了走向社会主义的信心。在经济工作的宏观控制上，正确处理发展生产与改善人民生活的关系，主要是通过科学地安排积累和消费的比例体现的。新中国成立头三年，国民经济处在恢复时期，积累率较低。开始有计划经济建设后，积累率有所提高，但始终保持在26%以下，四年平均积累率为24%，做到了兼顾生产建设和人民生活，并有利于经济建设健康稳步地发展。

第四，量力而行，循序渐进地开展经济建设。中国经济落后，革命胜利后，迅速改变我国的落后面貌是全国人民的共同愿望。但是生产力的发展有其自身的规律，经济建设的规模和发展速度，要受到资源及其开发程度、现有的生产能力和经济结构、积累的能力、人口数量与质量、全民族的文化技术水平等多方面条件的限制。其中，有的条件是人力不能创造的（如自然条件、自然资源），有的条件是在很长的历史过程中形成的，需要很长的时间才能改变（如人口数量、民族文化特征等）。这些因素对经济发展在长期或较长时期内起制约作用的，因此，经济建设只能在现有基础上量力而行，循序渐进，欲速则不达。新中国成立头七年，基建规模与国力基本上相适应，国民经济各部门各方面比例大体平衡，经济效益比较好，人民生活得到初步改善，速度是实实在在的速度。当然也出现了 1953 年、1956 年的急躁冒进，引起国民经济各方面关系的紧张，但经过及时的调整，保证了国民经济稳步前进。

2. 对经济发展规律和中国国情认识不足。

我们搞社会主义革命和社会主义建设，是前人未曾干过的事业，谁也没有经验。同时，对社会主义经济成分和社会主义经济制度、经济建设规律的认识，需要经历一个过程。因此，在社会主义建设实践中产生这样或那样的问题是难以避免的。其中重要的一条是急于求成思想的存在与发展。这种思想的产生，有其客观原因，如中国经济落后，人们希望快点改变，也由于经济落后，不可能很快地改变。可是，我们对过渡时期的长期性认识不足。半殖民地半封建的社会不能直接过渡到社会主义社会，必须经过新民主主义的发展阶段，新民主主义属于社会主义经济体系，它是一个过渡性的社会。中国原有的经济很落后，需要在一个较长的时间内，充分利用各种能促进社会生产力发展的经济成分的积极性，发展社会生产力，根据经济发展的客观需要，逐步实现社会主义改造，稳步走向社会主义。这是中国由半殖民地半封建经济形态走向社会主义的具体途径，也是正确的途径。但由于不断批判右倾和急于否定发展新民主主义经济的结果，大大加快了社会主义改造的步伐，通过不断开展全国性的政治运动，在很短时期内，从五种经济成分并存的新民主主义经济结构，过渡到只存在社会主义全民所有制和集体所有制的单一的社会主义经济结构。

对发展商品产生的必要性认识不足。商品生产是社会经济发展不可逾越的阶段。新中国成立时开展经济建设的起点，基本上是一片半自给性小生产的汪洋大海，必须经过一个与社会主义经济因素相伴随的商品经济发展阶段，才能使生产力得到较大的发展。由于受到社会主义模式传统观念的影响，有意无意地把商品生产和资本主义联系起来，把社会主义与商品经济对立起来。在经济工作中，采取种种措施限制商品经济的发展，缩小商品经济的范围，不断扩大直接计划管理的范围，建立起高度集中的管理体制。中国几十年来经济结构单一，经济决策权高度集中统一的经济体制，在社会主义改造基本完成后就已基本形成。实践证明，它不利于促进生产力的发展。

对平均主义的危害性认识不足。平均主义是小生产者的理想天国。它对社会生产力的发展起到阻碍作用。科学社会主义与它有着根本区别。在过去长期艰苦的战争年代，实行供给制对于革命战争的胜利起到了积极作用。由于革命队伍中大多是刚刚穿上军装的农民，供给制难免被掺杂进小生产者理想天国的色彩，把平均主义与科学社会主义混同起来，并作为革命传统继承下来。新中国成立后随着经济的发展，供给制在许多方面不能适应生产力发展的要求，人民政府采取了改革工资制度、改变供给制的做法。但对于平均主义与科学社会主义的界限，没有从理论上、思想上、政策制度上完全划清楚，在有些方面甚至有意无意加以维持，以致逐渐酿成了中国经济管理制度中“铁饭碗”的劳动制度、“一拉平”的分配制度、生产效益上的“大锅饭”等痼疾，阻碍生产力的发展。

对农业落后状况对整个国民经济发展的制约作用认识不足。农业是国民经济的基础部门，农业生产率的高低，制约着国民经济其他部门发展的规模和程度。中国素称农业立国，但农业生产水平很低。新中国成立初期，全国超过80%的人口从事农业生产，养活10%多的城市居民，还很紧张。农业落后状况对国民经济发展的制约作用，在工业化建设的第一年就表现得十分明显。国家为了保证城市居民生活必需品的供应和得到工作原料，不得不采取统购统销的办法。以后农业每逢歉收，第二年国民经济的发展就不得不放慢速度。开始有计划的建设后，虽然做出努力去发展农业生产，但并没有把农业放在十分显著的位置上。在以后几十年的发展中，农业始终是国民经济发展的薄弱环节。

第四章
对中国社会主义建设道路的曲折探索

从新中国成立到社会主义改造基本完成，在短短的几年内，中国经济建设取得了巨大成就。奇迹般的胜利使人们认为，迅速改变中国贫穷落后面貌、赶超发达国家、建设富强中国的目标有可能在一个较短的时间内实现。由于党和人民缺乏建设社会主义的经验，对社会主义建设的长期性、艰巨性认识不足，严重忽视客观经济规律，造成经济建设和社会发展不仅没有达到预期目的，反而遭受重大挫折。

一、对中国社会主义建设道路的曲折探索

（一）对中国社会主义建设道路的初步探索

1. 探索社会主义道路任务的提出。

中国共产党在开始进行社会主义经济建设时，没有经济建设和管理的经验，不可避免地较多地向苏联学习。经过几年的经济建设，初步积累了经验，也开始察觉到经济建设和经济运行中存在的一些问题。

中国有着灿烂的古代文化，对人类文明的发展作出了重要的贡献。但在16、17世纪之后，逐渐落后于世界发展的潮流。1840年以来的中国近代史证明，落后就要挨打。新中国成立之后，从中国领导人到广大人民群众无不希望加快经济的发展，早日将新中国建设成社会主义的现代化强国。但是，经济的发展是有自身的规律的。在经济建设中，既要鼓

足干劲、发奋图强，又要从国情国力出发，合理地规划建设的规模和经济发展的速度，循序渐进，欲速反而不达。前述1953年和1956年建设规模过大，要求过高，就造成了国民经济各方面的关系紧张。虽然中国政府主管经济工作的领导人及时发现问题，进行了调整，但在经济建设方面急于求成的思想并未完全解决。

中国的“一五”计划建设是以工业为重点的，其中重工业又是重中之重。根据计划安排，工业在基本建设投资总额中占的比重为58.2%，而在工业内部，轻重工业投资安排的比例是1∶8。在几年经济建设的过程中，重工业的生产和建设高速发展，取得了显著的成绩。但投资过分向重工业倾斜的战略，也带来经济生活中一系列的问题。一是重工业建设项目规模大，起始投资多，建设周期长，资金周转慢，使国家建设资金短缺的矛盾十分突出。二是随着国家建设的发展和人民购买力的提高，消费品不足的问题也十分尖锐。1953年至1956年，轻工业生产的增长低于购买力的增长，造成消费品的市场供应的紧张（详见表4-1）。由于重工业建设受到种种条件的制约以及消费品供应不足的压力，“一五”计划在执行的过程中，轻重工业的投资结构做了调整，原计划两者的比例是1∶8，执行的结果是1∶5.64。但在编制发展国民经济的第二个五年计划（以下简称“二五”计划）的过程中，工业投资要求进一步扩大，进一步挤压农业投资；在工业投资中，重工业各部的要求更高，又挤压轻工业。按照各部编制的“二五”计划草案汇总，重工业投资占91.5%，轻工业投资只占8.5%，重工业与轻工业投资的比例，将进一步扩大到11∶1。

表4-1 1953—1956年轻工业增长与社会商品零售额增长的比较 单位：%

	1953年	1954年	1955年	1956年	1956年比1952年增长
轻工业增长	25.3	12.4	−0.3	17.1	164.6
社会商品零售额增长	25.7	9.5	2.7	17.5	166.5

资料来源：根据《中国统计年鉴（1983）》，中国统计出版社1983年版，第23、345页的数据，按当年价格计算。

经过几年建设的经验证明，轻工业的发展不仅对满足市场供应至关重要，而且可以加速资金的积累。如 1955 年全国仅烟、酒、盐、糖 4 项产品的税收（不含专卖的利润），就占全国工商税和盐税总额的 20.5%。国家每年从轻工业部门取得收入同新建厂的投资比较，卷烟厂为 4.4 倍，酒精厂为 4.1 倍，白酒厂 2.6 倍，糖厂 1.2～1.5 倍，药厂 1～2 倍，肥皂厂 1 倍多。轻工业部门基建投资与工业利润的比例，1953 年为 1∶1.9，1954 年为 1∶2.1，1955 年为 1∶3.1。新建一座毛纺厂（粗纺机 1 万锭，年产 600 万米毛织品）总投资约 2070 万元，正常投产后，一年的时间，即可为国家积累近 4600 万元，为投资的 2.2 倍。新建一座年产 600 万匹的印染厂，总投资约 3200 万元，正常投产后，每年可为国家积累资金 3800 万元，不到一年的时间即可收回全部投资。但轻纺工业发展遇到的问题是投资少，现有企业设备陈旧，产品的数量、质量和花色品种远不能满足市场需要。在中国工业化建设的初始阶段，如何处理好发展重工业与轻工业的关系，这是发展国民经济的一个重大问题。

国防建设与国民经济建设的关系，是重工业内部国防工业与民用工业的关系问题。为了加强国防建设，在“一五”计划中已安排了相当一批国防建设项目。由于当时国际上资本主义与社会主义两大阵营的严重对峙，1954 年、1955 年台湾海峡局势紧张，1956 年初，在酝酿编制“二五”计划和 15 年长远规划过程中，曾设想国防建设要在 1961 年达到战时最大需要量。按照这个设想，在 1956 年到 1959 年的 4 年中，每年必须建 50 个大型国防工业工厂。显然这是不可能的。随后将达到最大需要量时间推迟到 1964 年，满足最大需要量的产品 30%靠战时动员民用工业部门生产，70%靠国防工业生产。但这个安排仍然非常紧张，资金、设备、技术力量仍远不能满足需要。国防工业建设速度的加快，又要求电站、钢铁、化工、石油、民用机械等的建设也跟着加快，相关的轻工业部门，如酒精、橡胶、甘油等生产也得加快，从而导致整个工业部门全面紧张。这是当时影响到安排国民经济比例平衡的较突出的问题。

在生产力布局方面，“一五”计划从改变旧中国工业布局和国防安全出发，建设的重点地区是内地。经过几年的建设，内地的建设初步取得成效。但对沿海地区，特别是一些老工业基地的建设兼顾不够。几年建设的实践证明，沿海地区的工业对于推进全国工业建设和整个国民经济的发展，发挥了极为重大的作用。据统计，从新中国成立到1955年底，上海市实现的利润占第一个五年计划基本建设投资总额的20.9%。当时国内供应的设备、材料和绝大部分轻工业品都是沿海地区生产的。鞍钢1955年生产的钢材，就供应了全国2000多个生产、建设单位的需要。该厂试制成功的370多种新产品，有力地支持了包钢、武钢、一汽、洛拖等重点工程的建设。当时，全国销售的纱布、卷烟有1/3是上海生产的，日用品甚至有的60%是上海生产的。沿海省市还向内地输送了大量技术人员和技术工人。沿海地区工业基础比较好，1951年到1953年发展比较顺利。1954年后因建设和扩建、改建资金投入不足，进一步发展受到很大限制。如重要的沿海老工业基地上海市，1955年投资总额仅为折旧金额的76%，工业总产值下降4.4%；天津市1955年投资额为折旧金额的104%，工业总产值增长2.4%，低于当年全国工业总产值增长5.6%的速度。经验证明，不积极利用和发展沿海地区原有的工业基础，就不可能更好地发展内地工业和整个国民经济。

中国逐步形成的所有制单一、管理高度集中统一的体制，虽然对于国家集中财力、物力实施优先发展重工业的经济战略发挥了重要的作用，但其在资源配置尤其是缺乏激励机制等方面的弊端也开始初步暴露出来。

在国家与企业的关系方面，国家对企业实行统收统支办法，企业收入全部上缴财政，支出全部由财政拨款。企业盈利多少，能否完成，同自己本身的支出没有关系，这种体制对于企业从物质利益上关心自己的收入，更好地发挥企业增收节支的积极性，有很大的限制作用。当时制度规定，国营企业的厂长、经理视企业规模的大小和性质不同，只有开支200元到500元的机动权。超出规定数字的就要报批；价值在200元以上的购置，都算固定资产，列入基本建设。中央一些主管部门对企业的管理，有的甚至一直管到车间一级。这既妨碍生产，限制企业的积极性，又容易助长上级机关的官僚主义。

在企业经营方面，由于工业企业的产品由国营商业实行统购统销，因此企业就不再关心市场的需要并根据市场的需要进行生产。这一点在私营工业由自产自销转变成为加工订货、公私合营后尤为明显。在自产自销时，企业必须随时了解市场信息，根据市场的需要调节企业的生产，并在市场竞争的压力下，不断提高质量、降低成本。在实行加工订货、统购统销后，产品质量普遍下降，因为产品质量好也不能增加收益，质量不好也统购统销；有许多产品品种减少得很多，货不对路，只剩下几种大路货，许多有特色的东西没有了，胖子买不到袜子，小孩买不到皮鞋。

在商业与市场方面，由于向工厂订货的工作集中于少数批发公司，国营批发公司的上下之间，批发公司与基层商店之间，大部分实行自上而下的派货。基层商店不能根据消费者的需要，直接从工厂进货。国营批发公司发到各地的商品的品种和数量，经常出现一些不符合当地需要的情况，因而发生这里的商品积压，那里的商品脱销的现象。

在中央与地方的关系方面，地方的财权是非常有限的。当时省一级的财政收入只有 3 项：5%的农业附加税，3%的总预备费，自筹部分资金。3 项收入数额都不大。省级财权除了这 3 项外，与中央级的预算单位没有什么不同，县和乡更没有什么财权。这就形成县要钱向省要，省要钱向中央要。因此，地方的干部说，现在名义上是 4 级（中央、省、县、乡）财政，实际上是一级半，只有中央一级是完全的，省财政只是半级财政。1953 年全国财经会议提出，地方当年财政结余可自行调剂使用，但地方对结余的使用又受到种种限制。如地方有经费可对项目进行调剂，仍要请示主管部门并经批准才能实施，等主管部门答复下来，时间已晚，该花的钱年内已花不出去了，只好作为年终结余，上缴中央，中央就将这笔结余列入下年度预算，抵充下年的拨款。这样不仅限制了地方增收的积极性，而且也意味着许多该办且有能力办的事没办成。

在其他管理权限方面也是如此。中国幅员广阔，各地在资源、经济发展上各有自己的特点，迫切要求根据自己的优势和需要加速经济的发展。如上海、天津要求发展较高级的产品，广东、广西要求发展制糖和造纸工业，贵州要求发展食品工业、亚热带作物加工业，一些边远地区要求发展畜牧产品加工厂，许多地方还要求办小煤矿、小电站、小化肥厂、生产和修理农具的小机械厂等，但在财力、审批立项、管理权限等方面都受到极大的限制。又如，商业部对商品价格的管理，原规定部管51种，总公司管208种，实际上总公司管了509种，把本应由地方管理的300来种商品也管了起来，使地方无法进行工贸平衡。总之，中央及其各部门对地方国民经济计划、事业指标和财政收支，管得过多，过于集中，在很大程度上束缚了地方的积极性。

在社会主义改造基本完成后，所有制形式单一的弊端首先从个体经济的急剧减少所造成的社会经济问题中体现出来。从就业方面看，全国城镇有小商小贩近300万户，把他们都组织起来，发工资或发救济，国家就会背上沉重的包袱。况且一些小商贩、夫妻店普遍使用家庭的辅助劳力，丈夫出去了，妻子可以做生意，妻子出去了，老人、小孩也可以做生意。实行了合营或合作，不可能给全家发工资。只给主要劳力发工资，他们就无法维持生活。如果容许他们继续分散经营，不仅解决了他们的生活出路，而且方便了人民的生活。如过去北京的菜贩们挑着担子到胡同里去叫卖，后来把他们组织起来，每月发40元工资，他们就不叫卖了，因为卖不卖，卖多少，每月都拿40元工资。过去在胡同里、火车站有卖饮食的，卖馄饨，卖酸梅汤，冬天是热的，夏天是凉的；修理自行车、理发也都很方便。少了这些小手工业者、小商小贩，居民生活就不方便了。在农村农副产品收购方面，由于私商大大减少且对所剩不多的私商采购贩运严格加以限制，形成了农产品、农副产品由供销合作社或国营商业独家采购而无竞争的局面。供销合作社和国营商业实际上不可能对广大农村地区复杂多样的农副土特产品进行全面的收购，价格也很难做到公平合理，因此会影响到这些农副产品的流通，而且反作用于生产，导致这些农副产品的减产，引起农民收入的减少。

上述经济生活中初步暴露出来的种种问题，既有我们自身缺乏经验的原因，也与学习苏联的传统社会主义体制和发展战略有关。20世纪50年代中期，传统的斯大林社会主义模式与优先发展重工业的战略的弊端，在苏联和东欧国家也已显现出来。匈牙利、波兰事件的发生，原因十分复杂，但经济生活中的问题也是重要的导因。这些国家已经开始进行某些改革。中国和其他社会主义国家的经验都证明，在各国搞社会主义建设，特别是在我们这样一个人口众多、基础薄弱的农业大国搞社会主义建设，抄本本不行，照搬别国的做法也不行。中国共产党在领导民主革命的过程中形成了一个优良的传统，就是把马克思列宁主义基本原理同中国实际相结合，创造性地加以运用，走出了一条适合中国国情的革命的道路，并取得了伟大的胜利。进行社会主义革命和建设也必须如此。鉴于前几年在向苏联学习的过程中存在着“一切照抄，机械搬运”的倾向，毛泽东在1956年4月《论十大关系》的讲话中强调指出，我们的方针是，一切民族、一切国家的长处都要学，政治、经济、科学、技术、文学、艺术的一切真正好的东西都要学。不仅要学习苏联和其他社会主义国家的经验，而且要学习资本主义国家的先进的科学技术和企业管理中合乎科学的方面。“但是，必须有分析有批判地学，不能盲目地学，不能一切照抄，机械搬用”。“社会科学，马克思列宁主义，斯大林讲得对的那些方面，我们一定要继续努力学习。我们要学的是属于普遍真理的东西，并且学习一定要与中国实际相结合。如果每句话，包括马克思的话，都要照搬，那就不得了。我们的理论，是马克思列宁主义的普遍真理同中国革命的具体实践相结合”①。这样就提出了把马克思主义的基本原理同中国实际相结合，总结建设社会主义实践的经验教训，并以他国为鉴，探索符合本国国情的社会主义道路的历史性的任务。

2. 理论探索的积极成果。

在总结本国经济建设和借鉴其他社会主义国家经验教训的基础上，20世纪50年代中期，中国共产党和中国政府领导人重新开始了探索适合本国国情的社会主义道路的历程。这次探索从1956年初开始，以毛泽东发表《论十大关系》的讲话为代表，在中国共产党第八次全国代表大会的召开前后形成了一个高潮。在有关经济问题方面取得的初步的成果，主要包括以下几个方面。

---

① 毛泽东：《论十大关系》，《毛泽东文集》第7卷，人民出版社1999年版，第41、42页。

(1) 正确分析了社会主义经济制度基本建立后国内的主要矛盾，明确了党和全国人民的主要任务是集中力量发展生产力，确定以正确处理人民内部矛盾，调动一切积极因素作为推动社会主义前进的动力。

在新中国成立前夕的党的七届二中全会上，毛泽东就向全党提出了工作重心转移和以恢复和发展生产为中心工作的问题。但当时对社会主要矛盾的分析和确定的工作的中心任务相互矛盾。在完成民主革命遗留的任务和国民经济恢复以后，虽然把“一化三改”作为党在过渡时期的总任务，但在理论上和实践上，都是把解决无产阶级与资产阶级的矛盾，即将生产资料的社会主义改造作为工作的中心任务。在不断进行政治运动和激烈的经济制度的变革中，经济建设没有也不可能成为工作的重心。当然，即使是将工作重心转移到经济建设上来，也并不否认进行必要的政治思想斗争和经济的变革。但是对社会主要矛盾和工作重心的基本认识，却决定了开展政治思想斗争和经济变革的依据、性质和方式。

在 1956 年 9 月召开的党的八大上，中国共产党在新的形势下，对社会主要矛盾作出了新的判断，再次提出了工作重心转移的问题。刘少奇代表中共中央在党的八大上所作的政治报告和会议关于政治报告的决议提出，在生产资料私有制社会主义改造基本完成后，中国国内的无产阶级同资产阶级之间的矛盾已经基本上解决，国内的主要矛盾已经是人民对于建立先进的工业国的要求同落后的农业国的现实之间的矛盾，已经是人民对于经济文化迅速发展的需要同当前经济文化不能满足人民需要状况之间的矛盾。党和国家的主要任务已经由解放生产力变为保护和发展生产力。

1957 年 2 月，毛泽东在《关于正确处理人民内部矛盾的问题》的讲话中，对社会主义的矛盾问题进行了进一步的分析。他指出，在社会主义社会中，基本的矛盾仍然是生产关系和生产力之间的矛盾，上层建筑和经济基础之间的矛盾。不过社会主义社会的这些矛盾，同旧社会的生产关系和生产力的矛盾，上层建筑和经济基础的矛盾，具有根本不同的性质。社会主义的生产关系总的来看是与生产力的发展相适应的，但是它还是刚刚建立，还很不完善，这些不完善的方面和生产力的发展又是相矛盾的。人民民主专政的国家制度和法律，以马克思列宁主义为指导的社会主义意识形态，是和社会主义的经济基础即社会主义的生产关系相适应的，但也存在着又适应又矛盾的情况。社会主义的矛盾同旧社会的矛盾，性质是根本不相同的。旧社会的矛盾表现为剧烈的对抗和冲突，在人与人的关系上表现为激烈的阶级斗争，那种矛盾不可能由自身来解决，而只有通过社会革命才能解决。社会主义的矛盾是另一回事，恰恰相反，它不是对抗性的矛盾，它可以经过社会主义制度本身，不断地得到解决。

社会主义基本矛盾的非对抗性，在人与人的关系方面，表现在社会生活中，人民内部矛盾居于主要地位。调整生产关系和上层建筑以适应生产力的发展，在处理人与人的关系方面，体现为正确区分和处理敌我矛盾和人民内部矛盾，特别是正确处理人民内部矛盾。在社会主义社会里，存在着敌我矛盾和人民内部矛盾这两类性质完全不同的社会矛盾。敌我矛盾是人民同各种敌对分子之间在根本利益对立基础上的矛盾，因此是对抗性的，最后往往要通过外部冲突的形式去解决。人民内部矛盾，比如工人阶级内部的矛盾，农民内部的矛盾，知识分子内部的矛盾，工农之间的矛盾，工人、农民同知识分子之间的矛盾，领导同群众的矛盾，共产党同民主党派及各民主党派内部的矛盾，都是在人民利益根本一致基础上的矛盾，因而是非对抗性的。对于敌我矛盾和人民内部矛盾这两类矛盾的性质不同，解决的方法是不同的，在人民民主专政下面，解决敌我矛盾和人民内部矛盾的这两类不同性质的矛盾，采用专政和民主这样两种不同的方法。毛泽东把解决人民内部矛盾的民主方法具体化为一个公式，这就是“团结——批评——团结”，即从团结的愿望出发，经过批评或斗争使矛盾得到解决，从而在新的基础上得到新的团结。由于人民内部矛盾的表现形式多种多样，解决矛盾的具体方式也是多种多样。“团结——批评——团结”这个公式，是作为处理人民内部矛盾的基本指导方针提出来的，但它主要是用于处理政治思想领域里的人民内部矛盾问题。对于人民内部在经济利益上的矛盾，应根据统筹兼顾和按劳分配的原则解决；对于人民群众同政府机关的矛盾问题，要通过民主集中的方法解决；对于科学文化领域中的矛盾，应采取“百花齐放、百家争鸣”的方针；对于共产党和民主党派的矛盾，则实行“长期共存，互相监督”的方针。

中国共产党领导的革命和建设事业，是代表了全国绝大多数人民的根本利益和长远利益的事业，是人民的事业，只有调动最广大人民群众的积极性，才能把革命和建设事业搞好。在革命战争时期，中国共产党提出的各项方针政策，调动了中国各民主阶级最广大的人民群众参加反帝反封建革命斗争的积极性，因此取得了民主革命的胜利。在社会主义改造基本完成后，剥削阶级作为完整的阶级已经被消灭，仅是以残余的形式存在，“革命时期的大规模的急风暴雨式的群众阶级斗争基本结束”，阶级斗争只是在某些范围某种程度上存在。中国人民的任务已从开展阶级斗争，夺取政权，变革生产关系，解放生产力，转变为在新的生产关系下发展生产力。毛泽东在这个时候，提出正确处理人民内部矛盾，是为了调动一切积极因素，作为社会主义前进的动力，通过正确处理人民内部矛盾，团结全国各族人民进行一场新的战争——向自然开战，发展我们的经济，发展我们的文化，……巩固我们的新制度，建设我们的新国家。

（2）确认了在综合平衡中稳步前进的经济建设方针，强调要合理地规定国民经济的发展速度，建设规模要与国力相适应，既要反对右倾保守，也要反对急躁冒进。

周恩来在党的八大上所作《关于发展国民经济的第二个五年计划的建议》的报告中，总结了执行“一五”计划的经验教训，指出，要实现国民经济稳步前进，我们在领导经济工作中取得的基本经验是：根据需要和可能，合理地规定国民经济的发展速度，把计划放在既积极又稳妥可靠的基础上，以保证国民经济比较均衡地发展。他还强调，由于在编制长期计划的时候，难以完全预计到在执行计划过程中可能发生的各种新的情况，因此，应该把长期计划的指标定得比较可靠，而年度计划加以调整。党的八大关于政治报告的决议也指出，我们“有可能高速度地发展我国的生产力。如果对于这种可能性估计不足，或者不努力把这种可能性变为现实性，那就是保守主义的错误。但是，我们也必须估计到当前的经济上、财政上和技术力量上的客观限制，估计到保持后备力量的必要，而不应当脱离经济发展的正确比例。如果不估计到这些情况而规定一种过高的速度，结果就会反而妨碍经济的发展和计划的完成，那就是冒险主义的错误”。确定了“积极地而又稳妥可靠地推进国民经济的发展”的经济建设的方针。①

陈云在1957年1月的《建设规模要和国力相适应》的讲话中指出，中国这样一个大国，在大规模的经济建设的时候，能不能保持经济的稳定，这是一个至关重要的问题。而经济是否稳定的界限，就是建设规模是否超越了国力。要防止经济建设中出现不稳定的情况，建设规模就必须与国力相适应。这就必须做到：第一，财政收支和银行信贷必须平衡，而且应当略有结余；第二，重要原材料的分配顺序，首先要保证生活必需品的生产部门的最低限度的需要，其次保证必要的生产的需要，最后剩余部分才能用于基本建设；第三，人民购买力提高的程度必须同能够供应的消费物资相适应；第四，基本建设规模和财力、物力之间的平衡，不仅要看当年，而且要瞻前顾后；第五，农业对经济建设的规模有很大的约束力，安排基本建设必须考虑农业的负担能力。

（3）正确处理积累与消费、农轻重、经济建设与国防建设等国民经济重大比例关系，合理地调整生产力布局。

积累与消费的比例关系，是涉及国民经济全局的重要的比例关系。为了将中国建设成为一个强大的工业国，就必须有与之相适应的资金积累。由于国际环境的限制，中国当时不得不基本上依靠国内的积累。积累的快慢，不仅直接影响工业化建设的速度，而且也直接影响人民的消费水平和生活改善。

薄一波在党的八大上的发言中指出，合理地解决积累和消费的关系的意义，就是要将集体的、长远的利益和个人的、当前的利益正确地结合起来，使之既有利于国家经济建设，又有利于人民消费水平的提高，

---

① 《中国共产党第八次全国代表大会关于政治报告的决议》，中共中央文献研究室编《建国以来重要文献选编》第9册，中央文献出版社1994年版，第347页。

更好地发挥广大群众建设社会主义的积极性。因此，“正确地解决积累和消费的关系，是我国社会主义工业化过程中一个头等重要的问题”①。为了加快中国的工业化建设，全国人民必须艰苦奋斗，保证一定的资金的积累规模；但是如果过多过快地提高积累部分的比重，缩小消费部分的比重，以至影响人民生活应有的改善，那也是错误的。根据“一五”计划前几年经济建设的经验，以及中国国民收入分配、投资的现行体制，薄一波提出了保持合理积累率的几个数量界限，即：在今后若干年内，国民收入的积累率以不低于20%，或者略高一点，是比较稳妥的。为此，国家预算收入在国民收入中的比重，在今后若干年内不要低于30%，或者略高一点；国家预算支出中基本建设投资不低于40%，或者略高一点。低于这个水平，就会延缓工业化的建设，过多地高出这个水平，不仅会影响到人民生活的提高，而且会造成国民经济各方面的紧张。

毛泽东在《论十大关系》的讲话中提出，我们历来提倡艰苦奋斗，反对把个人物质利益看得高于一切，同时我们也历来提倡关心群众生活，反对不关心群众痛痒的官僚主义。随着整个国民经济的发展和劳动生产率的提高，工人的劳动条件和集体福利就需要逐步有所改进，工资也需要适当提高。由于中国经济的落后性，农业和农民在整个国民经济和全国人口中还占很大比重，资金的积累有相当的部分不得不从农业中获取。因此，资金积累的问题，从某种意义上看，是如何处理国家和农民的关系问题。毛泽东提出，苏联的办法是把农民挖得很苦，他们采取所谓义务交售制等办法，把农民生产的东西拿走太多，给的代价又极低，他们这样来积累资金，使农民生产积极性受到极大的损害。你要母鸡多生蛋，又不给它米吃，又要马儿跑得好，又要马儿不吃草，世界上哪有这样的道理！我们对农民的政策不是苏联的那种政策，而是兼顾国家和农民的利益。我们的农业税历来比较轻。工农业品的交换，我们是采取缩小剪刀差，等价交换或者近乎等价交换的政策。但是尽管这样，如果粗心大

① 薄一波：《正确处理积累和消费的比例关系》，中共中央文献研究室编《建国以来重要文献选编》第9册，中央文献出版社1994年版，第243页。

意，也还是会犯这种或那种错误。鉴于苏联在这个问题上犯了严重错误，我们必须更多地注意处理好国家同农民的关系。

关于重工业和轻工业、农业的关系，毛泽东在《论十大关系》中指出，重工业是我国建设的重点。必须优先发展生产资料的生产，这是已经定了的。但是，决不可以因此忽视生活资料尤其是粮食的生产。如果没有足够的粮食和其他生活必需品，首先就不能养活工人，还谈什么发展重工业？所以，重工业和轻工业、农业的关系，必须处理好。中国在处理重工业和轻工业、农业的关系上，比苏联和一些东欧国家做得好一些，没有犯原则性的错误。但还是要适当地调整重工业和农业、轻工业的投资比例，更多地发展农业、轻工业。重工业还是投资的重点，但是农业、轻工业投资的比例要加重一点。这样，一可以更好地供给人民生活的需要，二可以更快地增加资金的积累，因而可以更多更好地发展重工业。重工业也可以积累，但是，在我们现有的经济条件下，轻工业、农业积累得更多更快些。我们现在发展重工业可以有两种办法，一种是少发展一些农业、轻工业，一种是多发展一些农业、轻工业。从长远观点来看，前一种办法会使重工业发展得少些和慢些，至少基础不那么稳固，几十年后算总账是划不来的。后一种办法会使重工业发展得多些和快些，而且由于保障了人民生活的需要，会使它发展的基础更加稳固。

在《关于正确处理人民内部矛盾的问题》的讲话里，毛泽东进一步阐述了农业对工业发展的作用。他强调，中国是一个农业大国，农村人口占全国人口的80%以上，发展工业必须和发展农业同时并举，工业才有原料和市场，才有可能为建立强大的工业积累较多的资金。轻工业和农业有极密切的关系，没有农业，就没有轻工业。随着农业的技术改革逐步发展，农业的日益现代化，为农业服务的机械、肥料、水利建设、电力建设、运输建设、民用燃料、民用建筑材料等需求将日益增多，农业将为重工业提供广阔的市场。此后5到10年中，如果农业能够有更大的发展，使轻工业相应地有更多的发展，这对于整个国民经济会有好处。农业和轻工业发展了，重工业有了市场，有了资金，它就会更快地发展。这样，看起来工业化的速度似乎慢一些，但是实际上不会慢，或者反而可能快一些。

关于经济建设与国防建设的关系，毛泽东在《论十大关系》中指出，现在我们的国防力量已比过去强大，军队加强了，装备也有所改进。今后，我们还要进一步加强国防建设，不但要有更多的飞机大炮，而且还要有原子弹。在今天的世界上，我们要不受人家欺负，就不能没有这个东西。怎么办呢？可靠的办法就是把军政费用降到一个适当的比例，增加经济建设费用。只有经济建设发展得更快了，国防建设才能够有更大的进步。这里也发生这么一个问题，你对原子弹是真正想要、十分想要，还只有几分想要，没有十分想呢？你是真正想要、十分想要，你就要降低军政费用的比重，多搞经济建设。你不是真正想要、十分想要，你就还是按老章程办事。这是战略方针问题。我们一定要加强国防建设，因此，一定要首先加强经济建设。

关于沿海工业和内地工业发展的关系，毛泽东在《论十大关系》中指出，中国的工业过去集中在沿海，这是历史上形成的一种不合理的状况。为了平衡工业发展的布局，内地工业必须大力发展。但是，沿海的工业基地也必须充分利用。近几年，对于沿海工业有些估计不足，对它的发展不那么注重了，这种情况要引起注意。过去朝鲜还在打仗，国际形势还很紧张，不能不影响我们对沿海工业的看法。现在，新的侵华战争和新的世界大战估计短时间内打不起来，可能有10年或者更长一点的和平时期。这样，如果还不充分利用沿海工业的设备能力和技术条件，那就不对了。好好地利用和发展沿海工业的老底子，可以使我们更有力量来发展和支持内地工业。如果采取消极态度，就会妨碍内地工业的迅速发展。

(4) 改革权限过于集中的经济管理体制，调整中央与地方、国家与企业的关系，在全民所有制、集体所有制经济占主体的前提下，容许一部分个体经济甚至资本主义经济的存在，作为社会主义经济的补充，在实行计划经济的同时发挥市场调节的辅助作用。

毛泽东在《论十大关系》中提出，在中央与地方的关系上，应当在巩固中央统一领导的前提下，扩大一点地方的权力，给地方更多的独立性，让地方办更多的事情。这对我们建设强大的社会主义国家比较有利。

我们的国家这样大，人口这样多，情况这样复杂，有中央和地方两个积极性，比只有一个积极性好得多。我们不能像苏联那样，把什么都集中到中央，把地方卡得死死的，一点机动余地也没有。中央的部门可以分成两类。有一类，它们的领导可以一直管到企业，它们设在地方的管理机构和企业由地方进行监督；另一类，它们的任务是提出指导方针，制定工作规划，事情要靠地方办，要由地方去处理。中央要发展工业，地方也要发展工业，就是中央直属的工业也还是要靠地方的协助，至于农业和商业，更需要依靠地方。在国家与企业的关系方面，把什么东西统统集中在中央或省市，不给工厂一点权力，一点机动的余地，一点利益，是不妥的。中央、省市和工厂的权益究竟应当各有多大才适宜，我们经验不多，还要研究。

关于中国现阶段在计划经济下的自由市场和所有制结构问题，毛泽东在 1956 年底同工商界人士的谈话中指出："现在我国的自由市场，基本性质仍是资本主义的，虽然已经没有资本家。它与国家市场成双成对。上海地下工厂同合营企业也是对立物。因为社会有需要，就发展起来。要使它成为地上，合法化，可以雇工。现在做衣服要三个月，合作工厂做的衣服一长一短，扣子没有眼，质量差。最好开私营工厂，同地上的作对，还可以开夫妻店，请工也可以。这叫新经济政策。我怀疑俄国新经济政策结束得早了，只搞两年，退却就转为进攻，到现在社会物资还不足。我们保留了私营工商业职工二百五十万人（工业一百六十万，商业九十万），俄国只保留了八九万人。还可以考虑，只要社会需要，地下工厂还可以增加。可以开私营大厂，订条约，十年、二十年不没收。华侨投资的二十年、一百年不要没收。可以开投资公司，还本付息，可以搞国营，也可以搞私营。可以消灭了资本主义，又搞资本主义。当然要看条件，只要有原料，有销路，就可以搞。"① 刘少奇在 1957 年也提出过这样的观点："工商业黑户对我们有什么好处？有什么坏处？这个问题要

① 转引自薄一波：《若干重大决策与事件的回顾》上卷，中共中央党校出版社 1991 年版，第 433—434 页。

研究。有人说，好处是满足了市场的需要，纠正了我们工作上的缺点。如果是这样，那很好。工业户暂时不要去管他。对于商业户，我们需要的，就批货给他，不需要的就不给他批货。……他能赚一点钱，就说明我们社会主义经济有空子，既然有空子，就让他钻，以便补充我们的不到之处。”他还指出，要使社会主义的经济，既要有计划性，又要有多样性和灵活性。要达到这个目的，“一个办法是要利用、限制自由市场。现在搞自由市场，私商钻社会主义的空子。不只商业上有自由市场，还有地下工厂，另外，农业上还有家庭副业、自留地。资本主义商业、工业和地下工厂会钻空子，当它一钻空子的时候，我们社会主义就立即跟上去，它钻了空子搞这一样，我们跟上去也搞这一样，它钻几十万样，我们社会主义经济也跟上去搞它几十万样。自由市场可以补充国家市场的不足，对国民经济有好处，也有破坏性。因此，就要采取利用和限制的政策，利用它搞社会主义的多样性，同时要限制它的破坏性”①。周恩来在 1957 年 4 月的一次讲话中也指出：“大煤矿，国家开办；小的，合作社、私人都可以开。”“主流是社会主义，小的给些自由，这样可以帮助社会主义的发展。工业、农业、手工业都可以采取这个办法。我看除了铁路不好办外，其他的都可以采取这个办法。……大概工、农、商、学、兵除了兵以外，每一行都可以来一点自由，搞一点私营的。文化也可以搞一点私营的，这样才好百家争鸣嘛！在社会主义建设中，搞一点私营的，活一点有好处。”②

陈云在党的八大上的发言中，对于改革中国现行经济体制提出了比较系统的意见。他指出，我国“社会主义经济的情况将是这样：在工商业经营方面，国家经营和集体经营是工商业的主体，但是附有一定数量的个体经营。这种个体经营是国家经营和集体经营的补充。至于生产计划方面，全国工农业产品的主要部分是按照计划生产的，但是同时有一

---

① 中共中央文献研究室编《刘少奇论新中国经济建设》，中央文献出版社 1993 年版，第 334、350—351 页。

② 周恩来：《在社会主义建设中，活一点有好处》，中共中央文献研究室编《建国以来重要文献选编》第 10 册，中央文献出版社 1994 年版，第 164 页。

部分产品是按照市场变化而在国家计划许可范围内自由生产的。计划生产是工农业生产的主体，按照市场变化而在国家计划许可范围内的自由生产是计划生产的补充。因此，我国的市场，绝不是资本主义的自由市场，而是社会主义的统一市场。在社会主义的统一市场里，国家市场是它的主体，但是附有一定范围内国家领导的自由市场。这种自由市场，是在国家领导之下，作为国家市场的补充，因此它是社会主义统一市场的组成部分”①。

3. 实践中的探索。

(1) 制定比较切合实际的“二五”计划和自觉地对 1957 年国民经济进行小的调整。

发展国民经济的第二个五年计划是从 1955 年开始进行编制的。这年夏天，国务院在北戴河召开会议，各部在会上提出了“二五”计划的指标和 15 年（1953—1967）远景规划的设想。国家计委加以汇总后，送报党中央、国务院。但在 1955 年底 1956 年初的批判“右倾保守”思想的热潮中，各部不约而同地把北戴河提出的“二五”计划方案否定了，重新提出了更高指标的“二五”方案或把“三五”计划改为“二五”计划的指标。例如：“二五”计划末的 1962 年的粮、棉、钢产量指标，从原计划的 4600 亿斤、4300 万担和 1100 万吨，增加到 6400 亿斤、7000 万担和 1200 万吨。毛泽东对各部修改后的方案是满意的，但认为钢产量指标还低，主张 1962 年钢产量指标进一步提高到 1500 万吨，1967 年达到 3000 万吨。国家计委根据毛泽东的意见，又将生产 1500 万吨钢列入“二五”计划方案，并向毛泽东作了汇报。

周恩来对这样高的指标感到担心。他指出，由于钢、粮等指标过高，各部门、各地就要跟上去，煤、电、油是这样，机械工业是这样，这样就根本没有法子平衡。在 1956 年反对经济建设急躁冒进的同时，国务院做了大量的工作，以制定出一个切合实际的“二五”计划。经过反复的

---

① 陈云：《社会主义改造基本完成以后的新问题》，《陈云文选》第 3 卷，人民出版社 1986 年版，第 13 页。

论证，以及根据苏联能够向中国提供的设备的进度，国务院最后敲定提交中央的“二五”计划的方案，1962年粮食产量指标为5000亿斤，棉花4800万担，比原来的6400亿斤和7000万担分别减少了1400亿斤和2200万担。工业方面的指标有的取得一致意见，有的仍不能取得一致。经商定，凡意见一致的，即写一个数字；凡意见不一致的，即写两个数字，作为上限和下限的机动幅度。例如，1962年的钢产量就是两个数字：1050万吨至1200万吨。以这几个基本指标为基础制定的“二五”计划，吸取了“一五”建设的经验教训，贯彻了在综合平衡中稳步前进的指导思想，是一个既积极又留有余地的中期计划。“二五”计划仅仅形成了一个轮廓，就被随即到来的“大跃进”冲掉了，甚至受到不公的批评。但在遭受了“大跃进”的失败后，毛泽东在1960年又深有感慨地说：“一九五六年周恩来同志主持制定的第二个五年计划，大部分指标，如钢等，替我们留了三年余地，多么好啊！”①

鉴于1956年经济发展中出现了急躁冒进的倾向，使国民经济各方面关系比较紧张，中国政府在制定1957年年度经济计划时自觉地进行了适当的调整。1956年底召开的党的八届二中全会上，周恩来作了《1957年经济发展计划和财政预算的控制数字》的报告。报告中指出，1957年要对基本建设做适当压缩，要合理调整各部门之间的比例关系，以适应国家财力和物力的可能。明确1957年经济建设要实行“重点发展，适当收缩”的方针。1957年2月召开的第四次全国计划会议，调整了1957年的计划草案，对基本建设、行政经费、军费、社会集团购买力、劳动和文教等方面的计划都作了适当的压缩。在1957年7月的一届人大四次会议上，国务院向大会提出的1957年国民经济计划草案中，规定的预算内基本建设投资额为111亿元，比上年实际完成数147.1亿元减少36亿元；工业总产值增长4.5%，大大低于上年28.1%的增幅。经过主动的调整，1957年经济运行状况良好，多项计划指标超额完成，国民收入增长

① 毛泽东：《十年总结》，《建国以来毛泽东文稿》第9册，中央文献出版社1996年版，第214—215页。

4.5%，社会总产值增长6.1%，工业总产值增长11.5%，农业总产值增长3.6%，国家预算内基本建设完成131.5亿元。经济效益是历史上比较好的年份。建设规模同国家的经济承受能力是相适应的。财政收支平衡，略有结余。当年商品货源显著大于社会购买力，市场繁荣，弥补了上年的亏空。实践证明，当国民经济出现不稳定的苗头时，及时做局部调整，有利于国民经济的顺利发展。

(2) 对私有制和自由市场限制的某些调整。

在社会主义改造高潮后期，对私有制的政策开始有所调整。1956年8月召开的全国手工业改造座谈会决定，除一部分手工业可以适当集中生产，实行统一核算，大多数应分散为小社或小组，实行分别核算；个别的也可以单独经营。1956年12月20日《人民日报》发表《怎样对待手工业个体户》的社论。社论指出，“我国人口众多，对工业品和服务性行业的需要量很大，而且这种需要量年年在增长着。仅靠现代工业和现有的合作社无论在商品数量或者品种方面，一时都不可能充分满足需要。随着社会需要的日益增长，那些作为农业副业而存在着的手工业，不仅现在，而且将来还会逐渐从农民中分化出来，变为职业的手工业者。在少数失业或无业的城市居民中，有一些人不仅现在，而且在将来也还会变成手工业者。这就是说，手工业个体户的继续发展，在今后相当长的一个时期内是必然的趋势”。“手工业个体户的发展，一方面满足了人民的需要，增加了市场的商品供应；另一方面又扩大了城市的就业人数。这是对国家有利而无害的事情”。随着政策的放宽，个体手工业从1956年下半年开始有了恢复性的增长。据统计，个体手工业户，1956年9月，上海市有1661户，从业人员5000多人；10月份发展到2885户，8100多人。广州市9月份1个月内，个体手工业从业人员增加1100多人。武汉市9月份个体手工业从业人员由原来的2000人猛增到8000人。① 1957年全国城镇个体从业者增长更快，从1956年的16万人猛增至104万人，其中，工业从业人员从上年的8万人增加到64万人，商业饮食服务业从8

① 《新华半月刊》，1957年第2号，第70页。

万人增加到 33 万人，运输业几乎是从无到有，已达到 7 万人。地下和公开的私营企业也有所增加。

对于 1956 年底出现的一部分农民要求退社的现象，中国政府开始时也是采取了比较宽容的态度。1956 年 12 月 24 日中共中央批转广东省委《关于退社问题的报告》时指出，一些富裕中农在秋后分配时收入有所减少，因此怨言甚多，有些人要求退社。“中央认为让一部分（不是大部，更不是全部）坚决要求退社的富裕中农退社，不但无害，而且有益。”“有一部分富裕中农和原来从事手工业等其他行业的人，过去确实收入较多，留在社内很难维持他们原来的收入不下降，经过工作，如果他们仍然坚持退社，可以允许他们退出，而不必把他们勉强留在社内。”①

对于社员的自留地，1957 年 6 月 25 日全国人大常委会第七十六次会议决定，将原高级社章程规定的一般不超过当地人均土地数的 5%增加到不超过 10%。另外还规定了一系列的政策。如对于某些特殊的生产资料，如鱼塘、菜地、果园、桑园等，原主投入较多，现在收益大，如果是小量的，可以部分或者全部暂不入社，归原主经营。或者入社后，仍包给原主经营，实行按比例分益。为鼓励发展畜牧业，除了合作社统一经营以外，应该允许社员家庭饲养一定数量的家畜，如牛、马、驴、骡等完全归自己所有。对于农村副业，应采取大公经营、小公经营和个体经营的多种方式。某些适合于分散经营的家庭副业，应该在农业合作社的统一安排和帮助下，由社员家庭分散经营，收益全部归个人所有。

从 1956 年下半年开始，全国各省、市、自治区先后在不同范围内放宽了对农村集市贸易的管理，农副产品自由市场也开始扩大。同时国营商业对某些工业产品试行选购的办法，选购剩下的允许企业自销；对于手工业生产合作社生产的产品，国务院规定当地销的可以自销，远销的由国营商业、合作社商业选购，或者由生产合作社自销；对于当地国营商业不经营的商品，允许外地商人进行采购等。这样，工业品的自由市场也开始扩大。

① 《中共中央批转广东省委〈关于退社问题的报告〉》，中共中央文献研究室编《建国以来重要文献选编》第 9 册，中央文献出版社 1994 年版，第 549—550 页。

(3) 改革经济管理体制方案的制定。

为了改革权限过于集中于中央的经济管理体制，国务院于 1958 年 5 月至 8 月召开了全国体制会议。会议对如何改革经济体制的问题进行了讨论，提出了改进经济管理体制的若干草案，后来又广泛地征求了各方面的意见。1957 年 10 月，在扩大的党的八届三中全会上，通过了由陈云起草的关于经济管理体制改革的几个规定。后经一届人大常务委员会第八十四次会议原则批准，自 1958 年起实施。关于经济管理体制改革的文件包括《国务院关于改进工业管理体制的规定》、《国务院关于改进商业管理体制的规定》和《国务院关于改进财政管理体制的规定》。这三个规定总的精神，是针对当时中央权力集中过多、管得过严的情况，调整中央和地方、国家和企业的关系，把一部分工业、商业、财政管理权下放给地方和企业，以便进一步发挥它们的主动性和积极性。

这次提出的经济管理体制改革方案的基本特点是行政分权，即把过去中央及中央各部组织计划和物资平衡为主的办法，改变为以地方组织计划和物资平衡为主，在地方经济体系基础上形成的计划体制。与高度集权的体制相比，这种体制的优点是在中观、微观的层次上的计划可能更接近于实际，资源的配置可能较为合理。缺点是不利于加强全局的薄弱环节，容易形成地方割据，自成体系，不利于发挥比较优势，全国性的技术协作及专业化的发展也会受到影响。这次提出的改革方案，虽对企业的权力有所增加，但增加得极为有限，企业仍是行政部门的附属物，不是独立的商品生产者，管理仍是指令性计划为主，没有市场环境，计划经济体制没有实质性的突破。

由于中国社会主义建设的时间还很短，上述的探索还只是初步的成果。虽然总的来看还没有从根本上摆脱传统社会主义模式的影响，一些理论还有缺陷，思想还不巩固，但已开始突破传统的模式，向着符合国情的方向迈出了可喜的一步。

（二）急于求成思想的滋长对探索的干扰

1956 年 2 月苏共二十大后，作为公开揭露和纠正斯大林一系列严重错误的连锁反应，东欧一些国家政局动荡，陆续发生了 5 月波兰的波兹南事件，10月华沙学生上街游行事件，波党中央改组，10月下旬到11月初的匈牙利暴乱事件。在中国，1956年进入社会主义改造高潮后，由于社会大变动、经济建设冒进等原因，也出现了一些新的社会矛盾。自下半年9月起至1957年春天，一些城市发生了约1万余名工人罢工，30起共万余名学生罢课请愿，以及进京上访告状等事件。最初，中国共产党对这些问题采取了冷静的态度，初步做出了比较科学的分析。例如，对波兰和匈牙利发生的事件，最初的分析，是由于这些国家没有处理好人民内部矛盾，使矛盾激化，匈牙利在敌对势力的介入下酿成了暴乱。对国内的种种事件的分析，并不排除有少数坏人捣乱和破坏，但主要是强调克服官僚主义，解决群众的实际问题，改善干群关系。正是在这种认识的基础上，毛泽东提出了要正确区分和正确处理敌我矛盾和人民内部矛盾问题的著名论断。

但是，这种认识还是初步的，还不巩固。1957年春，中国共产党决定开展整风运动，目的是改进作风，进一步密切党群、干群关系。但由于有极个别右派分子趁机向党和社会主义进攻，党的政府也还缺乏正确区分和处理敌我矛盾和人民内部矛盾的实际的工作经验，在大鸣、大放、大辩论中，严重混淆了人民内部矛盾和敌我矛盾，对敌情产生了错误的估计，转而进行了反右运动，在运动中出现了严重的扩大化的错误。反右斗争的扩大化，不仅使大批被错划为右派的群众，特别是众多的知识分子长期受到不公正的待遇，使他们无法发挥在建设社会主义中的积极作用，而且动摇了对党的八大关于国内主要矛盾的认识。1959年10月9日，就在反右斗争之后不久召开的党的八届三中全会上，毛泽东正式提出："无产阶级和资产阶级的矛盾，社会主义道路和资本主义道路的矛盾，毫无疑问，这是当前我国社会的主要矛盾。""'八大'决议上有那么一段，讲主要矛盾是先进的社会主义制度同落后的社会生产力之间的矛盾。这种提法是不对的。"① 这些提法，在党内得到了认同。

---

① 毛泽东：《做革命的促进派》，《建国以来重要文献选编》第10册，中央文献出版社1994年版，第606—607页。

对国内阶级关系和社会主要矛盾作出新的判断后，不仅对于国内大量社会政治、思想、文化生活问题以及国际问题的审视和处理采用了阶级斗争的新视角，而且开始从“社会主义道路和资本主义道路的矛盾”的角度，来观察“三大改造”后社会经济生活中出现的新问题。如前所述，在1956年底至1957年初全国农村出现的退社风潮中，中国政府最初采取的是比较宽容的态度。但在反右运动开始后，1957年8月8日，中共中央下发了《关于向全体农村人口进行一次大规模的社会主义教育的指示》。在全国反右派斗争扩大化的形势下，这场大辩论实际上成为一场对富裕中农的大斗争。不少地方发生了过火斗争，打骂、捆绑、戴右派帽子，一些地区还出现了死人的事情。这场大辩论所造成的政治压力，使成批退社的现象得到制止，许多已经退社的农户又重新回到社里。但是合作化高潮遗留的一系列问题，非但没有得到很好地解决，反而进一步得到发展。在一定程度上放开自由市场，对个体经济甚至私营经济的政策有所放松，本是中共八大前后针对所有制单一的状况做出的政策调整，方向是正确的，符合国情的。但从1957年下半年起，又开始对自由市场加强控制，对个体经济严厉限制、加强改造，对私营经济进行打击。总之，在理论上把无产阶级和资产阶级、社会主义道路和资本主义道路的矛盾确定为社会主要矛盾后，在实践上就不可能根据国情来调整所有制结构以及计划和市场的关系，而必然是要用阶级斗争的强制方式，来巩固传统的社会主义体制模式，甚至用阶级斗争的强制方式进一步向更“高级”的形式过渡，以解决社会主义与资本主义的矛盾。

根据马克思主义历史唯物主义的基本原理，生产关系一定要与生产力的性质相适应。党的八大正是根据这个基本理论，适时地将工作的重心转移到经济建设上来，并依据国情对经济体制进行初步的调整，以促进生产力的发展。对国内阶级关系和社会主要矛盾的判断发生变化后，党和政府一方面转向用阶级斗争的强制力量来巩固和“纯化”社会主义经济体制，一方面也更急迫地要大大提高经济发展速度，希望迅速建立强大的物质基础，以巩固和发展社会主义制度，并进一步向共产主义过渡。这就是党和政府在明确了社会主要矛盾后，便急于发动经济建设

“大跃进”的深层次的原因。

从国际上看，由于苏共二十大后，国际共产主义运动出现了低潮，1957 年 11 月在莫斯科举行的由各国共产党高级领导人参加的庆祝十月革命 40 周年的会议上，苏共第一书记赫鲁晓夫提出要 15 年赶超美国，向共产主义过渡。其原因，既有理论上对社会主义作为一个社会发展阶段的长期性认识不足，但更重要的是为抗击资本主义世界的压力，显示社会主义的优越性。中国虽然与东欧各社会主义国家相比，经济比较落后，但作为一个幅员辽阔、人口众多以及革命的胜利在世界上发生了重大影响的大国，责无旁贷地承担起赶超资本主义第二号强国英国的任务。在国内国际种种因素的作用下，从 1957 年下半年起，中国共产党内急于求成的情绪再度滋长起来，并迅速地发展，成为指导经济建设的主流思想，使得前一段时间对中国式社会主义道路的探索受到干扰，偏离了正确的轨道。

1957 年 11 月，毛泽东率中国代表团赴苏联参加十月革命 40 周年庆祝大会。会议期间，赫鲁晓夫提出苏联 15 年赶超美国，毛泽东提出中国要在 15 年内赶上英国。随后《人民日报》1958 年元旦社论进一步宣传了 15 年赶超英国的口号，并增加了再用 20 年到 30 年赶上美国的内容。同年 5 月召开的党的八大二次会议的决议，号召全党全国人民努力奋斗，争取 15 年或者在更短的时间内，在主要工业产品产量方面赶上和超过英国。这样，就正式形成了超英赶美的经济发展战略。

超英赶美经济发展战略的提出，绝不是在莫斯科会议上形势所迫的一种临时应对，而是在“左”倾思想发展过程中，不断抬高指标，把实现长期目标的时间不断缩短的结果。1955 年 11 月毛泽东就曾经设想，大约在 50 年到 70 年，即 10 个到 15 个五年计划左右，可以赶上或超过美国。在 1956 年初批判右倾保守思想，掀起经济建设高潮的过程中，毛泽东曾经提出 1967 年钢产量达到 3000 万吨的设想。1956 年 8 月又谈道：“美国建国只有一百八十年，它的钢在六十年前也只有四百万吨，我们比它落后六十年。假如我们再有五十年、六十年，就完全应该赶过它。”[①]

---

① 毛泽东：《增强党的团结，继承党的传统》，《毛泽东文集》第 7 卷，人民出版社 1999 年版，第 89 页。

1957年11月，毛泽东在莫斯科会议上说："我也可以讲，十五年后我们可能赶上或超过英国。因为我和波立特、高兰同志谈过两次话，我问过他们国家的情况，他们说现在英国年产两千万吨钢，再过十五年，可能爬到三千万吨钢。中国呢？再过十五年可能是四千万吨，岂不超过了英国吗？"[①] 所以说，提出超英赶美又是早有酝酿，有所"依据"的。

就一般意义而言，提出赶超发达资本主义国家的任务无可非议。中国共产党领导中国人民进行伟大革命的目的，就是要实现现代化，而现代化的内涵就包括要赶上发达资本主义国家。社会主义制度要显示出优越性，也最终表现在生产力的发展超过资本主义制度，两种制度的竞争是客观存在的。问题在于，在中国经济落后的基础上，赶超发达资本主义国家是一个长期的历史任务，要经过几代人的艰苦努力。以几种主要重工业产品产量作为赶超的核心指标本身就不合理，而且时间要求过急，无法实现。如提出15年后的1972年生产4000万吨钢，实际上1983年才达到。而后在不断批右倾、鼓干劲的热浪中，赶超的期限又在不断被缩短。在1958年5月中共八大二次全体会议期间，毛泽东又提出，我国7年赶上英国，再加8年或10年赶上美国。6月21日，毛泽东在军委扩大会议上说，我们3年基本上超过英国，10年超过美国，有充分把握。9月2日，在给刘少奇等人的信中说："为五年接近美国、七年超过美国这个目标而奋斗吧！"[②] 这就成了一种经济浪漫主义的空想。所以说，超英赶美是集中地反映了"左"倾急于求成思想的发展战略。而要求完成这一中长期经济战略期限不断缩短，给年度工作带来了巨大的压力。

在批判反冒进和超英赶美的压力下，从1957年底开始，"二五"计划和1958年年度计划指标几度被修改提高。指标过高，不切实际，根本无法进行综合平衡的安排。积极稳妥、综合平衡的计划工作方针不能适应形势发展的需要，成为制订高指标的障碍，被批判为右倾保守、"消极

① 毛泽东：《在莫斯科共产党和工人党代表会议上的讲话》，《建国以来毛泽东文稿》第6册，中央文献出版社1992年版，第635页。

② 毛泽东：《对北戴河会议工业类文件的意见》，《建国以来毛泽东文稿》第7册，中央文献出版社1992年版，第368页。

平衡”。当时提出的论点是计划工作要为高速度服务，提出了所谓“积极平衡”的方针，即在计划中有意留有缺口，在执行中通过调动各方面的积极性以达到平衡。

南宁会议后，毛泽东亲自主持起草的《工作方法六十条（草案）》，提出了所谓积极平衡的三本账的计划工作方法。即中央两本账，第一本账是必成的，对外公布的；第二本账的指标比第一本账高，是期成的，不公布的。地方也有两本账，第一本账就是中央第二本账的分解，是地方必成的；第二本账是地方期成的。评比以中央第二本账为准。这实际上形成了层层加码。三本账标志着计划工作方针脱离了实事求是的轨道，它是求成过急的产物，又成为推动高指标、浮夸风的重要因素。

高指标、浮夸风是从农业开始的。1957 年 10 月，中共中央公开发表了经过修改的《一九五六年到一九六七年全国农业发展纲要（修正草案）》，要求在全民中开展一次大讨论，以便掀起一个生产高潮，实现一个巨大的跃进。会后各地相继召开了党代会，批判右倾保守，为争取农业生产的跃进，掀起了农田水利建设高潮。全国投入水利建设的劳动力，10 月份两三千万人，11 月份六七千万人，12 月份 8000 万人，1958 年 1 月达到 1 亿人。

在水利建设的高潮中召开的南宁会议上，毛泽东提出了要在 5 年到 8 年的时间里提前实现农业发展纲要的问题，提出了苦战 3 年大部分地区的面貌基本改观的任务。会后，浙江、广东、江苏、山东、安徽、江西等省提出，5 年或者稍多一点时间，粮食生产达到农业发展纲要规定的目标。河南省要求当年实现农业发展纲要规定在 12 年内达到的目标。像西北这样一个一向低产的地区，也提出 1958 年全区人均粮食产量达到 1100 斤。北京郊区通县，1957 年粮食平均亩产 150 斤，提出要 1 年跨长江，达到 800 斤。毛泽东听到河南 1 年实现农业发展纲要的消息时，虽有怀疑，但认为危险不大，指示先不登报宣传，等搞成功了再宣传。言下之意褒胜于贬，希望搞成，这实际上助长了高指标之风。在这种高指标的重压之下，从 1958 年夏收开始，农业中的浮夸之风就开始滋长。1958 年 6 月 8 日，报纸率先报道河南省遂平县放出亩产小麦 2105 斤的“卫星”，

6月26日，又报道了江西省贵溪县水稻2340斤的“卫星”。之后，浮夸之风猛烈地蔓延开来。

在工业方面，钢的产量的高指标最具有代表性。由于钢产量是赶超英美的核心指标，在赶超期限不断缩短的情况下，指标节节攀升。1958年初提出的当年国民经济计划，钢产量规定为642.8万吨，比1957年实际产量535万吨增长20%，这已经考虑了15年左右赶上英国的目标；随后，4月份又提出了711万吨作为第二本账。5月份的中共中央政治局扩大会议上，又确定将800万吨到850万吨钢作为第三本账。6月12日，新提出的《第二个五年计划要点》认为，1958年钢产量可能达到850万吨到900万吨。6月18日召开的中央全体常委和其他一些领导人参加的会议上，将1958年钢产量预计完成数改为1000万吨。第二天又确定钢产量当年翻番，达到1100万吨，后来公布为1070万吨。“二五”计划末的1962年的钢产量，也从最初的1050万—1200万吨，抬高到2500万—3000万吨，6000万吨，直至8000万—9000万吨。

为实现工业的高速发展，结合权力的下放，对地方加速发展工业增加了责任，形成了巨大的压力。最初要求各省市自治区的地方工业产值，在5至10年内超过当地的农业产值；不久又把地方工业产值超过农业产值的期限缩短为5至7年，并进一步要求在7年内（争取在5年内）主要依靠地方的力量基本上实现农业机械化和半机械化。1958年6月初决定把全国划分为东北、华北、华东、华南、华中、西北、西南7个协作区，要求各协作区尽快分别建立大型的工业骨干企业和经济中心，形成若干个具有比较完整的工业体系和经济区域。后来又进一步提出，除了协作区，凡是有条件的省，也都应建立比较独立的但是情况不同的工业体系。这样就大大增加了地方兴建工业的任务和责任。在巨大的压力下，各地纷纷掀起了群众性大办工业的运动。以工业不发达的甘肃省为例，该省1—3月建厂约1000多个，只有地、县办厂；3—5月建厂3500多个，由地、县普及到乡、社；5—6月建厂22万多个，县、乡、社、队以至各机关、学校、各行业都投入了大办工业的热潮。“大跃进”的形势，在上半年已逐步形成。

（三）建设社会主义总路线的制定

在批判“右倾保守”和急求成的思潮不断滋长的热潮中，1958 年 3 月，毛泽东在中共中央召开的成都会议上，提出了“鼓足干劲、力争上游、多快好省地建设社会主义”的总路线。同年 5 月，在党的八大二次会议上正式通过了这个总路线及其要点。刘少奇在政治报告中说：“鼓足干劲、力争上游、多快好省地建设社会主义的总路线的基本点是：调动一切积极因素，正确处理人民内部矛盾；巩固和发展社会主义的全民所有制和集体所有制，巩固无产阶级专政和无产阶级的国际团结；在继续完成经济战线、政治战线和思想战线上的社会主义革命的同时，逐步实现技术革命和文化革命；在重工业优先发展的条件下，工业和农业同时并举；在集中领导、全面规划、分工协作的条件下，中央工业和地方工业同时并举，大型企业和中小型企业同时并举；通过这些，尽快地把我国建成为一个具有现代工业、现代农业和现代科学文化的伟大的社会主义国家”①。

从“多快好省”这个提法的形成历史过程来看，在 1955 年底到 1956 年初，毛泽东、周恩来多次在谈话中提到，建设社会主义要多、快、好、省。尽管多快始终是摆在最突出的位置上，但最初也强调多快与好省的辩证关系，不失为一个既鼓干劲又讲求实精神的口号。但在 1957 年 10 月召开的党的八届三中全会上，毛泽东对 1956 年在经济工作中反冒进提出了严厉的批评，认为反冒进反掉了“多快好省”，打击了群众的积极性。说“好、省我看没哪个反对，就是一个多，一个快，人家不喜欢，有些同志叫‘冒’了”。这时提的“多快好省”，显然强调的是多快，“多快好省”也就有了特定的含义，那就是像 1956 年那样的急躁冒进。如前所述，此后对反冒进的亦即对“右倾保守”的批判不断升级，急于求成的“左”倾思想不断发展。1958 年成都会议上对反冒进的批判达到了高潮，也正是在这次会议上，形成了社会主义建设总路线的正式的表述。在“左”倾思潮不断发展的形势下，“多快好省”的总路线，实际上强调

① 刘少奇：《中国共产党中央委员会向第八届全国代表大会第二次会议的工作报告》，中共中央文献研究室编《建国以来重要文献选编》第 11 册，中央文献出版社 1995 年版，第 303—304 页。

的只是多快。在正式提出社会主义建设总路线后，《人民日报》于1958年6月21日发表了题为《力争高速度》的社论。社论指出："用最高的速度来发展我国的社会生产力，实现国家工业化和农业现代化，是总路线的基本精神。它像一根红线，贯穿在总路线的各个方面。如果不要求高速度，当然没有什么多快好省的问题，那样也就不需要鼓足干劲，也就无所谓力争上游了。因此可以说速度是总路线的灵魂。""速度问题是建设路线问题，是我国社会主义事业的根本方针问题。""快，这是多快好省的中心环节。"说明，总路线的核心是高速度。

《中国共产党中央委员会关于建国以来党的若干历史问题的决议》指出："一九五八年，党的八大二次会议通过的社会主义建设总路线及其基本点，其正确的一面是反映了广大人民群众迫切要求改变我国经济文化落后状况的普遍愿望，其缺点是忽视了客观的经济规律。在这次会议前后，全党同志和全国各族人民在生产建设中发挥了高度的社会主义积极性和创造精神，并取得了一定的成果。但是，由于对社会主义建设经验不足，对经济发展规律和中国经济基本情况认识不足，更由于毛泽东同志、中央和地方不少领导同志在胜利面前滋长了骄傲自满情绪，急于求成，夸大了主观意志和主观努力的作用，没有经过认真的调查研究和试点，就在总路线提出后轻率地发动了'大跃进'运动和农村人民公社化运动，使得以高指标、瞎指挥、浮夸风和'共产风'为主要标志的'左'倾错误严重地泛滥开来。"①

二、"大跃进"和人民公社化运动

（一）人民公社化运动

人民公社的兴起首先是从小农业合作社合并成为大社开始的。

---

① 《中国共产党中央委员会关于建国以来党的若干历史问题的决议》，《三中全会以来重要文献选编》下册，人民出版社1982年版，第805—806页。

早在农业合作化的过程中，毛泽东就提倡办大社。在 1953 年初，农业互助合作运动的重点开始由组织互助组转为到发展合作社时，毛泽东就强调："合作社不能搞大的，搞中的；不能搞中的，搞小的；但能搞中的就应当搞中的，能搞大的就应当搞大的，不要看见大的就不高兴。一二百户的社算大的了，甚至也可以是三四百户。"他解释说："阻止农民卖地，办法就是合作社。互助组还不能阻止农民卖地，要合作社，要大合作社才行。大合作社也可使得农民不必出租土地了，一二百户的大合作社带几户鳏寡孤独，问题就解决了。"① 这时他的着眼点，还主要是想通过办大社来解决贫困户的问题。1955 年 12 月，在农业合作化的高潮中，毛泽东再次提出："小社人少地少资金少，不能进行大规模的经营，不能使用机器。这种小社仍然束缚生产力的发展，不能停留太久，应当逐步合并。有些地方可以一乡一个社，少数地方可以几乡为一个社"②。重点转向强调了大规模经营和更高级的所有制形式的优越性，寄希望于不断改变、拔高生产关系来推动生产力的发展。在农业集体化的高潮中，往往是在合并几个初级社的基础上办起的农业高级生产合作社，规模一般都在二三百户，多则四五百户。但实践证明，大社对原来的经济水平不同的小社搞富穷一拉平，引起了一系列的矛盾，也增加了管理上的难度，使得一些农业合作社生产管理混乱，导致有些农民收入下降，群众不满。经过 1956 年下半年和 1957 年的多次整社，高级社的规模从 1956 年春的平均规模 250 户，缩小到 1957 年的 150 户左右。③

在 1957 年冬到 1958 年春掀起大规模的农田水利建设。由于农田水利基本建设要求在大面积土地上统一规划，一些较大工程的建设需要投入大批的劳动力和资金，建成后的使用又要求做到大体与收益单位的投

---

① 毛泽东：《关于农业互助合作的两次谈话》，中共中央文献研究室编《建国以来重要文献选编》第 4 册，中央文献出版社 1993 年版，第 468—469 页。

② 毛泽东：《〈大社的优越性〉一文按语》，《建国以来毛泽东文稿》第 5 册，中央文献出版社 1991 年版，第 515 页。

③ 《当代中国农业合作化》编辑室编《中国农业合作化史资料》，1989 年第 1 期，第 26 页。

入相适应，这就不仅涉及农业生产合作社之间的经济关系问题，而且还涉及村与村、乡与乡、区与区，甚至县与县之间的经济关系。在当时情况下，人们的着眼点不是根据商品经济的原则，按照各单位投入的多少，与收益挂钩进行结算，而是从调整农业生产合作社的规模和调整行政区划方面打主意。在这次水利建设的热潮中，农村中已经出现了十分广泛地打破社界、乡界、县界乃至省界，无偿调拨劳力和物力的现象。对这种侵犯社、队利益和社员切身利益，刮“共产风”的错误做法，在当时情况下却被归结为“5亿农民的觉悟空前大提高”了，体现了“伟大的共产主义精神”，并由此得出结论：不仅生产力的发展要求改变农村现有高级社规模狭小的状况，而且也具有了进一步提高生产关系的群众思想基础。于是办大社的思想又重新抬头了。1958年3月，毛泽东在成都会议上明确提出，小社势必合并一些，并认为我国农业机械化很快能实现，社小了不能使用机器。他还强调，办了大社，农业社也可以办工厂了。根据毛泽东的提议，会议通过了《关于把小型的农业合作社适当地合并为大社的意见》。会后，就在全国范围内掀起了一个小社并大社的浪潮。河南省从1958年春到麦收时，已将原来的5.4万个农业合并为近3万个。在辽宁省，从5月开始有组织地进行了并大社的工作。经过合并，全省9600个合作社并成了1461个大社，平均每社2000户左右。其中，万户社有9个，最大的社有18000户。

随着农业生产合作社规模和经营范围的扩大，相应出现了许多要解决的新问题。如：农业社办工业；以大搞农田水利建设为中心的农业生产高潮的掀起，地方工业遍地开花，带来了农村劳动力的紧张；一些地区为动员更多的妇女劳动力，办起了简易的公共食堂和托儿所；为了让青年农民学习农业技术，在政府无暇顾及的情况下，一些农业社自己办起了农业技术学校。这些事业的兴办，都不是农业生产合作社的名称所能涵盖的。又如，农业生产合作社是区域性经济组织。初级社的规模基本上与行政村管辖范围相同，高级社就已超过了村的范围，社的规模小，是一乡几社，规模大的则是一乡一社。这就产生了社与村、乡的职能如何划分的问题，在农业合作化的过程中就此问题已有争论。在并大社的过程中，随着农业生产合作社规模的扩大，虽在行政区划上也跟着撤区并乡，但在一些地区仍然出现了一社几乡的问题。加之农业社兴办的非农事业越来越多，社与基层行政机构的职能划分的问题更加突出。正是在这种情况下，党和政府开始酝酿新的农村基层组织结构的问题。

特别要强调的是，提出新的农村基层组织结构的问题，是在1958年开始酝酿向共产主义过渡的这个大背景下进行的。这样，新的农村组织结构和名称，就不仅要解决名实相符和政社关系问题，更重要的是找到一种能适应从社会主义集体所有制向全民所有制过渡，继而进一步向共产主义过渡的组织形式，一种社会主义与社会共产主义社会相衔接的农村基层组织结构。

1958年上半年，党和政府多次在各种场合讨论农村基层组织的形式、名称和其在向共产主义过渡中的作用问题。这年二三月间，毛泽东和陈伯达谈话时就指出，乡社合一，将来就是共产主义的雏形，什么都管，工农商学兵。[①] 陆定一在5月召开的党的八大二次会议上介绍："毛主席和少奇同志谈到几十年以后我国的情景时，曾经这样说，那时我国的乡村中将是许多共产主义的公社，每个公社有自己的农业、工业，有大学、中学、小学，有医院，有科学研究机关，有商店和服务行业，有交通事业，有托儿所和公共食堂，有俱乐部，也有维持治安的民警等等。若干乡村公社围绕着城市，又成为更大的共产主义公社。前人的'乌托邦'想法，将被实现，并将超过。"[②] 同年6月间，毛泽东在同部分中央负责人的谈话时说，我们的方向，应该逐步地、有秩序地把"工（工业）、农（农业）、商（交换）、学（文化教育）、兵（民兵，即全民武装）"组成为一个大公社，从而构成我国社会的基本单位。这样，人民公社的轮廓就已基本上形成了。至于具体名称，在并大社时，各地并成的大社名称不一，有的叫"国营农场"，还有叫"合作农场""集体农庄""公社"

① 参见薄一波：《若干重大决策与事件的回顾》下卷，中共中央党校出版社1993年版，第734页。

② 参见薄一波：《若干重大决策与事件的回顾》下卷，中共中央党校出版社1993年版，第732—733页。

"共产主义公社"等等。同年7月1日，《红旗》杂志第三期发表了陈伯达的文章《全新的社会，全新的人》，借总结一个合作社办工业的经验宣传了中共中央兴办人民公社的精神："把一个合作社变成一个既有农业合作又有工业合作的基层单位，实际上是农业和工业相结合的人民公社。"首次公开使用了"人民公社"这个名称。

河南省开风气之先，从7月份就开始行动。据中共新乡地委1958年8月10日向中共中央和省委汇报，已办起354个人民公社，平均每社5345户，其中7月18日成立的修武县人民公社是一县一社，共29193户。8月13日中共河南省委向中共中央汇报，全省已建立公社1463个，占计划数的52.42%。8月上旬，毛泽东到河北、河南、山东3省视察，一路上不断称赞农村的社会经济生活的"组织军事化、行动战斗化、生活集体化"，提倡办万人大社，赞扬"人民公社名字好"，"还是办人民公社好，它的好处是，可以把工、农、商、学、兵结合在一起，便于领导"①。8月13日《人民日报》刊登了毛泽东视察山东的消息，公开发表了毛泽东关于"还是办人民公社好"的指示，"人民公社好"立即传遍了全国各地，进一步推动了人民公社化的发展。

在1958年8月17日召开的北戴河政治局扩大会议上，毛泽东在多次讲话中，赞扬人民公社是广大农村群众发扬不断革命，破除迷信，敢想、敢说、敢做精神的伟大创举；把人民公社的特点概括为"一曰大，二曰公"；认为人民公社的建立，将进一步破坏资产阶级法权，包含了共产主义的萌芽。他非常兴奋地谈到，中国在不长的时间内，就"可能产品非常丰富，道德非常高尚，我们就可以从吃饭、穿衣、住房子上实行共产主义。公共食堂，吃饭不要钱，就是共产主义"②。8月29日会议正式通过了《中共中央关于在农村建立人民公社问题的决议》（以下简称《决议》）。在《决议》公开发表之前，9月1日出版的《红旗》杂志第七期，

① 参见薄一波：《若干重大决策与事件的回顾》下卷，中共中央党校出版社1993年版，第740页。

② 参见薄一波：《若干重大决策与事件的回顾》下卷，中共中央党校出版社1993年版，第742页。

发表了《迎接人民公社化的高潮》的社论。同期发表的《嵖岈山卫星人民公社试行简章（草案）》，把《决议》精神具体化为条例、制度，为普遍兴办人民公社提供了可效仿的模式。9月10日，《决议》公开发表。同日《人民日报》发表了《先把人民公社的架子搭起来》，总的精神是先尽快成立起人民公社，再来处理其他问题。9月11日又公开发表了《中共中央关于今冬明春在农村普遍开展社会主义和共产主义教育运动的指示》，要求"就农业社如何分配和是否建立人民公社问题进行鸣放辩论"，"引导农民用社会主义和共产主义精神来解决这两个问题"。这样一个大办人民公社的全民运动，迅速在全国农村广泛开展起来。

全国最早完成人民公社化的是河南省。到1958年8月底，中共河南省委宣布全省已实现了公社化。原有的83743个高级社并成了1387个人民公社，平均每社的农户由高级社的260户猛增到了7200多户。其中，5000户以下的362个，5000～10000户的709个，1万户以上的307个。一般平原地区的公社万户左右，山区的2000～3000户。加入人民公社的农户已占全省农户总数的99.98%。[①] 10天之内，河北、辽宁等省也纷纷宣布实现公社化。10月1日，《人民日报》赫然宣布，"全国基本实现了农村人民公社化"。其中，全面实现农村公社化的有河南、辽宁、广西、青海、河北、北京、陕西、山东、黑龙江、吉林和上海等11个省、市、自治区；农村公社化率达到90%以上的有山西、广东、湖南、四川、江苏、浙江和甘肃等7个省；农村公社化率达85%左右的有江西、安徽、湖北、福建和内蒙古等5个省、自治区；贵州和宁夏两省区也基本上实现农村公社化；新疆农区参加公社的农户已达80%，云南农村已建成200多个人民公社。至此，全国农村已经建立人民公社23397个，参加农户已达总农户数的90.4%，平均每社4797户。其中，据10个省、市5538个公社的统计，5000户以下的公社有3383个，5000～10000户的有1628个，1万至2万户的有516个，2万户以上的特大公社有51个。另据13个省的统计，已经有94个一县一社或县联社这类"超级"公社。

① 《今日新闻》，1958年9月2日。

若从毛泽东8月上旬发表“人民公社好”讲话算起，全国在短短不到2个月的时间里就基本上实现了农村人民公社化，相比之下，1955年下半年到1956年的农业社会主义改造高潮也相形见绌了。

在人民公社化的过程中，农村刮起了猛烈的“共产风”。作为基本核算单位的人民公社，是在合并了几十个高级社的基础上成立的。公社成立后，原各高级社之间的债权、债务关系被废除，公社可以在全社范围内从各队（原高级社）无偿调拨、使用人力、财力和物力，收入分配也是在全公社范围内进行的。这样，实际上就是公社“共”了各队的产，穷队“共”了富队的产。为了扫除“私有制的残余”，人民公社收了自留地，将私有房基、私养家禽家畜、私有林木归公，有的甚至还将社员的部分生活资料，如缝纫机、自行车、家具、生活用具等等，也都转为公有。这实际上是对农民的又一次剥夺。在大办水利、大办工业等过程中，甚至在公社与公社之间，上级政府对人民公社，也实行人、财物力的无偿调拨，这又进一步扩大了“共”产的范围，助长了共产风的盛行。

在收入分配方面，一些成立初期的人民公社实行工资制和粮食供给制相结合的分配方式。大力推广吃饭不要钱，大搞公共食堂、幼儿园、托儿所、养老院。有的地方还试图对社员生活实行包下来的供给制。除前述徐水县的“十五包”外，还有搞“十包”“七包”的。“包”的范围非常广泛，包生老病死，包衣食住行，甚至包了婚嫁、医疗、教育、文化。

在生产和劳动管理方面，摒弃了在农村合作化过程中通过不断探索、逐步形成的比较适合农业生产特点的管理制度，大搞什么“组织军事化”“行动战斗化”“大兵团作战”，并且在政社合一后，借助于行政命令的瞎指挥更具有强制性，造成了生产管理的极度混乱。

（二）“大跃进”的发动

“大跃进”口号是在批评“反冒进”中提出的。1958年2月，《人民日报》根据南宁会议的精神发表社论，提出了国民经济“全面大跃进”的口号。这个口号是社会主义建设总路线的具体实施，是急躁冒进思想急剧发展的标志。在这一口号的号召下，不久就出现了“浮夸风”。1958年6月，《人民日报》报道了湖北省光化县幸福公社小麦亩产3215斤的“高产”纪录，河南省遂平县卫星农业社放出小麦亩产3530斤的“卫星”，并发表了《向创造奇迹的农民兄弟祝贺》的社论，推动了“浮夸风”的进一步发展。“高产卫星”的不断放出，小麦亩产量最高也达到了7320斤，早稻亩产最高到达36900斤，中稻亩产最高达13万斤。《人民日报》发表社论批判“条件论”，提出“人有多大胆，地有多大产”的唯心主义口号。在高指标的压力下，农业上的“浮夸风”盛行一时，造成生产“大跃进”的假象，认为农业生产的“大跃进”是耕地深翻、密植及农民干劲高的结果，是小社并大社的优越性的表现。1958年8月，中共中央在北戴河召开政治局扩大会议（简称“北戴河会议”），讨论国民经济计划问题、工业生产问题、农业生产和农村工作问题、教育方针及其他问题。由于对国民经济形势，特别是农业形势作出了错误估计，认为困扰中国几千年的粮食问题得到了解决，经济工作的注意力必须转移到工业上来。于是对工业生产提出“以钢为纲”的方针，要求1958年钢产量在1957年的基础上翻一番，即达到1070万吨。这样，会议就通过了《中共中央政治局扩大会议号召全党全民为生产一千零七十万吨钢而奋斗》等文件，制定了一批发展国民经济的高指标计划。北戴河会议是一个转折点。会后，一个以全民大炼钢铁为标志的“大跃进”在全国展开。

1. 全民大炼钢铁和工业交通“大跃进”。

1958年生产1070万吨钢是完全不切实际的高指标。1957年实际钢产量是535万吨。1958年8月完成450吨，按前8个月的进度，大概可以完成700万吨。但这时提出全年完成1070万吨钢，就要在剩下的4个月的时间里完成600多万吨，平均月产150万吨。按月产计算，还不仅是翻番，而是在前8个月平均月产的基础上增加两倍，这在当时并无大型钢厂投产的情况下，几乎是不可能的。另外，采矿、炼铁、轧钢以及交通运输、煤炭、电力等各部门的生产能力，也都与钢产量翻番的要求有很大的差距。

为了强制推行不可能实现的高指标，掀起一个“以钢为纲，带动一切”的“大跃进”高潮，党和政府要求各部门、各地方都要把钢铁的生产和建设放在首要地位。当钢铁工业的发展，在设备、材料、动力、人力等方面发生矛盾的时候，其他工业应该主动放弃或降低自己的要求，让路给钢铁工业先行。不管任何地方、任何部门，有材料、有设备、有交通工具，必须首先让给钢铁工业；有制造能力的必须首先满足钢铁工业的需要；有劳动力和技术力量的，必须首先调剂给钢铁工业。就是说，不惜其他工业“停车让路”，以求全力保证钢铁工业上去。

以大炼钢铁为中心的“大跃进”的特点是大搞群众运动。在钢铁生产方面，在现代化高炉仅能满足钢产量翻番的不到 1/4 情况下，就动员群众大办小型的土法炼铁、炼钢（即小土群）。全国广大的工厂、街道、机关、党政团体、学校、部队，各行各业都建起小高炉，亿万人民日夜守候在小高炉旁。全国 1 月至 8 月共建小高炉 24 万座，参加人数几百万人。9 月底，建起了小高炉 60 万座，参加人数 5000 万人。10 月底建起小高炉上百万座，参加人数 6000 万人，12 月底小高炉已无法统计，参加人数约 9000 万人。

全民大炼钢铁对各相关部门造成了极大的压力。采矿、煤炭、电力，采矿机械、采煤机械、发电设备以至整个机械工业、交通运输，都不得不跟着“大跃进”。企业不得不拼设备、拼体力、拼资源。设备不及时维修，带病运转；人员不休息，不分昼夜连轴转；在矿山，只开采，不掘进，吃富丢贫。在建工程简易上马，如矿山，主巷道刚刚延伸到掌子面，供电、排水都没搞好，就急急忙忙开采，暂时抢了产量，但长期达不到设计能力。这样实际上是提前透支了生产能力，寅吃卯粮，短期提高了产量，但破坏了后续能力。

2. 农村“大跃进”。

农村“大跃进”，应该是从 1957 年冬掀起群众性的兴修水利高潮算起。在 1958 年夏季刚刚过去，秋收还没有结束，新一轮的兴修水利的高潮又开始了。几千万农民投入到兴修水利的群众运动中去，高峰时达上亿人。这年完成土石方约 580 亿立方米，增加了不少灌溉面积。但由于急促上马，许多工程没有进行充分的可行性论证，水利建设具有很大盲目性。有些工程报废，有些工程留下了巨大的隐患，有些工程只搞了主体工程，没有搞相应的配套工程，不能收到实效。投入水利建设的劳动力太多，特别是在农忙时节，动员大量劳动力去修水利，该收的庄稼没人收，秋播的庄稼没种上，影响了当年农业收成，得不偿失。

在农业生产方面，大搞深翻土地、合理密植和工具改革的群众运动。这些本来可以促进农业生产的措施，在“大跃进”的热潮中，由于求成过急，要求过高，未经过科学论证，也来不及通过实验后根据各地的具体情况加以推广，结果成了违背科学的蛮干，劳民伤财，反而起了副作用。如有些地区一搞深翻土地，就越深越好，有的竟翻到了1丈2尺深，把地下的生土翻了出来，反而减产。有的地方搞密植，就越密越好，一亩地下种几百斤，结果收得不如种得多。在工具改革中，没有农业机械，就搞什么“绳索牵引机化运动”，结果也是事与愿违，造成很大浪费。

在“大跃进”的年代里，农村也卷入了大炼钢铁、大办工业的浪潮。据17个省不完全统计，农村共建立了高炉、土高炉60多万个，小煤窑近6万个，小型发电站4000多个，小水泥厂9000多个，农具修理、制造厂8万多个，此外，还兴办了大批土化肥、粮食加工、制糖等厂。

“大跃进”是从农村开始的。但农业生产有自身的特点，搞大规模的群众运动和临时性的突击，连像工业那种在短期内提高产量的效果都没有出现。各地报道的高产“卫星”，如小麦亩产8000斤、水稻亩产13万斤、玉米亩产3.5万斤、高粱亩产2.2万斤、大豆亩产4500斤、花生亩产2.6万斤、芝麻亩产7200斤、油菜籽亩产6000斤，都是浮夸出来的“高产量”。在这种浮夸风中预计的1958年粮食产量将比1957年增长60%～90%，棉花增长1倍多，更是完全不切实际。1958年农业并没有丰收，收成只相当于平年甚至歉年。

3. 基本建设“大跃进”。

原有企业的生产能力完不成高指标规定的任务，就不顾一切拼凑、追加投资，扩大基本建设规模。1958年基本建设投资总额，原定计划为145亿元，到8月份北戴河会议时经几次追加，已达221亿元。此外，地方和企业用发行公债，挪用流动资金，摊入成本等各种手段拼凑自筹资金。有的企业甚至把党费、团费、工会会费都拿出来搞基本建设。1958年全国完成基本建设投资269亿元，其中，国家预算内投资216.44亿元，分别比上年增长87.7%和64.6%。基本建设规模急剧扩大，造成基本建设战线越来越长。材料和设备不足以成为当时基本建设中的突出问题。由于物资不足，分散使用，许多应建成投产的项目被迫拉长工期。在1958年施工的1578个大中建设项目中，全部建成投产的只有170个，只占10.7%；固定资产交付使用率只有74.8%。大大低于1957年的93.4%。

4. 商业、银行支持“大跃进”。

商业、银行拆东墙补西墙，无条件支持“大跃进”，打乱了正常的资金流通。当时商业为了支持“大跃进”开展大购大销运动，工业生产什么，商业收购什么，工业生产多少，商业收购多少，使大量不合格乃至不具有使用价值的产品收购进了国家仓库，甚至“规划买商品”，预付了大量贷款。商业和工业资金不足，银行就给予贷款，以表示积极支持生产，甚至提出“需要多少，就贷多少；什么时候需要，就什么时候贷给”等口号，结果把银行的资金大量垫付了企业的流动资金，有的实际上又转化为企业基建投资，或者库存呆滞物资。

到12月18日，党和政府宣布提前完成1958年钢产量翻番的任务。到年底，宣布钢产量为1108万吨。其他工业产品产量在短期内也有较大增长。经核实，剔除浮夸的因素，1958年工业总产值比1957年增长54.8%，其中重工业增长78.7%。钢产量800万吨，比上年增长了49.5%；生铁产量1369万吨，增长了130.5%；原煤产量2.7亿吨，增长了106.1%；发电量275亿度，增长了42.5%；水泥产量930万吨，增长了35.6%；金属切削机床8万台，增长了185.7%。但这样的突击蛮干，重工业的孤军深入，却给国民经济的全局造成了严重的后果。

（三）“大跃进”和人民公社化运动暴露的问题

1958年，国民经济的各部门及其总体，都不具备“大跃进”的客观条件。在这种情况下强制推行“大跃进”计划，必然带来一系列问题。

1958年的“大跃进”才进行了几个月，问题就开始暴露出来。最主要的是“以钢为纲”的“大跃进”运动，形成钢铁工业片面发展，破坏国民经济应有的比例关系。

1957年基本建设投资143.32亿元，1958年为269亿元，增长了88%。施工的大中型项目，由原计划（第一本账）的1135个增加到1587个。积累率由1957年的24.9%，猛增到1958年的33.9%。积累与消费的比例失调，基本建设规模的盲目扩大，挤占了消费基金，超过了国家的承受能力。

重工业，特别是钢铁工业一马当先，农业、轻工业全力支援钢铁工业。1958年，由于大炼钢铁占用农村大量青壮年劳力，留在农村劳力比上年减少了3818万人，大量农具、牲畜被抽调，大批粮食、棉花扔在地里无人收割，丰产不丰收，粮食产量经核实为4000亿斤。轻工业为了确保“钢帅升帐”，被迫“停车让路”：(1) 分配给轻工业的钢材大为减少，不仅轻工业生产和基本建设用的钢材指标大为削减，连维持简单再生产的日常维修用的钢材也被削减了。(2) 原先签订的轻工业设备供求合同，大都被承接制造任务的机械工业部门（或企业）撤销了。(3) 由于交通运输部门优先安排重工业的运输任务，使轻工业企业的原材料、燃料运不进来，产品运不出去，大量物资积压在港口、车站。(4) 轻工业企业的职工，特别是集体所有制的生产合作社（工厂）的职工，被抽调去大炼钢铁，或者从生产日用品转而为重工业生产服务。(5) 许多生产日用陶瓷的窑炉，被迫改产耐火材料，甚至直接用来冶炼钢铁，严重影响了日用陶瓷的生产。“停车让路”结果，使一些轻工业品和手工品供应紧张。所有这些都造成农、轻、重比例失调。

重工业内部原材料工业和加工工业、燃料动力工业与其他工业之间比例失调。原材料工业和燃料动力工业不能满足钢铁生产跃进的需要，出现了严重的问题。首先，工业的发展与交通、运输存在极大矛盾。1958年，交通运输部门做了很大努力，货运量比1957年增长了40%，仍不能满足工业需要，大量物资积压不能运出。1958年货运量中，正常的运输能力只占80%，其余20%是靠全民运输。其次，浪费大，经济效益差。钢铁生产中，1958 年合格钢产量仅 800 万吨。在 1369 万吨生铁中，土铁达 416 万吨。土铁炼钢、炼铁，成本高、浪费大。据粗略统计，1958 年小土群所炼钢铁亏损达十几亿元。土铁、土钢质量差，含硫量高，难于加工，可利用性很低。许多工业部门机器超负荷运转，追求数量，造成质量下降和人力、物力的浪费，成本上升，经济效益差。第三，因日用品及农副产品的生产大幅度下降，供应开始紧张，市场供应出现了危险信号。“大跃进”中，人民日夜劳动，身体十分疲劳，供应下降，人民的物质生活开始受到影响。

三、对“左”倾错误的初步觉察和纠“左”过程中的探索

（一）对“左”倾错误的初步觉察和初步纠正

“大跃进”和人民公社化运动造成的严重后果，党和政府从 1958 年底起开始有所察觉，并着手纠正已经察觉到的错误，对人民公社进行整顿和调整农村经济政策，压缩高指标。经过半年多的调整，取得了一定的成效。

1. 整顿人民公社和农村政策的调整。

1958 年秋冬，毛泽东视察河南、河北等省一些农村，发现人民公社化运动中出现了不少的问题，挫伤了农民生产的积极性。为了着手人民公社的整顿和农村政策的调整，他连续主持召开几次中国共产党的会议。1958 年 11 月 2 日至 10 日，在郑州召开有中央和地方部分领导人参加的会议（简称“第一次郑州会议”）；1958 年 11 月 21 日至 27 日，在武昌召开中央政治局扩大会议（简称“武昌会议”）；1958 年 11 月 28 日至 12 月 10 日，在武昌召开党的八届六中全会；1959 年 2 月 27 日至 3 月 5 日，在郑州召开政治局扩大会议（简称“第二次郑州会议”）；1959 年 4 月 2 日至 5 日，在上海召开党的八届七中全会。在这几次会议上，对急过渡

和否定商品经济等错误问题有了初步的认识，并着手纠正已察觉到的错误。

党的八届六中全会通过的《关于人民公社若干问题的决议》强调，在全国农村实现全民所有制，还需要经过一段相当长的时间，由社会主义过渡到共产主义需要经过更长的时间。实现这两种过渡，都必须以一定程度的生产力发展为基础。没有相应的条件就实现这两种过渡，无疑是不切实际的空想，那将大大降低共产主义在人民心目中的目标，使伟大的共产主义理想受到歪曲和庸俗化，助长小资产阶级平均主义的倾向，不利于社会主义建设的发展。针对否定商品生产、商品交换的理论，毛泽东强调，在社会主义条件下，要利用商品生产、商品交换、价值法则，坚持按劳分配原则。第二次郑州会议进一步解决人民公社的所有制问题和纠正“共产风”的问题。在会议制定的《关于人民公社管理体制的若干规定（草案）》中，规定调整人民公社体制，实行三级所有，以生产队（规模相当于原农业生产高级社）为基础的三级核算体制，并要求人民公社的分配，实行按劳分配，允许收入差别存在。上海会议形成的《关于人民公社的十三个问题（修正稿）》的会议纪要，[①] 重申了“基本队有制”的原则，第一次提出了“作为包产单位的生产小队也应当有部分的所有制和一定的管理权限”。纪要还改变了第二次郑州会议关于“旧账一般不算”的规定，要求对人民公社建立以来的各种账目做一认真的清理，结算旧账，建立新账。毛泽东指出“算账才能实行那个客观存在的价值法则，这个法则是一个大学校，只有利用它，才有可能教会我们的几千万干部和几万万人民，才有可能建设我们的社会主义和共产主义，否则一切都不可能。”[②] 会后，毛泽东还直接给省、地、县、社、队、小队干部写了一封信。要求广大干部抵制搞浮夸、讲假话的恶劣作风，提出包产指标一定要落实，根本不要管上级规定的那一套指标，只管现实

① 该会议纪要在1959年4月2日至5日召开的党的八届七中全会上原则通过。正式下发前，又将其中讲到的有些问题单独列出，形成《关于人民公社的十八个问题》。

② 中华人民共和国国家农业委员会办公厅编《农业集体化重要文件汇编》（下），中共中央党校出版社1981年版，第163页。

可能性。"干劲一定要有，假话一定不可讲"①。

根据上述精神，1958年底到1959年上半年对人民公社进行了整顿。经过整顿，在克服平均主义，纠正平调风、浮夸风等方面开始取得初步成效。特别是确定了人民公社以队为基本核算单位，退到了人民公社成立之前的高级社的规模，这是整顿取得的最重要的成果。此间，还对农村政策进行了一系列的调整。1959年五六月间，中国政府对人民公社社员家庭小私有经济做了具体的规定：恢复了自留地制度，允许社员经营家庭副业，重新开放农村集市贸易。对群众意见很大的公共食堂，也确定了积极办好、自愿参加的原则。具体办法也灵活了一些，规定口粮分配到户，分配到社员，以人定量。在食堂吃饭的粮食交给食堂，节约归己；不在食堂吃饭的，粮食全归个人保管食用。这样，比起前一段时间里粮食全归食堂掌握，社员多少有了一些自主权。

2. 对国民经济的调整。

在武昌会议上，毛泽东提出要"压缩空气"。党的八届六中全会调整了1959年计划主要指标：钢产量由原来的2700万～3000万吨降为1800万～2000万吨；生铁由4000万吨降为2900万吨；基本建设投资总额从500亿元降为360亿元。中共八届七中全会又进行了调整，钢产量确定为1800万吨，基本建设投资总额降到260亿～280亿元。虽然钢指标和基本建设指标做了大幅度的降低，但总的看来，指标仍然过高。如要求工业总产值比1958年增长41%、钢产量1800万吨、农业总产值增长39%、粮食产量10500亿斤、棉花产量10000万担，这些都是不可能完成的。中共八届七中全会后，毛泽东请陈云继续落实钢铁指标，最后确定为1300万吨。在认识上开始承认1958年国民经济的发展存在某种程度的比例失调，是没有搞好综合平衡的结果。

在降低计划指标的同时，还采取了其他一些调整国民经济的措施，主要有：(1) 为缓和市场供应紧张的矛盾，从1959年2月起，积极安排

① 中华人民共和国国家农业委员会办公厅编《农业集体化重要文件汇编》(下)，中共中央党校出版社1981年版，第184页。

日用必需品和副食品的生产。拨出一部分原材料专门保证日用品生产的需要，对已经改行的原来生产小商品的工厂，帮助它们“归队”恢复生产。(2) 压缩公用开支，紧缩集团购买力；控制企业职工人数和工资总额，精简职工；大力开展储蓄工作，动员城乡群众积极参加存款储蓄；控制和压缩粮食销售量。(3) 整顿企业。在“大跃进”中，对企业管理制度，片面强调解放思想，只破不立，无章可循，有章不循，造成企业管理混乱。此间开始对工业企业进行整顿，恢复和建立各种责任制，加强企业的管理。(4) 清理财政和信贷资金。在“大跃进”中，各地方和部门擅自挪用银行贷款和企业流动资金，进行基本建设或用于其他财政性开支，据估计有100多亿元。中央要求对这部分资金进行清理，划清基本建设和流动资金的界限，凡过去挪用的资金，应用财政资金偿还，主要由地方财政结余和企业留成收入承担。(5) 收回部分下放的权力，如收回部分企业或招收职工的审批权；调整部分基本建设管理权限，规定地方不再拥有不受限制的审批项目的权力；调整中央与地方的财政关系的体制；统配部管物资由132种增加到285种。

（二）庐山会议和继续“大跃进”

1959年7月至8月，中国共产党在庐山召开了政治局扩大会议和八届八中全会，史称庐山会议。会议原定议题是纠正“大跃进”和人民公社化运动中出现的“左”倾错误。会议前期，与会同志根据这一宗旨进行了热烈讨论，提出了不少意见。7月14日，彭德怀就“大跃进”中“左”倾错误写了一封信给毛泽东，在肯定了1958年的成绩的前提下，将“大跃进”存在的问题进行了实事求是的陈述和分析，提出了自己的意见。这封信在充分肯定成绩的前提下指出了“大跃进”和公社化中的某些缺点错误，并指出：小资产阶级狂热性使我们容易犯“左”的错误，总想一步跨进共产主义，抢先思想一度占了上风，把党长期以来所形成的群众路线和实事求是作风置之脑后了，忘记了政治挂帅不可能代替经济法则，更不能代替经济工作中的具体措施，纠正这些“左”的现象，一般要比反掉右倾保守思想还要困难些，等等。毛泽东将信转发与会同志讨论。黄克诚、张闻天、周小舟等赞同彭德怀的意见，张闻天还就“大跃进”中“左”的错误作了长篇发言。7月23日，毛泽东在会上严厉批评了彭德怀的言行是资产阶级的动摇性、悲观性的表现，指责彭德怀把自己抛到右派的边缘上，并认为党内存在着大批反对派和怀疑派，因而党内对经济建设中严重存在的“左”倾错误没有从指导思想上加以认识，阶级斗争扩大化并没有消除。

1960年1月，中共中央在上海召开了政治局扩大会议。会议否定了庐山会议前对高指标的压缩，制定了更高的指标，其中1960年钢产量要达到1840万吨。4月，第二届全国人民代表大会第二次会议通过1960年国民经济计划的主要指标为：粮棉各增长10%左右；生铁产量达到2750万吨，比上年增长34%；煤炭42500万吨，比上年增长22%；预算内基本建设投资安排为325亿元（不包括地方自筹的60亿元投资），比上年增长22%；工农业总产值比上年增长23%。5月，国家计委、经委、建委作出了第二本账的安排，钢产量指标为2040万吨，煤炭产量指标为46200万吨，预算内投资为382亿元。第二本账的计划更加超过了完成的可能性，在资金和物资上留下了很大的缺口。

基本建设规模的不断扩大，继续发展“小洋群”“小土群”，并确定发展“小洋群”是加速我国社会主义建设的一个长期战略。据统计，21个省区市共有职工1820万人，合计1004.6万人，占职工总数的55.2%。1960年上半年“大跃进”的一个特色，就是大搞全民性的技术革命运动。1960年1月，中共中央号召立即掀起一个以大搞半机械化和机械化为中心的技术革新和技术革命运动。这次运动创造了一批行之有效的革新成果，解决了一些生产建设中迫切需要解决的技术关键问题，也出现了浮夸、乱改、提出不切实际的奋斗目标、不顾条件地盲目采用和推广超声波等新技术一类偏差。

庐山会议后，农业战线上发展了“反右倾”运动，各地大办公社工厂、养猪场，有些地方收回了1959年发还给农民的自留地，社员家庭养的猪、鸡、鸭又都归为生产队公有。据统计，1959年底，全国农村在公共食堂吃饭的人数占人民公社总人数的72%。1960年3月，中共中央发出指示，要求普遍推广农村公共食堂，实现全国农村有80%的人到食堂吃饭，力争达到90%。在粮食管理上，要求推行“统一用粮，指标到户，实物到食堂”的办法。食堂化脱离了农民现实的生活水平和农村居住状况，违反了自愿的原则，给农民生活带来了许多不便，甚至出现侵占、克扣农民口粮的现象，引起农民很大不满。

1960年上半年的新跃进，把高指标、浮夸风、“共产风”的错误发展到新的高峰，使本来就病源遍体的国民经济又遭受了一次重击，加重了国民经济的困难。

第一，农业生产连年下降。

大炼钢铁抽调大批农村青壮劳力，生产关系的急于过渡造成的“共产风”和农业生产中的瞎指挥，浮夸风带来的高征购，使农民生活严重下降，严重地挫伤农民的积极性，其后果是农产品的产量连续下降。1959年粮食总产为3400亿斤，比1958年减少了600亿斤。1960年为2870亿斤，比1959年下降530亿斤，比1958年减少了28.25%。全国年人均粮食产量，1958年为606斤，1960年下降为433.5斤，下降了172.5斤，即减少了28.47%。棉花产量，1958年为3937.5万担，1959年下降到3417.6万担，1960年更降为2125.8万担，1960年比1958年减少了46.01%。其他农作物产量也大幅度下降。1959年和1960年自然灾害比较严重。1959年受灾面积约2亿亩，粮食减产200亿至300亿斤。1960年受灾面积约3.7亿亩，粮食减产300亿至400亿斤。从受灾所造成的粮食减产幅度与实际粮食产量下降的幅度对比，以及其他农作物幅度更大的减产的现象可以看出，工作上的失误是造成农业生产大幅度下降的主要原因。

第二，基本建设规模过大，难以为继。

1958年至1960年三年“大跃进”期间，基本建设规模越来越大。1958年，基本建设投资269亿元，1959年上升到349.72亿元，1960年达到388.69亿元。1960年比1958年增加119.7亿元，增长49%（按当年价格计算）。1960年基本建设投资在国民收入中的比重达到30%，是新中国成立以来最高的一年。到处建工厂，建矿山，全面铺开基建摊子，造成基建战线过长，超越国家的负担能力，与人力、财力、物力的可供量存在矛盾。1958 年至 1960 年的积累率分别为 33.9%、43.8%、39.6%。1960 年国民收入使用额比 1958 年仅增加 147 亿元，同期积累额却增加了 122 亿元。特别是 1959 年，国民收入使用额只增加 157 亿元，而同期的积累额增加了 179 亿元，新增国民收入不够积累的开支。积累的片面发展挤占了消费基金。建筑材料业、机器制造工业从物资上不能保证庞大的基建工程的需要。农业不能满足基本建设对劳力、粮食和农业原料的需要。技术人员缺乏。无论财力、物力、人力都不能满足如此庞大的基建规模的需要。到 1960 年，庞大的基建规模便维持不下去了，当年下马的建设工程费达 150 亿元。

不顾国力的可能，不断扩大基建规模；各地各自为政，批准基建项目；在基本建设进行中，不顾基建程序，边设计、边施工，造成工程的巨大浪费和建设项目布局的不合理，效果极差。突出表现在：基建战线过长，“胡子”工程多，新增固定资产的交付使用率低。建设项目的投产率，由 1957 年的 26.4%降至 1958 年的 10.7%，1959 年为 12%，1960 年为 9.8%。新增固定资产交付使用率，1957 年为 93.4%，1958 年为 74.8%，1959 年只有 69.2%，1960 年又降为 68.8%。1960 年比 1957 年下降了 24.6%，是新中国成立后最低的一年。1958 年至 1960 年，基建工程报废、下马及其他损失，据不完全统计，共达 220 亿元，占这 3 年基建投资总额的 22.1%。在这种情况下，积累效果必然不好。每百元积累新创的国民收入，1959 年为 19 元，1960 年为－0.4 元，大大低于“一五”时期平均 35 元的水平。

第三，工业、交通内部比例严重失调。

“钢铁元帅”一马当先，脱离其他重工业部门而片面发展，造成重工业内部比例失调。其中，首先是加工工业与采掘工业的比例失调。“一五”时期，新增 1 吨炼铁能力，便新增 4 吨铁矿开采能力、1 吨炼焦能力。1958 年至 1960 年，每新增 1 吨炼铁能力，只新增 2.2 吨铁矿开采能力和 0.8 吨炼焦能力。铁矿开采能力和炼焦能力赶不上炼铁能力的增长，于是矿山强化开采，设备超负荷运转，产品质量下降。由于所采铁矿石和煤的质量下降，便需要更多的开采量，以适应炼钢铁的需要。如此循环追加，比例越来越失调。

“二五”期间，工业投资的89.5%用于重工业，轻工业只占10.5%。“二五”时期重工业基建投资主要集中在“大跃进”三年。重工业异军突起，发展过猛、过急，挤占轻工业生产所需的燃料、动力、钢材、木材及运输能力，造成重工业与轻工业的比例失调。从总产值看，按1957年不变价格计算，1957年轻工业为374亿元，重工业为330亿元，二者之比为53∶47。1960年，轻工业550亿元，重工业达1100亿元，二者之比为33∶67，重工业是轻工业的2倍。从发展速度看，按当年价格计算，1960年轻工业总产值比1957年增长约41.3%，同期重工业总产值增长了约244%。轻重工业比例严重失调。

“大跃进”三年，生铁产量增加3.6倍，铁矿石产量增加4.8倍，煤产量增加2.03倍。同期货运量，包括大量使用人畜力运输在内，仅增加1.8倍。在挤占了其他货运后，仍有30%的铁矿石和大量煤炭积压在矿区运不出来。由于运输能力不足，交通工具超负荷运载，造成交通工具的损坏，反过来影响运输能力的增加，加重了工业和交通运输业之间的比例失调。

第四，经济效益低下。

国民经济宏观比例严重失调，必然造成整个国民经济浪费大、效益低。“大跃进”中提出只算“政治账”，不算“经济账”的思想，造成人们思想上的混乱，是人们在生产中忽视质量、效益，只求速度、数量的思想根源。

花大量的人力、物力、财力生产的土铁、土钢，大多数是废品。不是废品的，有的需要回炉再炼才能使用，有的只能加工成一些简单的农具，可利用率很低。许多小钢炉、炼铁炉、小煤矿，由于效益太低，不得不停产报废。大炼钢铁中大肆砍伐森林，造成水土流失，使生态状况恶化，对以后经济发展的影响是巨大的、长期的。

企业生产中盲目追求高指标，粗制滥造，许多产品质量低劣，有的没有使用价值。主要经济指标完成情况很差。（1）产品合格率低。生铁合格率由 1957 年的 99.4%下降到 1960 年 74.9%。(2) 劳动生产率降低。1960 年与 1957 年比，全国工业企业全员劳动生产率下降 12%。(3) 物资消耗增加，成本提高。全国工业企业每百元产值的生产费用，1957 年是 51.1 元，1960 年为 56.4 元。(4) 亏损增加。由于企业不顾市场需要，生产大批没有使用价值的产品，造成企业的虚盈实亏。(5) 产品品种减少。如北京市场著名的王麻子剪刀厂生产的剪子，由“大跃进”前的 200 多种减为 11 种；生产的刀子由 360 种减为 7 种。体制的盲目下放，造成企业管理上的混乱。“破除迷信”变成破除科学，合理的规章制度遭到破坏，造成企业“生产无计划，产品无标准，质量无检验，消耗无定额，操作无规程，经济无核算和安全无保证”的混乱局面。急躁冒进的指导思想是经济效益低、浪费大的根本原因。

第五，财政收支不平衡，通货膨胀严重。

“大跃进”三年，财政账面尚有结余，实际赤字高达 169.4 亿元，占这三年财政总支出（按当年价格计算）的 10.48%。造成财政上“假结余、真赤字”现象的原因，主要是存在大量财政虚假收入。“大跃进”中，企业只追求产量而不注意质量，许多产品生产不对路，而商业部门对企业产品不管是否适合市场需要，一律收购，造成企业的虚盈，同时形成财政的虚假收入。企业为夸大成绩，把该纳入成本的不算进成本，该摊销的费用不摊销，人为地加大利润，是造成财政虚假收入的另一个重要原因。

财政赤字靠通过银行增发钞票来弥补。1958 年至 1960 年年末货币流通量累计增加 81.7%。流通中货币过多。同期，社会购买力有较大增长，年均增加 76 亿元。农业和轻工业产值下降，可以供应市场的产品急剧减少。这样，商品的可供量缺口很大。为了弥补这个缺口，只有动用历年的商品结存。这样做虽然短时间内减轻了市场的压力，但无济于事。1960 年社会商品购买力大于零售货源 74.8 亿元，差额占当年社会购买力的 10.4%，年终未实现的购买力总额达到 176.4 亿元。居民有钱买不到商品，引起通货膨胀。1960 年全国集市贸易价格比 1957 年上涨 25.4%，有些商品，特别是主食与副食品，集市贸易价格高于计划价格 3～5 倍，有的甚至十几倍。国家计划价格已不能阻止这股急流的冲击，计划价格自发上涨和变相涨价。据有关部门估算，变相涨价使实际价格大约上涨20%。

第六，人民物质生活水平下降。

“大跃进”造成的最严重后果，就是居民的物质生活水平明显下降。在粮食供应上，由于粮食产量连年下降，粮食供应十分紧张。全国人均占有粮食，1957年为603斤，1960年下降到433斤，下降了28%。1960年，全国人均粮食消费量比1959年减少46斤，降为327斤，从城乡粮食供应情况来看，由于国家历年征购的粮食，能供应一些给城市居民，因而相对于农村来说，供应要好一些。农村的缺粮情况相当严重，农民口粮标准大为降低，生活十分困难。粮食不够，只得用野菜、瓜果甚至树皮、观音土充饥。这一时期，由于营养不良引起的浮肿病、肝炎、妇女闭经等疾病流行。其中农村患病比例高于城市。由于粮食短缺，疾病流行，人口的非正常死亡现象严重，死亡率提高，出生率下降，人口自然增长率出现负数。1959年至1961年出现了新中国人口发展史上第一次低谷。1960年是新中国成立后唯一一次人口自然增长率为负数的年份。1960年和1961年，中国人口减少1348万人。

在商品供应上，“大跃进”中由于片面发展重工业，轻工业、农业生产发展缓慢，有些年份甚至下降。人民生活所必需的日用品及食品、副食品供应十分紧张，市场排队抢购现象非常严重，凭票供应的商品增多，由1958年以前的7种，增加到1960年的40～50种。加上通货膨胀、物价上涨，人民的实际生活水平大为下降。

第五章
调整国民经济

一、国民经济转入大调整

（一）“调整、巩固、充实、提高”方针的制定

1960 年 6 月在上海召开的中共中央政治局扩大会议已经意识到，工业指标还是偏高。毛泽东提出，要转入主动，必须下决心降低指标。他在 6 月 14 日的会上说：“过去有个时期，包括我在内，想那个大数目字，比如一亿吨钢，实在有味道。多少年之后，我们有一亿吨钢，接近美国，那该多好呀！我看，现在不要着重那个东西，要着重门类样样都有，钢与钢材的规格都很高”。“总而言之，这次会议要解决这个问题。”刘少奇也指出：大家一番热情，总是想多一点，快一点，盘子大一点，基本建设项目多上一点，但是还要切实可靠。他还要求全党正视问题的严重性，坚决采取措施加以纠正。他说：“这些问题不纠正，继续下去，现在是一个指头，将来可以慢慢扩大，可以扩大到两个指头，三个指头的。”[①] 这些讲话反映了毛泽东、刘少奇等党的领导人对计划中那些不切实际的高指标的不满，已含有某些调整的思想。

---

① 《中国共产党历史》第二卷（1949—1978）下册，中共党史出版社 2011 年版，第 574 页。

上海中央政治局扩大会议对“二五”计划后三年补充计划的14项指标作了较大幅度调整，有些调整甚至低于“二五”计划原定的指标。会议还对坚持以农业为基础的方针，加强农业和制定计划要留有余地两个问题取得明确认识。

1960年7月5日至8月10日，在北戴河召开中共中央工作会议，研究了国民经济调整问题。会议确定压缩基本建设战线，保证钢铁等工业的生产；认真清理劳动力，加强农业第一线，保证农业生产等措施；并决定以后国民经济计划不再搞两本账，只搞一本账，不搞计划外的东西，不留缺口。在讨论1961年计划时，李富春提出要按“调整、巩固、提高”的精神安排计划。后来，周恩来在“调整、巩固、提高”后面加上“充实”二字。9月30日，中共中央在批转国家计委党组《关于一九六一年国民经济计划控制数字的报告》中，提出“调整、巩固、充实、提高”的方针（简称“八字方针”）。这个方针在1961年1月召开的中国共产党八届九中全会上获得批准。国民经济发展从此由“大跃进”阶段转入调整阶段。

“八字方针”的主要内容是：调整各方面的生产关系、比例关系及有关政策；巩固国民经济发展中已取得的成果；充实一些部门的生产能力，使其成龙配套；提高产品质量、经营管理水平和劳动生产率。“八字方针”的中心是调整，通过调整，克服困难，恢复农业，恢复工业，争取财政经济情况的根本好转。它具有恢复经济的性质。“八字方针”的制定，是开始全面建设社会主义以来经济工作指导思想的一次重要转折，是为战胜经济困难而采取的重大决策。

（二）“八字方针”的贯彻过程

20世纪60年代初，国民经济中的一些严重问题是发展速度过快，特别是基本建设、钢铁工业等部门不成比例地高速发展引起的。“八字方针”的贯彻执行，重点在于搞好调整，把该退的退够，把该进的搞上去，以改善整个国民经济的比例关系。但在1961年9月以前，领导干部中对于严重的经济形势认识还不一致。一部分人仍然盲目乐观，不敢后退；

另一部分人害怕实行调整会被扣上“否定三面红旗”或“右倾”的帽子。因此，工业生产和基本建设的调整进展缓慢，只是放慢了重工业前进速度。在这个时期，中央加强了对国民经济的宏观调控，把计划决策、基建审批权、财政税收权、货币发行权、物资分配权、劳动工资计划权、物价管理权等统一收归中央。国家计划实行全国一盘棋，上下一本账，不许层层加码。并决定精简机构，精简下来的职工下放到农业生产第一线，恢复农业生产；调剂市场，制止通货膨胀；调整有关政策，制订了一系列工作条例。所有这些都只是为克服经济困难采取的临时应急措施，没有对工业生产和基本建设进行“伤筋动骨”的大调整，结果经济状况仍在继续恶化，许多企业由于动力不足被迫停产。为此，8 月下旬至 9 月中旬，中共中央在庐山召开工作会议，主要讨论了工业调整后退问题。会后，对八届九中全会所决定的 1961 年国民经济发展计划做了大调整。1962 年初，中共中央在北京举行扩大的中央工作会议（即七千人大会），总结“大跃进”以来的经验教训，开展了批评与自我批评，认识到困难主要是由于工作失误和作风上的错误引起的。毛泽东作了自我批评，对几年来的问题承担了责任，强调要发扬民主。会议提出了调整工作的十项要求，周恩来提出了克服困难的八条主要办法。但这次大会对指导思想的主体错误，没有从根本上加以认识和总结；在高级干部中，对经济困难严重程度的认识尚不一致。2 月，刘少奇主持召开中共中央政治局常委扩大会议（即西楼会议），发现当年预算中仍有 50 亿元财政赤字，商品供应量和社会购买力之间有很大差额，认识到经济困难比七千人大会时估计得要重，最困难的时期并未过去。陈云对困难的情况及克服困难的办法做了精辟分析，提出了十年分两步走的方案，前三至五年先下马，后退，进行恢复，后五年再发展；提出了继续减少城市人口、精兵简政、回笼货币、制止通货膨胀、保证城市人们生活等措施，强调把增加农业生产、解决吃穿问题、保证市场供应放在第一位。4 月，中共中央财经小组提出关于讨论 1962 年调整计划的报告，提出要对整个国民经济进行大幅度调整，并拟订了当年计划指标的具体调整方案。5 月，中共中央政治局常委会会议讨论通过了这个报告，做出要退够的战略决策。随后，采取了坚决调整措施：把一切可能的力量用于农业增产，为恢复工业生产、稳定市场创造条件；按农、轻、重次序进行综合平衡的方针，大力压缩基建规模，使之同经济的可能性相适应，同工农业生产水平相适应；对部分工业企业实行关、停、并、转，使工业生产战线同农业提供粮食和原材料的可能性相适应，同工业本身提供原料、材料、燃料和动力的可能性相适应；继续减少城镇人口，“精兵简政”，把城市人口减少到同农业提供的商品粮食、副食品的可能性相适应的程度；把文教事业的规模和行政管理机构缩小、精简到同经济水平相适应的程度。到 1962 年底，农业生产开始回升，工业生产出现转机，国家财政收支相抵、尚有结余，城乡人民生活开始有所好转。

1963 年初，即经济形势刚刚好转之际，又有些人过于乐观地估计形势，认为各方面的关系基本适应了，“八字方针”的历史任务已经基本完成，要求再次“大上”。对此，中共中央于 9 月召开的中央工作会议，认为大调整的任务已经完成，但比例关系还未完全协调；农业生产还未恢复到 1957 年的水平；整个工业有大量巩固、充实、提高的工作需要进行；各行各业的经营管理需要改善和加强，供产销关系急需调整。据此做出急需贯彻执行“调整、巩固、充实、提高”方针的决策，抵制了经济形势稍有好转就急于“大上”的“左”倾思想的影响和干扰。根据中共中央的指示，1963 年，急需减少职工 600 万人左右，减少基建投资 7.9 亿元，大中型项目 24 个，并且推迟了 125 个项目的部分工程。此后，经济工作重点转向“巩固与充实”。主要是充实采掘、采伐、交通运输、为农业和为人民生活服务的薄弱部门和环节；进行填平补齐、成龙配套、技术改造的工作；大力组织工业企业的专业化生产与协作，以此改善工业内部各方面的比例关系。至 1964 年底，国民经济已经全面好转，工业和农业、工业内部的关系比较协调了，工业支援农业的能力进一步加强了，企业内部的生产关系比较协调了，工业支援农业的能力进一步加强了，企业内部的生产能力绝大部分已经填平补齐、成龙配套，设备损坏和失修的状况已经改善。1964 年 12 月。周恩来在第三届全国人民代表大会第一次会议上宣布，调整国民经济的任务已经基本完成。1965 年至

1966年，在继续完成国民经济调整工作中某些尚未完成的任务的同时，经济工作的重点已转向力争使国民经济在比例协调的基础上，实现发展和提高。农业战线结合“农业学大寨”运动，大力兴修水利，改造涝洼、盐碱、风沙地，建设稳产高产农田；掀起以建“样板田”“试验田”为主要形式的群众性科学种田活动。这次活动对于提高农业单位面积产量曾起到推动作用。工业战线广泛开展增产节约、技术革新和技术革命运动，以及“比、学、赶、帮、超”的劳动竞赛，努力提高产品质量、增加品种、降低成本、提高劳动生产率。经济体制也进行了探索性改革，主要是试行固定工同临时工、合同工同时并存和半工半读的两种劳动制度，试办工业、交通托拉斯，按经济区域组织粮油商品流通，进一步理顺工农业产品价格。在国民经济恢复与发展的基础上，国家固定资产投资总额1965年比1964年增加30.7%，1966年又比1965年增加17.5%。1966年下半年开始了“文化大革命”，国民经济遭到破坏。但由于前几年扎实地贯彻了“八字方针”，1966年整个经济形势仍呈现蓬勃发展的势头。工农业总产值比上年增长13.4%，粮、棉、钢、煤等主要工农业产品产量都有不同程度的增长，财政平衡，市场稳定。国民经济全面恢复，并取得进展。

二、国民经济各部门贯彻“调整、巩固、充实、提高”方针的情况

（一）农业

在农村经济工作中，贯彻“八字方针”，主要的措施有四项：一是调整人民公社内部的所有制结构。1962年2月，中共中央发出指示，要求将农村基本核算单位下放到生产小队。后来，中国共产党八届十中全会通过的《农村人民公社工作条例（修正草案）》明确规定，人民公社实行“三级所有，队为基础”的体制，生产队（一般20～30户）作为基本

核算单位，独立核算、自负盈亏，直接组织生产，组织收益的分配。这虽然没有突破农业集体劳动与集体分配的模式，但有利于克服队与队之间的平均主义。二是破除供给制和试行生产责任制。首先取消工资制和供给制相结合的分配制度，重新推行合作社时期的按劳动工分分配的制度，停办公共食堂。社员的口粮分配到户，由各户自行支配。其次试行不同形式的生产责任制，各地广泛建立“任务到队，管理到组，措施到田，责任到人，检查验收”的集体责任制和个人责任制。主要是实行“三包一奖”（包产，包工，包成本，超产奖励）责任制。在某些地区还出现了包干到户、包产到户、分田到户的形式。破除供给制和试行生产责任制，对于纠正平均主义，保护农民的积极性，克服困难，恢复生产起了重大的作用。三是清理“一平二调”（即平均主义和无偿调拨），实行退赔政策，彻底清算和退赔从人民公社建立以来所“平调”或者占用大队、生产队或社员个人的生产资料、生活资料、劳动力和其他财物。四是恢复自留地、副业生产、集市贸易。将生产队耕地的5%～10%划作社员的自留地。自留地和开荒地生产的农产品，不计口粮标准，不征农业税，不计统购。鼓励社员饲养家禽家畜，从事编织、刺绣、养鱼、养猪、养蚕、养蜂等家庭手工业和副业生产，经营由集体分配的自留果树、竹木。同时，鼓励集体恢复发展手工业、副业生产和多种经营。恢复农村集市贸易，允许国家不进行统购、派购的农副产品在集市上交易；国家统购、派购的农副产品在完成销售任务以后，允许集体经济单位和农民在集市上出售。以上措施，增加了集体和社员的收入，促进了农副业生产和商品生产的发展，改善了农民的生活，活跃了城乡市场。

减轻了农民的负担和加强对农业的支援。纠正过高的粮食征购任务，从1961年起粮食征购量连年下降。1962年与1959年相比，减少了43.4%，减少了粮食的征购，缓和了城乡的紧张关系，保护了农民增产粮食的积极性。与此同时，提高农副产品收购价格和调整购销政策。从1960年11月起，陆续提高主要农副产品的收购价格。平均提高幅度是：粮食20%，生猪26%，家禽、蛋类37%，油料13%，棉花10%。对主要产粮区实行超购加价的奖励办法，全国平均加价5%。对主要经济作物实行奖励粮食或奖售政策，将农副产品区分为一、二、三类，分别实行统购统销，派购、自由出售的购销政策。这些措施，增加了农民收入，支援了农业生产。1961 年 6 月，将农业税的实际负担率从 1957 年的 11.6%降至不超过 10%，规定三年增产不增税，稳定了农民的生产情绪。从 6 月开始贯彻彻底退赔的规定，到年底国家付给农民退赔款 18.5 亿元，增强了农业生产能力。

特别是中共中央把农业放在第一位，要求各行各业以农业为基础，面向农业，支援集体经济。各行各业从各方面挤出一切可能挤出的劳动力去充实农业战线。国家采取增发无息或低息农贷、无偿投资或社会救济款的形式，增加农业投资。加强工业对农业的支援，国家增拨钢材、木材等物资，组织工厂修复或赶制农具、农业机械，增产化肥、农药等农业生产资料，加快支农工业建设，增加支农工业投资。

由于贯彻“八字方针”，1962 年扭转了农业生产下降的势头，农业走向恢复与发展。农业在工农业总产值中的比重，由 1960 年的 21.8%提高到 1966 年的 35.9%。1966 年粮食、棉花总产量分别比 1960 年增长 49.1%、119.8%。全国城乡居民人均粮食、粮油、布的消费量，分别由 1961 年的 317.57 斤、2.75 斤、8.60 尺，增加到 1966 年的 379.14 斤、3.52 斤、19.89 尺。农民年平均消费水平指数，以 1952 年为 100，1961 年是 92，1966 年提高到 130.9。农业大中型拖拉机拥有量、机电灌溉面积、化肥施用量有较大幅度的提高，农业生产的物质技术基础得到加强。

（二）基本建设

基本建设战线贯彻“八字方针”，首先是大幅度压缩基建投资规模，这是压缩基建战线的关键。基本建设只有压缩到一定规模，整个经济才能调整好。1961 年基建投资总额 127.42 亿元，比 1960 年（288.69 亿元）削减 55.9%。1962 年又在 1961 年的基础上压缩了 44.1%。同时，大力压缩预算外基建投资，控制地方和企业用自筹资金搞基建，主要办法是：收回下放的财权，取消利润留成办法，严格审批审查基建项目，限制投资方向和建设规模。

其次是停建或缓建部分工程项目。根据工农业生产、市场需要及建设条件具备的程度，对在建工程进行排队，停建一批项目，缓建生产上急需但当年人力、物力、财力无法负担的项目。全国施工项目，1960 年有 82000 多个，1961 年减少到 35000 多个，1962 年又减少到 25000 多个。与此同时，进行停建、缓建项目的善后处理工作。停建或缓建一批基建项目的目的，在于减轻农业与农民的负担，并腾出一定数量的人力、物力和财力，用到最急需的方面，特别是农业生产方面，集中力量于那些最重要的建设项目，使之早日建成，发挥作用。

第三是调整继续施工的项目。调整继续施工项目的投资方向，重点放在农业、市场、国民经济的薄弱环节及"填平补齐"的工程项目。并且根据实际情况，区别对待，采取缩小规模，放慢速度，合并部分项目，简易投产，截尾建设等不同措施。此外，还根据综合平衡、保证重点、照顾一般的原则，严格按照轻重缓急及建设条件具备的程度做出一、二、三线的施工排队，以集中有限的人力、物力和财力，加快建设速度，提高经济效益。

第四是加强基本建设的集中统一管理。中央规定，一切基建项目和投资都要列入国家计划，基建投资由地方财政包干改为中央财政专项拨款。基建项目都要按照国家规定的程序，逐项分级审查批准后方可动工。这些措施，有力地保证了压缩基建规模、缩短基建战线这一调整目标的实现。

基本建设调整卓有成效。国民经济逐步扭转了比例失调的局面，农轻重的比例发生重大变化，1960 年是 21.8∶26.1∶52.1，到 1966 年是 35.9∶31.4∶32.7。1961 年、1962 年、1963 年，国民收入的积累率分别降至 19.2%、10.4%、17.5%，几乎无力搞建设，1964 年、1965 年、1966 年，积累率分别上升至 22.2%、27.1%和 30.6%，随之基本建设投资额连年增加，这三年分别比其上一年增加 46.8%、24.6%和 16.6%，尽管后两年投向不尽合理，但通过贯彻"八字方针"，生产发展了，国力增强了，却是不容置疑的事实。1961 年至 1966 年基本建设新增固定资产

666.43亿元，固定资产交付使用率由1961年的74.5%提高到1965年的93.6%，施工项目建成投产率由1961年的3.3%提高到1965年的22.9%。

（三）工业

工业的调整经历了缩短战线、集中力量保钢（1960年8—12月）、主动放慢重工业前进速度（1961年1—9月）、开始后退（1961年9月—1962年1月）、主动退够（1962年1—12月）四个阶段。只是在后两个阶段才明确提出“八字方针”，采取了坚决有力的措施。

首先，抓住调整必先退够的关键，降低工业生产指标，特别是钢铁生产指标，同时压缩工业生产规模。根据原材料、燃料、动力供应的可能及农业的需要进行排队。排队之后，根据经济合理、拉长短线、保留骨干企业的原则，分批制定工业企业关、停、并、转的计划，限期执行，并做好并、停企业的善后工作。工作调整的重点在于“关、停”。到1962年底，全民所有制的工业企业共减少4.3万个，相当于1960年底工业企业总数9.6万个的44.8%。在“关、停”的同时，还注意截长补短，在“并、转”上下功夫。巩固煤炭、石油、化肥等14种短线产品和拖拉机、内燃机、交通配件的生产能力，并使之得到充实或加强。可见，60年代工业企业的关、停、并、转在一定意义上也是一次工业在面向农业、面向市场、面向短产品方面的内部结构的大改组和大调整。

其次，充实或加强薄弱部门和薄弱环节。一是加强农业生产资料和以工业品为原料的日用工业品的生产。国家在工业原料、燃料、电力以及设备的分配上，优先保证农业生产和日用工业品的需要；积极生产与试制大部分用工业原料，特别是化工原料制造的轻工产品；组织力量解决农村急需的中小型农具、农业机械、化肥、农药等农业生产资料的生产。二是加强现有工业生产能力的填平补齐，使之成龙配套，改善工业内部结构。实行“先采掘，后加工”的方针，加速改善采掘方针的加工工业发展不平衡状况；实行“先维修，后制造”的方针，在加工工业中优先发展维修工业；实行“先配套，后主机”的方针，在机械工业中优先搞好配套产品的生产，着力进行生产资料产品的项目配套、机组配套和单机配套工作。对老企业老基地进行设备更新和技术改造。加强国防工业所需新型材料的研究、试制和生产，充实国防工业生产能力。三是从日本、英国、瑞典、法国、意大利、联邦德国以及东欧一些国家进口和引进生产维尼纶、特殊钢、聚氯乙烯、合成氨、石油加工等设备和技术，填补中国工业生产的空白，提高工业技术水平。

其三，以“工业七十条”（即《国营工业企业工作条例（草案）》）作指导，切实整顿企业的经营管理。“工业七十条”强调企业是独立的经济核算单位，国家对企业实行“五定”，即定产品方案和生产规模，定人员机构，定主要原料、材料、燃料、动力、工具的消耗定额和供应来源，定固定资产和流动资金，定协作关系。企业对国家实行“五保”，即保证产品的品种、质量、数量，保证不超过工资总额，保证完成成本计划并力求降低成本，保证完成上缴利润，保证主要设备的使用期限。要求企业建立和健全以党委领导下的厂长负责制为核心的企业各个方面、各个环节的责任制和各项规章制度，贯彻社会主义按劳分配原则，反对平均主义。其核心是贯彻责任制，用经济办法管理经济。结合贯彻“工业七十条”进行清产核资，重新制定企业物资的消耗、周转、储备定额，重新核定企业的流动资金，以解决企业盲目生产、盲目采购、大量积压问题；通过开展扭亏增盈运动，健全企业的经济核算制、责任制以及计划、物资、技术、财务等各项管理制度；开展工业学大庆、群众性的技术革新和增产节约运动，组织“比、学、赶、帮、超”的劳动竞赛，推动企业改进经营管理。

其四，调整与改革工业经济管理体制。主要从两个方面进行工作。一方面是调整工业经济管理权限。从 1961 年 1 月起，将管理权集中到中央、中央局和省（自治区、直辖市）三级，最初两三年内，工业管理的权力更多集中在中央一级。扩大国家计划范畴，增加计划指标，上收一批下放的企业。至 1965 年，中央各部直属企业、事业单位，由 1959 年的 2400 个增加到 10533 个，它们的产值占全国工业生产总值的 42.3%。企业的集中统一管理，保障了对企业生产供销活动的统一指挥，保证了中央对财力、物力的需要，有利于消除整个国民经济重大比例关系严重失调状况，有利于“八字方针”的贯彻实施。这次工业体制调整，是在国民经济出现了严重困难的情况下采取的非常措施，在其实施过程中，出现了某些部门集权过多，上收企业过多的新问题。更严重的是，它是在维持原有体制模式前提下对工业经济管理权限的局部调整，没有突破在企业隶属关系和权力划分上的框子，所以无法克服“一收就死，一放就乱”的痼疾。另一方面是尝试用经济办法、经济组织管理工业。按照专业化生产和协作原则与经济合理原则改组企业，调整和加强企业、部门和地区之间的经济协作关系，按照就近就地、合理运输、直达供货等条件，分期分批地建立企业之间的固定协作关系，实行燃料、备品、配件和配套产品的定点供应。这使企业之间产需衔接、产销对路，提高了管理水平。同时，开始把加工工业中的全能企业分散零部件，组织工艺和技术后方的专业化生产的企业。经过改组，企业规模庞大、产品繁多、工艺齐全、自给自足、管理多头的弊病有所克服，有利于提高产品质量和技术水平。但是，这次企业联合和改组仅仅局限于工业生产领域，并未在生产、流通、科技领域多层次、多形式地展开横向经济联合。在改组企业的同时，试办托拉斯，探索用经济组织管理经济的办法，改变新中国成立后相当长的一段时间里偏重于用行政办法管理经济，使企业变成行政单位的附属物的管理体制的状况。从 1964 年第三季度起，试办了多个全国性、地区性、地方性托拉斯。托拉斯是社会主义全民所有制的、在国家统一计划下的相对独立的经济单位。国家直接同托拉斯发生计划管理、资金调拨、上缴税利等经济关系。托拉斯按本行业特点，根据专业化协作原则改组企业的生产。在改组生产的基础上，对所属企业的产供销、人财物实行统一管理。它克服了企业经营分散、各自为政的现象；实行产销结合，便于统一调度，加速物资周转，节省流通费用；统筹合理地安排人力、财力、物力，提高了经济效益；精简机构，减少了管理层次，改变了单纯用行政手段管理经济的状况。可见，用经济办法、经济组织管理经济，代替我国传统的工业经济乃至整个国民经济的行政管理模式，乃是国民经济发展的需要。

贯彻“八字方针”后，逐步扭转工业内部比例失调状况。轻重工业产值的比例，从1960年的33.4∶66.6提高到1966年的49∶51。采掘欠账基本还清。各部门内部的各环节之间的比例趋向合理。从1963年起，工业直线上升，工业总产值1966年比1962年增长了98.3%。1966年与1961年相比，钢产量增长了761%，原油产量增长了174%，发电量增长了71.9%。主要工业品品种约增加3万余种。工业主要经济技术指标都有较大提高。

与充实农业战线，压缩基本建设战线与工业规模相伴而行的，是精简职工和城镇人口。“大跃进”时期基建规模大，大办工业，加之搞所有制的“穷过渡”，职工人数1960年达5969万人，比1957年增加近1倍，城镇人口1960年底达1.3亿，比1957年增加3124万人，导致粮食高征购，城乡关系紧张；工资总额、社会商品购买力增长，商品供不应求，物价上涨；企业人浮于事，劳动生产率下降。要加强农业战线，提高企业的劳动生产率和机关的工作效率，解决城市供应困难，精简势在必行，大规模精简职工和城镇人口从1960年7月开始。首先是清理劳动力，加强农业第一线。要求农村中的整、半劳力达到农村人口的40%，农忙季节，农村80%的劳力用于农业第一线。措施是把县、社、管理区多余的劳力压缩到生产队；压缩基建队伍、企业非生产人员和事业单位的机关人员、行政人员、辅助人员和服务人员；清退合同工、临时工。到1961年春，农村劳力占农村人口的比重由1960年上半年的38.3%增长到39%，农村劳力占农村劳力总数的比重由57.4%增加到67.4%。这尚未达到调整的要求。精简工作进展不大的原因，一是对农业恢复的艰巨性估计不足，二是怕影响工业生产。1961年5月，陈云在中央工作会议上指出，城市人口如果不下乡，就只好再挖农民的口粮。这样，会把粮食高产地区农民的积极性打下去；人畜争粮、牲口要继续大量死亡；经济作物产量将继续下降；粮食进口要增加。国民经济的基础是农业，农业好转了，工业和其他方面才会好转。工业不能挤农业，城市不能挤农村，而要让农业、让农村。会议决定三年内减少城镇人口2000万人以上，1961年至少减少1000万人。9月，决定1961年精简职工960万人，主要是1958年后从农村来的职工。至1961年底，与年初相比，职工减少872万人，城镇人口减少约1000万人，农村劳动力比上年增加2730万人。1962年决定，1962年至1963年两年内再减少职工1000万人以上、城镇人口2000万人以上，1964年上半年扫尾。此前精简牵涉到关、停、并、转企业的问题，精简对象在农村大多无依无靠，或已在城市安家立业。同时，农村所需劳动力已基本满足。在此情况下，共产党员和干部起模范带头作用；政策明确，精简的对象是1958年以后来自农村的职工；采取了妥善安置被精简人员的措施，使精简工作顺利进行。1963年6月，精简任务基本完成。7月，决定基本结束精简工作。从1961年1月开始，在两年半时间里，总共精简职工1940万人、城镇人口2600万人左右。这次精简职工和城镇人口，对于保护农民的积极性，恢复农业，稳定市场，促进财政经济状况的好转，配合基建战线的压缩和工交企业的关、停、并、转工作，调整工业与农业、城市与乡村的关系具有重要意义。

（四）财政与金融

在财政与金融部门，主要是加强财政、银行的集中统一，严格控制货币投放。首先，上收财税权。将“以收定支，五年不变”的财政体制改为“总额分成，一年一变”。调低国营企业利润留成比例，继而又取消利润留成办法，新产品试制费、技术组织措施费、劳动安全措施费、零星固定资本购置费改由财政拨款。对各地区、各部门和各单位的预算外资金采取纳入预算、减少数额、加强管理的办法，进行整顿。国家财权基本上集中在中央、中央局和省（自治区、直辖市）三级。与此同时，加强财政、信贷管理，收回银行工作下放的一切权力，对银行业务实行完全彻底的垂直领导，集中货币发行权、信贷管理权，严格控制货币发行。国家预算从中央到地方实行一本账，保持收支平衡，不准搞赤字预算。划清财政资金与信贷资金的界限，不许挪用银行贷款作财政性支出，不得在计划外增加贷款。坚持收入按政策、支出按预算、追加按程序的“量入为出”的原则。对企业、事业单位的财务管理进行整顿，严格现金管理和结算纪律，使大量现金集中于银行。由于采取上述措施，自1962

年起年年有结余，还清了苏联债款。1966 年财政结余达 17.1 亿元，财政状况根本好转。“大跃进”追求高速度，基建规模超过国力负担能力，导致财政赤字和信贷失控，财权过度分散又加剧了这种状况。工农业生产下降、财政赤字和信贷失控的直接后果是通货膨胀。因而上收财权，严格控制货币投放乃是当务之急。它对于集中财力，改善社会总需求和总供给严重不平衡状况，扭转国民经济的重大比例失调，起了重大作用。但这一时期有重新实行“一五”时期统收统支制度的倾向，有的甚至超过国民经济恢复时期和“一五”时期，缺乏更多的创新和发展，高度集中的财政管理体制的重新形成，是以后“大锅饭”体制的前奏。

（五）商业

在商业领域中贯彻“八字方针”，是为了逐步恢复与发展比较合理的商品流通体系。

恢复多种经济成分的商业渠道，主要是恢复过去撤销或合并的农村供销社，把并入国营商业和合作社商业的小商小贩划出去，恢复合作商店、合作小组，分散经营小饮食、小土产、小百货、零星蔬菜、日用杂品和修理服务业，发挥小商小贩点小、分散、机动、灵活、方便群众的特点。开放农村集市贸易，在大中城市设立一些集贸市场，也出现自发的商贩市场，对品种繁多、来路分散的农副产品和手工业品，恢复过去行之有效的物资交流会、合作货栈、信托货栈、骡马大会等传统的商品流通形式。

调整购销政策，改进购销方式。将农副产品区分为一、二、三类，分别实行统购统销、派购、自由购销办法；适当减少统购、派购任务；区别不同情况，实行奖售、换购、加价奖励的收购政策。以上办法，对于鼓励农民多生产、多交售国家需要的粮食和农副产品起了积极作用。改进工业品经营方式，在继续实行工业品统购、包销的同时，对一些三类日用工业品，分别不同情况，实行订购、选购、工业自销等多种经营方式。疏通渠道，组织工业品下乡，按经济办法组织商品流通。把商业行政部门同商业企业分开，恢复和建立各级专售，以及商品的直拨运输工作，逐步恢复城乡之间、地区之间历史上形成的合理经济联系，以改变地区行政领导分割市场的状况。

改进生产资料流通。一是重新建立集中统一的物资管理体制，扩大统配部管物资范围，进行统一销售、统一供应、统一收费标准试点。二是按经济办法改进生产资料流通，成立主管生产资料流通的物资管理部门；改进订货工作，推行经济合同制度；组织定点供应和直达供货；按经济区域调整物资结构和组织物资供应，建立生产资料服务公司和服务队。

与财政、银行工作相配合，制止通货膨胀，稳定市场。为此采取的主要措施是：严格控制货币发行，紧缩社会购买力，暂时冻结单位存款，在预算拨款中预扣经费，严格控制非生产性用品和设备开支，以压缩集团购买力；精简职工，压缩工资支出；控制贷款规模，实行信贷资金的统收统支；坚决稳定粮食、棉布、煤炭等占职工生活开支60%左右的18类生活必需品的价格，平价定量供应。同时，有计划地增设糕点、糖果、酒等高价商品，开办高价饭店，回笼货币，以平衡商品的供应量与社会购买力之间的差额，缓和商品严重短缺局面。开放集市贸易，打击投机倒把，以平抑市场物价、缓和通货膨胀。通过采取以上措施，全国平均市场货币流通量1963年比1961年减少了25.2%，1964年、1965年又减少了10%。全国零售物价总指数1963年比上年下降了6%。1963年以后，通货膨胀基本得到制止，货币流通实现了正常化。

20世纪60年代前半期，商业部门较好地利用市场调节，采取各种经济办法，逐步建立起比较合理的商品流通体系，使得社会商品零售总额由1961年的607.7亿元增加到1966年的732.8亿元，增长了20.6%，搞活了流通，促进了生产，有力地配合了国民经济的调整、恢复和发展。

三、十年探索的成就和经验教训

在中国开展社会主义经济建设，是未曾经历过的事业。一切都要从头开始探索。开始全面建设社会主义的十年，是探索的十年。十年探索不仅带来了重要的成就，更换来了宝贵的经验和深刻的教训。

（一）大起大落和成就

1. 经济发展的大曲折。

在 1957 年至 1966 年的十年中，中国经济走的是一条“之”字形曲折发展的道路，如图 5-1 所示：

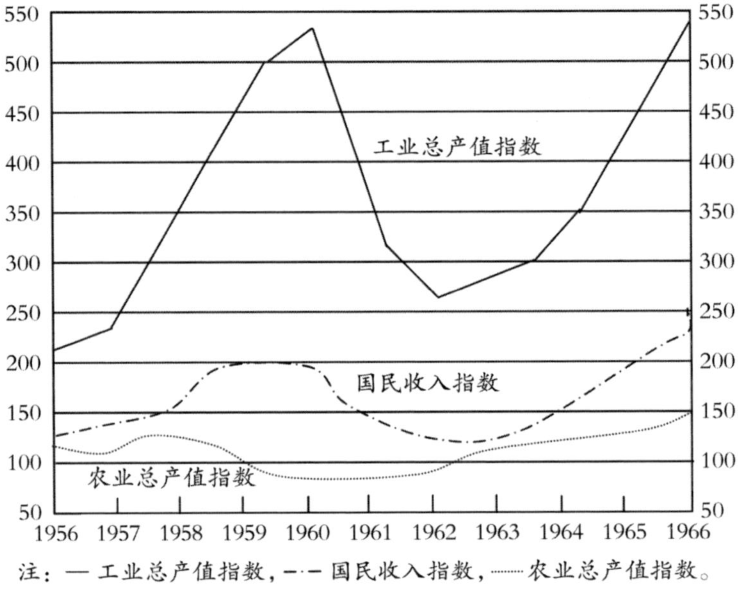

图 5-1　1956—1966 年工业总产值、农业总产值、国民收入指数（以 1952 年为 100）

资料来源：《中国统计年鉴 1983》，中国统计出版社 1983 年版，第 17 页、第 23 页。

1957 年工农业总产值、国民收入指数比 1956 年均有提高。工农业总产值比 1956 年增长了 7.9%，其中工业总产值增长了 11.4%，农业总产值增长了 3.6%，钢产量增长了 19.7%，原煤产量增长了 19.1%，粮食产量增长了 1.19%，棉花产量增长了 13.5%。经济呈现出好的发展势头。

1958 年至 1960 年由于发动了“大跃进”、人民公社化运动，在短期内工、农业总产量和国民收入指数有了较大提高，建成一大批中小型项目。基本建设平均每年新增固定资产 236.87 亿元，大大高于 1953 年至 1957 年（98.44 亿元）和 1963 年至 1966 年（128.81 亿元）的水平。基本建设新增了大批生产能力。

表 5-2 基本建设年均新增主要产品生产能力

品种 \ 时期	1953—1957 年	1958—1960 年	1963—1966 年
煤炭开采（万吨）	1275.2	4524.67	899.5
发电机组容量（万千瓦）	49.38	250.1	102.4
炼钢（万吨）	56.32	418	28.23

资料来源：根据《中国统计年鉴（1983）》，中国统计出版社 1983 年版，第 348 页有关数字计算。

1958 年至 1960 年的“大跃进”速度是一种畸形的发展，导致国民经济比例关系全面失调和人力、物力、财力的惊人浪费。1961 年，粮食下降到 2950 亿斤，比 1957 年减少了 24.4%；棉花只有 1600 万担，比 1957 年减少了 51.2%，1962 年又比 1961 年减少了 6.3%；钢、原煤产量 1961 年比 1960 年分别减少了 53.4%、30%，1962 年又比 1961 年分别减少了 23.3%、20.9%。三年的“大上”带来了后两年工农业生产的全面“大下”。总的来说是得不偿失，实际是欲速则不达。“大跃进”推行高积累、低消费，农业与轻工业又大减产，导致严重的通货膨胀；人民生活水平大幅度下降，人口数量减少，挫伤了干部和群众的社会主义积极性；使生态恶化，给农业生产带来长期的不利影响。

1961 年至 1966 年，对国民经济实行“调整、巩固、充实、提高”的方针。到 1966 年，工业总产量、农业总产值、国民收入指数均高于“大跃进”时期，是十年来的最高水平。工业总产值比“大跃进”时期最高的 1960 年增长了 2.2%，农业总产值比“大跃进”时期最高的 1958 年增长了 16.5%。以 1952 年为 100，国民收入指数由“大跃进”时期的最高年（1959 年）的 202.1，上升到 1966 年的 231。1966 年农、轻、重的比例为 35.9∶31.4∶32.7，轻重工业的比例是 49∶51，比较协调。国民经济全面恢复并取得进展。

2. 经济建设成就。

国力增强。1966 年与 1956 年相比，工农业总产值增长了 102.4%，国民收入增长了 57.8%，国家财政收入按当年价格计算增长了 94.4%。十年中，建成投产的限额以上的大中型项目有 1413 个。1966 年全国工业固定资产比 1956 年增长了 3 倍。

工业生产有了很大发展。1966 年同 1956 年相比，工业总产值增长了 1.7 倍，主要工业品的产量和品种的增长情况如表 5-3 所列。原材料和设备的自给率提高，主要机械设备的自给率由 60%以上提高到 90%以上。原子能工业、电子工业等新兴工业部门已经建立起来。工业布局有了改善，广大内地和边疆的各省、自治区都建起了不同规模的现代化工业和现代交通运输业。工业产品质量、消耗、劳动生产率等技术经济指标，都在 1964 年至 1966 年间创造了新中国成立后最佳的技术经济指标。

表 5-3　主要工业产品量

品名	1956 年	1966 年	增长
原煤（亿吨）	1.1	2.52	1.3 倍
发电量（亿度）	166	825	4 倍
原油（万吨）	116	1455	11.5 倍
钢（万吨）	447	1532	2.4 倍
机床（万台）	2.59	5.49	1.1 倍
汽车（万辆）	0.17	5.59	31.9 倍
化纤（万吨）	0.02*	7.58	378 倍
自行车（万辆）	64	205.30	2.2 倍
缝纫机（万架）	20.6	142.40	5.9 倍
手表（万只）	0.04*	128.90	3221 倍

资料来源：《中国统计年鉴（1983）》，中国统计出版社 1983 年版，第 242—248 页。
* 为 1957 年的数字。

交通运输得到发展。1956—1966 年，全国新增铁路通车里程 11300 千米，铁路货运量 1966 年比 1956 年增加了 123.3%，公路通车里程增加了 1.4 倍。1957 年至 1965 年，内河航运拥有的轮驳船增加了 1.9 倍，并扩建了沿海主要港口。

农业也有所发展。在全国耕地面积减少1.33亿亩的情况下，1966年与1956年相比，粮食产量增加了11%，棉花产量增加了61.7%，修建了大量水利工程。黄河、淮河、长江等几大水系的抗洪和灌溉能力增强，农业的现代技术装备程度有所提高，拖拉机的拥有量和化肥的施用量增长了6倍以上，农村用电增长了70倍。在植树造林、推广优良品种、控制水土流失、建立气象预报等方面也做了不少工作。

人民生活有某些改善，文教科技得到发展。以1952年为100，居民年平均消费水平指数由1956年的120上升到1966年的138.2。到1966年，市场商品供应充足，物价稳定。1966年的医院床位数是1956年的2.7倍。十年中，高等学校毕业生约139万，为前七年的4.9倍；中等专业学校毕业生约211万，为前七年的2.3倍，科技人员在1957年至1966年间增加1倍多。科学技术取得了突出成果。大庆油田的发现和开发、矮秆水稻的培育成功、首次人工合成牛胰岛素、原子弹和导弹核武器实验成功，是中国科学发展的重要标志。

总之，在全面建设社会主义的十年中，遭受过严重挫折，经历了曲折的发展过程，取得了重大成就。中国已初步建立起独立的比较完整的工业体系和国民经济体系，现在赖以进行现代化建设的物质技术基础，很大一部分是在这期间建立起来的；工农业生产有了较大的发展；社会主义事业的各条战线，如运输邮电以及教育、科学、文化等事业都有较大发展；人民生活水平有了提高；全国经济文化建设等方面的骨干力量和工作经验，大部分也是在这期间培养和积累起来的。这些成就就是这个时期经济工作的主导方面。

（二）十年探索的经验教训

1. 应该及时地把工作重点转移到经济建设上来。

社会主义是人类历史上最先进的生产方式和社会制度。社会主义经济应当是用现代科学技术装备起来的社会化大生产。高度发达的社会生产力是保证满足人民日益增长的物质文化需要的物质基础。社会主义制度优于资本主义制度，首先表现在它能够创造出比资本主义更高的劳动生产率，使全体人民过得更加富裕、文明和幸福的生活。那种认为不需要集中力量发展社会生产力，不管如何贫穷，只要搞穷拉平就是社会主义，这是一种不切实际的、落后的和倒退的想法。根据科学社会主义原理，不大力发展生产力，就无从实现关于消灭工农差别、城乡差别、脑力劳动和体力劳动差别，就无从实现关于共同富裕和按需分配的理想。中国原来是一个半殖民地半封建的国家，更要大力发展社会生产力。在社会主义改造基本完成以后，工作重点必须及时地转移到经济建设上来。

1956 年 9 月，党的八大明确指出，国内主要矛盾已经是人民对于建立先进的工业国的要求同落后的农业国的现实之间的矛盾，已经是人民对于经济文化迅速发展的需要同当前经济文化不能满足人民需要的状况之间的矛盾。今后工作的重点必须从社会主义改造和阶级斗争转移到社会主义建设上来。1957 年 9 月至 10 月举行的党的八届三中全会，改变了党的八大关于国内主要矛盾的分析和结论，认为无产阶级和资产阶级的矛盾、社会主义道路和资本主义道路的矛盾，仍然是我国社会的主要矛盾。1962 年举行的中国共产党八届十中全会进一步认为，在整个社会主义的历史阶段都存在阶级和阶级斗争，提出“以阶级斗争为纲”的口号，错误地估计了阶级斗争形势，对于社会主义时期的主要矛盾认识不清，使得工作重点没有及时转过来，并导致经济工作中严重的“左”倾错误。1959 年庐山会议后期，将思想认识上的意见分歧视为阶级斗争，错误地发动对彭德怀的批判，开展“反右倾”运动，使“大跃进”不断升级。调整时期，纠正了具体工作中的某些“左”倾错误，“左”的指导思想却未根本纠正，经济形势稍一好转，就大抓阶级斗争，用阶级斗争的方式对待经营管理和工作作风方面的问题。由于极端夸大意识形态领域的阶级斗争，导致对知识分子采取极左政策。1957 年，被划为右派分子中知识分子约占一半，把知识分子整体划入剥削阶级范围。给一些作家、学者戴上“修正主义”或“反党分子”的帽子，公开点名批判，严重地打击了知识分子的积极性，阻碍了科学、文化教育事业的发展。实践证明，对主要矛盾认识不清和在阶级斗争问题上的失误，是经济工作的“左”

倾错误和工作重心偏离社会主义建设轨道的根本原因。反过来，工作重心的偏离又加剧了经济工作的“左”倾错误和阶级斗争的扩大化。中共中央在《关于社会主义精神文明建设指导方针的决议》中指出：“在我国社会主义改造基本完成以后，党在长时期内的重大失误，就是没有把工作重心转移到经济建设上来，仍然坚持以阶级斗争为纲，轻视教育科学文化建设，极端夸大意识形态领域的阶级斗争，直到发生‘文化大革命’那场内乱。我们党总结历史经验，明确指出现阶段我国社会的主要矛盾是人民日益增长的物质文化需要同落后的社会生产力之间的矛盾；阶级斗争在一定范围内仍将长期存在，但已经不是主要矛盾，我国社会存在的矛盾大多数不具有阶级斗争的性质。”[①] 必须坚定不移地把党和国家的工作重心转移到经济建设上来，大力发展社会生产力。

2. 经济建设必须循序渐进。

中国是一个经济文化落后的农业大国。经济发展的速度不取决于领导人与群众迅速摆脱贫穷的主观愿望，而取决于农业能够提供多少商品，财政能够积累多少资金，能源和交通能够承担多少生产能力等因素。我们只能去做那些经过努力可以做到的事情，根据需要和可能，合理规定国民经济的发展速度，把计划放在既积极又稳妥可靠的基础上，以保证国民经济比较均衡地发展。1957 年，陈云就已提出建设规模要和国力相适应，并提出防止建设规模超过国力的五条措施：一是财政收支与银行信贷平衡，略有节余。二是各种重要原料供应的顺序，要先生产，后基建。基本建设搞多少，不决定于钞票有多少，而决定于原材料有多少。三是人民的购买力要有所提高，但提高的程度必须同能够供应的消费资料相适应。四是基建规模和财力、物力之间的平衡，不但要看当年，而且要瞻前顾后。五是经济建设不能超过农业的负担能力。“大跃进”年代出现的问题，正在于破坏了这些正确原则，结果是“大上”带来了“大下”。各种“大办”，到头来都不得不“下马”，造成人力、物力、财力的

① 《中共中央关于社会主义精神文明建设指导方针的决议》，人民出版社 1986 年版，第 6 页。

大浪费。从 1961 年开始执行“八字方针”，把高指标降下来，把基本建设和工业生产，特别是重工业生产规模调整到与国力相适应的程度，正确处理需要与可能的关系。结果 1963 年至 1966 年间，国民经济就稳步而迅速地上升。实践证明，经济建设必须量力而行，循序渐进，才能稳中求快。主观地要求一个高速度，欲速则不达。

3. 经济建设必须处理好速度与比例、效益的关系。

要实现经济效益的高速度，必须按比例发展国民经济，搞好综合平衡，忽视国民经济内部比例关系和经济效益，虽然可能在一个短时期内得到高速度，但一定会很快跌下来。从全局和长远看，这样并不合算。从 1958 年和 1959 年的增长情况来看，1958 年工农业总产值增长了 32.2%，1959 年又增长了 19.5%，似乎很快。但 1960 年只增长了 5.4%，1961 年猛然下降了 31%，1962 年接着又下降了 10.1%。1958 年至 1962 年，工农业总产值年平均只递增了 0.6%，是新中国成立以来所有五年计划中增长率最低的。国民收入在此期间年平均还下降了 3.1%。调整了比例关系，扭转了比例关系失调的状况后，国民经济得到迅速恢复和发展。1963 年至 1965 年，工农业总产值年均增长了 15.7%，国民收入年均增长了 14.7%。许多部门和企业的经济技术指标和经济效益达到或超过新中国成立以来的最好水平。经验证明，应当在速度和效益的辩证统一中，找到一种平衡，这就是按比例地发展国民经济。有最佳的比例关系，才会有最大的经济效益和最佳的增长速度。

4. 强行拔高生产关系会给生产力带来极大的破坏。

社会主义的生产关系既不是凝固不变的，也不是人们可以任意改变的，它的变革和完善要服从适合生产力性质和要求这一客观规律。1956 年社会主义改造基本完成以后，建立了以生产资料公有制为基础的社会主义生产关系。在此情况下，任务是要集中力量进行经济建设，大力发展生产力。然后根据生产力进一步发展的要求，在每一阶段创造出与之相适应和便于继续前进的生产关系的具体形式。1958 年有些人认为，社会主义经济模式就是单一的社会主义公有制，生产资料所有制愈公有化愈能促进生产力的发展，人为地组织所有制的“升级”“过渡”，否认社会主义按劳分配原则，实行供给制和工资制相结合的分配制度，否认社会主义时期商品生产和商品交换的必要性，搞“一平二调”。这种撇开首先发展生产力这个大前提，用不断变革生产关系的办法向共产主义过渡，违反了生产关系适应生产力性质的客观规律。结果，破坏了生产力，使粮食产量连续三年下降，出现农业生产的大倒退，也迫使人们注意到不能超越生产力发展阶段去改变生产关系。在社会主义阶段，必须强调发展商品生产，实行等价交换，把人民公社所有制调整为“三级所有，队为基础”的结构，取消供给制，停办公共食堂，实行评工计分，发还自留地，开放农村集市贸易。这样，生产关系与农村生产力的矛盾有所缓和，农业生产较快恢复。实践证明，在中国这样生产力水平不高，多层次并存、发展不平衡、人们还存在利益差别的国家，必须在公有制占优势的条件下允许多种经济成分和多种经营方式长期并存，逐步建立和完善社会主义的生产关系、交换关系和分配关系。强行拔高生产关系，即使一时似乎成功了，也一定会给生产力带来极大的破坏，生产关系最终会倒退回原来的。

5. 经济活动必须科学化、民主化。

导致1958年至1960年经济挫折的直接原因，是经济决策的失误。新中国成立时，面临着与民主革命时期解放区财经工作大不相同的经济环境：国民经济的一部分建立在社会化大生产基础上；各个部门、各个环境错综复杂；各地区、各经济部门发展极不平衡；公有制经济部分不断壮大。财政赤字大，通货膨胀严重；敌人封锁；抗美援朝战争持续三年。中国在这困难重重的三年中却恢复了十二年战争带来的创伤，又用四年完成了生产资料的社会主义改造，提前完成“一五”计划。这是由于经济决策与经济工作环境变化相适应，开始由经验型向科学型转变，由直接决策向理性决策转化，更主要的是具有民主决策的观念，同时注意调查研究。调查研究的过程也是发扬民主的过程。陈云说：“我们做工作，要用百分之九十以上的时间研究情况，用不到百分之十的时间决定政策。所有正确的政策，都是根据对实际情况的科学分析而来的。”[①] 如果不认真地进行调查研究，轻易地根据汇报做出决策，必然脱离实际，

① 陈云：《做好工商工作》，《陈云文选》第3卷，人民出版社1986年版，第34页。

贻误大事。1957年提出要在15年左右在钢铁和其他重要工业品的产量方面赶上或超过英国；北戴河会议提出1958年钢产量1070万吨和1959年2700万～3000万吨的任务，计划两年赶超英国；在农村搞工资制、供给制，办公共食堂；等等。所有这些从战略目标到具体政策的决策，都没有经过调查研究，没有起码的量的分析，没有经过实验，就匆忙地普遍实行。1960年下半年以后，毛泽东和中共中央逐步觉察到对社会主义革命和建设规律的认识有问题，强调要做调查研究，毛泽东号召将1961年作为调查年、实事求是年。随后，中央主要领导人分赴全国各地，深入调查研究，在此基础上，制定一系列工作条例草案，降低高标准，取消供给制、公共食堂等不切实际的做法。贯彻这些措施，逐步扭转了国民经济严重困难局面。事实证明，科学的调查研究是采取正确经济决策的基础。

决策要科学，必须按客观经济规律办事。客观经济规律的认识，不是任何天才人物冥思苦想的结果，而是千百万人民在实践中总结出来的，只有实现民主化，才能避免主观随意性。中共中央在《关于社会主义精神文明建设指导方针的决议》中正确指出：我国社会主义发展的主要历史教训之一“是没有切实建设民主政治”。并谆谆告诫：“社会主义在实践中，现代化建设和全面改革是极其复杂的创新事业，没有也不可能有现成的答案，理论上和工作上的不同意见是会经常发生的。必须坚决执行‘百花齐放、百家争鸣’的方针，支持和鼓励以科学研究为基础的大胆探索和自由争论，使马克思主义的理论研究大大活跃起来，使各项决策建立在更加民主和科学的基础之上。政策和计划的决定，要遵守民主集中制原则。”①

6. 时刻警惕小生产思想的泛滥和危害。

新中国成立以前，中国是半殖民地半封建社会，没有经历资本主义和商品经济充分发展的阶段，是一个小生产的汪洋大海。这种小生产长

---

① 《中共中央关于社会主义精神文明建设指导方针的决议》，人民出版社1986年版，第20—21页。

期依附于封建经济，受封建思想的熏陶。中国共产党又长时期以农村为根据地开展革命斗争，革命队伍中大部分是农民出身，不少人自觉或不自觉地带有小生产者的某些传统习惯。新中国成立后，在意识形态领域更多地强调反对资本主义倾向，而忽视反封建主义遗留的斗争，甚至有些时候在反对资产阶级思想的斗争中，客观上还助长了一些封建主义的东西，特别是一些小生产者的东西。把小生产者的平均主义思想当作社会主义思想，划不清无产阶级思想和小农经济思想、社会主义和平均主义的界限，在这种小生产思想的影响下，在“大跃进”中，不管各地的实际情况，要求农村人民公社一律都要发展粮、棉、油，这实际上把公社、大队、生产队都变成不同程度上的自给自足的经济实体；要求各地建立独立的工业体系，在企业中搞“大而全”“小而全”，工厂里办社会；把马克思共同富裕的理论曲解成平均主义，搞“穷过渡”“一平二调”，实行供给制的分配办法，使“穷富拉平”，造成一部分人无偿占有别人的劳动成果，严重打击了干部和群众的积极性。这是农业连年减产的主要原因。由于小生产思想是深远的、不易清除的。随着经济形势的好转，曾经为纠正平均主义而实行的一些措施，如包产到户、包干到户等等又被当作“单干风”进行批判；将工业管理上实行经济核算、讲求物质利益原则当作“利润挂帅”“资本主义经营管理”进行批判。这就使经济中的平均主义思想长期得不到纠正，长时间存在着吃“大锅饭”的问题。实践证明，小生产思想既是滋生“左”倾思想的一个重要社会历史条件，又是同“左”的思想紧密结合一起，束缚人们的精神枷锁。它排斥商品经济和社会分工，阻碍生产的社会化与专业化；它脱离生产力的发展和物质财富的极大丰富，而片面追求分配上的平均，否定了社会主义按劳分配原则，实际上导致懒惰者、不上进者剥削他人的劳动成果，挫伤劳动者的积极性，造成社会的普遍贫困与社会经济生活的停滞，破坏社会生产力。这是十年社会主义建设的重要教训之一。

第六章
“文化大革命”时期国民经济出现较大起伏

一、由政治形势多变带来的经济跌宕起伏

（一）“文化大革命”时期经济建设的指导思想

从20世纪50年代末到60年代中期，中苏关系恶化，苏联对我国在政治、军事上施加了越来越大的压力；中印关系紧张，乃至发生了边境战争；台湾海峡局势紧张；美国在越南南方不断增兵，并悍然轰炸与中国直接接壤的越南北方。这种国际环境对党和国家制定经济建设方针不可能不发生影响。但另一方面，资本主义世界经济的发展，从20世纪50年代中期开始到70年代中期，经历了一个持续、高速的发展阶段。老的工业部门发展到了顶峰，新的技术革命在经济繁荣中萌发。在发达资本主义国家中，原子能技术、航天技术、电子技术、激光技术、遗传工程、新材料等从开发走向运用，逐渐形成新的产业，地位日益提高。在二战中受到严重破坏的联邦德国、日本利用这种世界经济形势，重新发展为经济强国；一些原不发达的国家和地区，如韩国、新加坡，中国香港、台湾，也利用这个时机实现了经济起飞。

如何正确估计国际形势，利用矛盾，采取灵活对策，化解或在一定程度上化解对中国的不利因素，充分利用国际环境中的有利因素，关系到中国能否抓住时机，跟上世界经济发展的潮流，缩小与发达国家的

差距。

当时，中国共产党对国际形势估计得十分严重，提出我们时代特征是帝国主义走向全面崩溃、社会主义走向全面胜利，不是革命制止战争，就是战争引起革命。为应付帝国主义和社会帝国主义的大规模入侵，以准备早打、准备大打的战略考虑为基础，在20世纪60年代中期，迅速改变了以解决人民吃穿用为基点的和平建设方针，形成了以备战为中心的经济发展战略。

在决定继续从1963年起在3年内贯彻调整方针后，中国开始编制新的发展国民经济的第三个五年计划（1966—1970年）。1964年2月国务院召开的工交长期规划会议提出，第三个五年计划的中心任务，一是按不高的标准，基本上解决人民的吃穿用。到1970年，每人平均粮食产量达到600斤左右；衣着消费，包括各种纺织品24尺左右。二是兼顾国防，解决国防的常规武器，突破国防尖端。实现这两项任务都要求基础工业的支援，要以化肥、化纤为中心，研究吃穿的规划；以建设5亿亩稳产高产田为中心，研究工业支援农业的规划；以采掘、采伐工业为中心，研究基础工业的规划。[①] 同年4月，国家计委提交了《第三个五年计划（1966—1970）的初步设想（汇报提纲）》。这个汇报提纲提出的第三个五年计划的基本任务是：第一，大力发展农业，基本上解决人民的吃穿用问题；第二，适当加强国防建设，努力突破尖端技术；第三，与支援农业和加强国防相适应，加强基础工业，继续提高产品质量、增加产品品种、增加产量，使我国国民经济建设进一步建立在自力更生的基础上。相应地发展交通运输业、商业、文化、教育、科学研究事业，使国民经济有重点、按比例地向前发展。同基本任务相适应，计划方法也转移到以农业为基础的轨道上来，首先比较充分地考虑了农业的需要（如化肥、化纤、农业用电和排灌机械等），再兼顾国防的需要，然后，从以

---

① 《当代中国的计划工作》办公室编《中华人民共和国国民经济和社会发展计划大事辑要（1949—1985）》，红旗出版社1987年版，第212—213页。

上两方面出发来安排重工业——基础工业。[①] 这个“三五”计划的初步设想，与以往两个五年计划相比，重要的区别是把以重工业为中心改为以大力发展农业，基本解决吃穿用作为发展国民经济的首要任务。计划用于农业的投资占投资总额的20%，明显高于“一五”时期和“二五”时期7.1%和11.3%的（实际）水平，也高于1963年至1965年继续调整时期17.7%的比例。工业的发展也是面向农业、面向人民生活，说明在总结了历史上特别是“大跃进”的经验教训后，对国情、对发展经济战略有了新的认识。

但事隔不久，由于美国在越南军事行动的升级，引起中国政府的极大关注，迅速做出了调整经济发展战略的决策。1964年6月，毛泽东在中央工作会议上的讲话中提出，要进行备战，只要帝国主义存在，就有战争的危险。要搞三线[②]工业基地的建设，一、二线也要搞点军事工业，各省都要有军事工业。同年8月，国务院将经济建设如何防备敌人突然袭击的意见，向党中央写了报告。报告提出，一切新的建设项目应摆在三线，并按照分散、靠山、隐蔽的方针布点，不要集中在某几个城市；一线的重要工厂和重点高等院校、科研机构，要有计划地全部或部分搬迁到三线；不再新建大中型水库；恢复人民防空委员会，积极准备北京地下铁道的建设，考虑在上海、沈阳建设地下铁道，并按照上述精神安排1965年和“三五”计划。这样，从1964年底开始，三线建设的工作就紧锣密鼓地展开了。

---

① 《中共中央关于印发第三个五年计划的三个文件的通知》，中共中央文献研究室编《建国以来重要文献选编》第18册，中央文献出版社1998年版，第448页。

② “三线”是一个国防地域概念。在发生战争时将直接受到假想敌攻击的地区为一线，缓冲地带为二线，三线指战略大后方。三线地区包括乌鞘岭以东、京广线以西、雁门关以南、韶关以北的广大地区，这一地区位于我国腹地，离海岸线最近的700千米以上，距西南国土边界上千千米，四面分别有青藏高原、贵高原、太行山、大别山、贺兰山、吕梁山等连绵山脉作天然屏障。三线分两大片，一是包括云、贵、川3省的大部分及湘西、鄂西地区的西南三线；一是包括陕、甘、宁、青4省的全部或大部分及豫西、晋西地区的西北三线。三线又有大小之分，西南、西北为大三线，中部及沿海地区省区的腹地为小三线。

1965年7月，国家计委向国务院汇报调整和修改后的第三个五年计划的初步设想。这次汇报提出，经过调整的“三五”计划实质是一个以国防建设为中心的备战计划，要从准备应付帝国主义早打、大打出发，把国防放在第一位，抢时间把三线建设成具有一定规模的战略大后方。在工业方面，到1970年，主要装备的生产能力，除造船外，三线地区占到一半左右。经过第三个五年计划或稍多一些的时间，三线地区将成为一个部门比较齐全的新的工业基地。在交通运输方面，重点是建设西南的三条铁路干线，云贵线1966年通车，成昆线1969年通车，在成昆线施工高峰过后再转移力量建设川汉线。还要整治和开发金沙江、嘉陵江、赣江，发展水路运输。[①] 同年9月，国家计委拟出第三个五年计划安排情况的汇报提纲。汇报提纲提出：第三个五年计划必须立足于战争，积极备战，把国防建设放在第一位，加快三线建设，逐步改变工业布局。在第三个五年计划期间，必须集中国家的人力、物力、财力，把三线的国防工业，原料、材料、燃料、动力、机械、化学工业，以及交通运输系统逐步建设起来，使三线成为一个初具规模的战略大后方。[②] 第三个五年计划虽然在执行中受到了“文化大革命”的冲击，但备战的经济建设方针基本上得到了贯彻。

继第三个五年计划后，1970年拟订的第四个五年国民经济计划纲要（草案）确定，“四五”计划期间国民经济发展的任务是：狠抓备战，集中力量建设大三线的战略后方，改善布局；大力发展农业，加速农业机械化的进程；狠抓钢铁、军工、基础工业和交通运输的建设；加强协作，大搞综合利用，积极发展轻工业；建立经济协作区和各有特点、不同水平的经济体系，做到各自为战、大力协同；大力发展新技术，赶超世界先进水平；初步建立我国独立的、比较完善的工业体系和国民经济体系。“四五”计划纲要（草案）要求，到1975年，大三线地区将建成一个部

---

① 《当代中国的计划工作》办公室编《中华人民共和国国民经济和社会发展计划大事辑要（1949—1985）》，红旗出版社1987年版，第231—232页。

② 参见《关于第三个五年计划安排情况的汇报提纲（草案）》，载《建国以来重要文献选编》第20册，中央文献出版社1998年版。

门比较齐全、各有特点、工业和农业协调发展的强大的战略后方。为了适应备战的需要，在全国划分西南、西北、中原、华南、华东、华北、东北、山东、闽赣、新疆10个经济协作区，尽快建立各有特点、不同水平、工业和农业协调发展的经济体系，各省、市、自治区要在最短时间内，做到油料自给有余，一般轻纺产品逐步做到自给。[①]“四五”计划在执行的过程中，由于1971年后中国在外交关系上取得了一系列重大进展，从1973年以后逐步有所调整，经济建设中的备战色彩开始减弱。

中国从20世纪60年代中期形成的以备战为中心的经济发展战略，从1964年底开始贯彻实施，一直延续到“文化大革命”的中后期。这次战略转轨的基本特点是：(1) 从和平建设方针转向以备战为中心的经济发展战略。(2) 以大力发展农业，基本解决吃穿用作为发展国民经济的首要任务，转向以国防建设为中心，重点建设国防工业以及为之服务的重工业。(3) 建设的重点地区重新转向了内陆腹部地区。(4) 在提出建设三线任务的初期，虽然也强调建设规模不要过大，要兼顾人民生活。但三线建设任务毕竟不是一般的经济建设。为了抢在战争爆发之前建设好战略大后方，一旦社会秩序稍有稳定，就总是自觉不自觉地提出高指标，扩大基本建设规模，抢速度。因此，这次经济发展战略的转轨成为“文化大革命”期间国民经济比例严重失调加剧、建设布局不合理、经济效益低下的重要原因。

（二）国民经济在政治动乱中跌宕起伏

1. 夺权武斗给国民经济造成灾难性后果。

1966年5月16日，中共中央发出了关于开展“文化大革命”的通知，标志着“文化大革命”的开始。6月初，报纸上发表了聂元梓等人的大字报和宣布改组中共北京市委的消息，文化教育界开始发生混乱。在8月初举行的党的八届十一中全会上，通过了《关于无产阶级文化大革命

---

① 《当代中国的计划工作》办公室编《中华人民共和国国民经济和社会发展计划大事辑要（1949—1985）》，红旗出版社1987年版，第297—298页。

的决定》，其中规定，“文化大革命”的重点是斗垮走资本主义道路的当权派；要充分运用大字报、大辩论、大鸣大放的形式，揭露一切牛鬼蛇神；要破除“文化大革命”的阻力，不要怕出乱子。之后，动乱向社会蔓延。红卫兵被鼓动到全国各地“造反”，揪斗“走资派”，冲击各级党政领导机构，开始对国民经济造成影响。其中突出的问题是：由于红卫兵大串联导致交通运输紧张，到年底，有1000多万吨货物运不出去，水运、港口物资严重积压；各省、市、自治区主管业务的领导干部大都忙于运动，不能集中精力抓生产，在一些企业的领导干部中，不敢抓生产、管理的情况严重，大约有5%～10%的工业企业领导班子陷于瘫痪，企业生产秩序不安定；机械工业在制产品大量减少，钢、煤、铁的日产量从6月起都有所下降。1966年上半年国民经济运行情况良好，下半年开始受政治动乱的影响。由于当年的动乱主要是在上层领域，各级生产指挥系统尚未完全打乱，各级干部和群众对动乱进行抵制，减轻了初期“文化大革命”对生产的影响。从全年看，1966年国民收入比上年增长17%，工农业总产值增长17.3%，其中工业总产值增长20.9%，农业总产值增长8.6%。

1966年底，中央相继发出了工厂、农村开展“文化大革命”的指示，冲破了对“文化大革命”的一切限制。1967年以上海“一月夺权”为标志，“文化大革命”从批判“资产阶级反动路线”转向了“大夺权”，武斗盛行，整个社会生活大混乱，造成了大动荡，给国民经济造成严重的灾难。

在“文化大革命”中，从中央部门、地方政府及其业务部门，一直到基层工矿企业，甚至许多农村社队，普遍进行了“夺权”。“夺权”是由组织混乱、相互对立的群众组织来进行的，在“夺权”过程中，经常发生大规模的武斗，权力在不同的群众组织之间反复转移，使社会处在极度的混乱的无政府状态之中。大批有经验的业务领导干部受到批判、揪斗，靠边站，有的甚至被迫害致死。各级业务部门无法行使职能，开展业务工作，生产指挥系统基本上处于瘫痪状态。中国在计划经济体制建立之后，是靠计划来组织国民经济生产建设的。在政治动乱中，1967

年的年度计划安排是在1966年底召开的全国工交会议上讨论的，中央一直没有审批。会后，除极少数地区外，其他地区根本没有布置安排下去。1968年的年度计划完全没有制定。国民经济基本上是在国务院、各级业务主管部门和基层的抵制政治动乱的干部群众支撑下，按照过去的经济运行的惯性运转的。

在企业里，各种规章制度受到冲击，劳动纪律松弛。许多企业在工作时间搞批判斗争会，有的职工离岗搞串联，搞派系斗争，以致发生武斗；坚持工作岗位的工人干部被讥讽为“保守派”，无端受到批判、打击，生产秩序一片混乱。加上燃料、动力、原料供应不足，许多工厂、建设工程处于停产半停产、停顿半停顿状态。有的集体企业甚至出现了私分集体流动资金、公积金和公益金的现象。

“文化大革命”的政治动乱也使农村的社会生活、生产管理秩序受到强烈冲击。农村各级干部受到批判、揪斗；经常性的批判会、斗争会占用了社员大量的生产时间，前几年插队落户的知识青年和被压缩回乡的工人纷纷返城，有些干部社员出外上访，一些城市郊区的农民卷入城市的派性斗争进城参加武斗。劳力离田和社队干部受到冲击，使农业的生产受到直接影响。不少地区播种、收获不及时，积肥量减少。水利失修的情况也很严重，酿成了1968年一些地区汛期决堤等恶性事件。一些社队管理混乱，收入分光用光，甚至不留种子和饲料粮，不完成国家征购任务。在“大批判”中，在国民经济调整时期确定的农村政策被否定，在“农业学大寨”运动的推动下，急过渡、平均主义、取消自留地、限制家庭副业和集市贸易等“左”的错误急剧发展起来。

社会的大动乱，给国民经济造成了灾难性的后果。基本建设停顿，生产下降，财政收入减少，市场供应紧张，国民经济全面衰退。

工农业生产大幅度下降。1967年工农业总产值比上年下降了9.6%；1968年又比1967年下降了4.2%，仅为1966年的86.6%。其中，工业总产值1967年比上年下降了13.8%；1968年比1967年下降了5%，仅为1966年的81.8%。农业总产值1968年比1966年下降了1%。1968年与1966年相比，钢产量下降了41%，煤炭下降了12.7%，发电量下降了

13.2%，棉纱下降了 12%，棉布下降了 12%，粮食减产 2.3%，棉花持平，货运量下降了 21%。

国家财政收入 1967 年比上年少收了 25%（按当年价格计算，下同），赤字 22.5 亿元。1968 年又比 1967 年少收了 14%，在大幅度压缩财政支出的情况下（支出水平仅为 1966 年的 2/3）才维持了财政收支的平衡。

由于国家财政收入的减少、运输堵塞、建筑材料和设备供应不足，以及建筑企业生产秩序的混乱，1967 年预算内基本建设投资完成额只相当于 1966 年的 64.7%（按当年价格计算，下同），1968 年进一步下降为 55.1%。一大批正在建设中的项目，包括一批三线项目处于停顿状态。

市场供应紧张。在 1966 年国家商业库存比较充裕的情况下，1967 年和 1968 年这两年，粮食、食用植物油、猪肉、鲜蛋、水产品、棉布、缝纫机、自行车、手表等重要消费品的社会零售额都有不同程度的减少。市场用煤，甚至北方城镇冬季取暖用煤都减少供应。1968 年城镇居民棉布定量供应指标，全国平均每人只有 9 尺，比 1967 年减少 4.6 尺。

全国各级学校从 1966 年夏“文化大革命”开始就陆续停课“闹革命”，校舍、图书、教学设备设施受到很大破坏。卫生医疗事业的损失也很严重。

2. 政治局势相对稳定期间经济的发展和调整。

经过两年多的“文化大革命”，通过派中国人民解放军进行“三支两军”①，1968 年下半年到 1969 年上半年，全国各省、市、自治区以及各基层政权相继成立了革命委员会。1969 年 4 月中共九大的召开，虽然林彪和江青两个政治集团篡夺了更多的权力，“文化大革命”在思想上、政治上、组织上的错误指导方针进一步合法化，但政治局势毕竟相对稳定，武斗大大减少，工人、学生回到工厂学校搞“斗批改”，社会秩序逐步有所恢复。

利用政治局势相对稳定的时机，周恩来等尚在工作岗位的老干部，

① 从 1967 年初开始，为了控制极其混乱的局势，毛泽东派出中国人民解放军到机关、工厂、农村、学校执行支左、支工、支农和军管、军训的任务。

为国民经济走向恢复发展做了大量的工作。1968年底，开始组织编制1969年的国民经济发展计划，初步结束了前两年经济发展的无政府状态，使国民经济重置于计划经济的轨道。国民经济各综合部门和工业主管部门也逐步开始工作。广大劳动人民对生产的混乱状况不满，在政治局势相对稳定后努力工作，生产秩序有所恢复。这样，从1969年开始，国民经济扭转了连续两年下降的局面，开始回升。1969年与1968年相比，国民收入增长19.3%，工农业总产值增长23.8%，其中农业总产值增长1.1%，工业总产值增长34.3%，财政收入增加45.8%，预算内基本建设投资增长75%。

1969年的国民经济的增长具有明显的恢复性质。但在形势稍有好转的情况下，经济建设中又出现了急躁冒进的倾向。推动这次经济建设新冒进的原因，除了“左”的思想没有得到系统纠正外，在当时还有一些特殊的因素：几年的“文化大革命”造成了经济的下滑，希望用经济的快速增长来证明“文化大革命”的正确性。广大干部群众也急于挽回几年政治动乱造成的损失。20世纪60年代末期，中苏关系进一步恶化，发生了边境摩擦。在社会秩序稍有稳定后，三线建设又被紧迫地提到日程上来。

1970年初制定的1970年国民经济计划和“四五”计划，不仅具有浓厚的备战色彩，而且提出了不切实际的高指标。如安排的1970年预算内基本建设投资比上年猛增46%。在“四五”计划中，要求到1975年钢产量达到3500万～4000万吨，5年翻一番多，而且要在全国形成大中小结合、星罗棋布、各自为战的钢铁工业布局。在原煤生产方面，要求在1972年扭转北煤南运的局面，实现江南九省煤炭自给。电力、轻工业的指标也都是5年翻一番。过高的指标对国民经济造成了极大的压力。1970年和1971年国民经济取得了较高的发展速度。国民收入、工农业总产值和工业总产值分别比上年增长23.2%、25.7%、30.7%和7%、12.2%、14.9%。

在这两年中三线建设形成了一个新的高潮。1970年的计划安排中，预算内基本建设和大中型项目，内地建设均占60%左右。当年实际完成的投资额中内地建设占55%。1971年计划用于内地的投资也占全国预算内投资的55%。在三线建设中，林彪集团提出要在全国范围内搞独立完整的大军工体系，乱批条子、乱上项目，摊子越铺越大，在建设中又片面强调“靠山、分散、进洞”的方针，造成了建成后生产经营的许多困难和浪费。

为了适应备战的要求，尽快建成各省、自治区各自为战的体系，加快地方工业的发展，并早日实现农业机械化，20世纪60年代末到70年代初，中国再次进行了以行政分权为特点的经济体制的变动。这个问题是在完成国民经济调整任务后的60年代中期开始酝酿的，由于“文化大革命”而被搁置起来。在动乱的局势稍见稳定后，经济管理权力下放的问题被重新提到日程上来，并迅速贯彻实施。主要内容包括：(1) 把大量的中央部属企事业单位下放给地方管理。(2) 试行国家规定的建设任务或项目由地方包干建设，即基本建设大包干。(3) 在国家统一计划下，实行地区平衡、差额调拨、品种调剂、保证上缴的物资调拨分配办法，即物资分配大包干。(4) 实行定收定支，收支包干，保证上缴结余留用的财政大包干的财政体制，扩大地方机动财力。(5) 扩大地方计划管理权限，实行“块块为主，条块结合”的计划管理体制。

在国家和地方政府的积极扶植下，地方工业得到了较快的发展。仅1970年，全国就有近300个县、市办起了小钢铁厂，有20多个省、自治区、直辖市办起了手扶拖拉机厂、小型动力机械厂和各种小型农机具、配件厂，有90%左右的县建立了自给的农机修造厂。据不完全统计，1970年地方小钢铁厂的炼铁能力比上年增长了1.5倍，生铁产量增长了1.8倍；小化肥厂生产的氮肥和合成氨，比上年增长了60%～70%；小水泥厂的产量已占全国水泥总产量的40%。南方各省的煤炭产量比上年增长了70%左右。在一些过去不发达的省区，还建立起了一批纺织、榨糖、日用化工、小五金和小百货等轻工业。农村社队企业也开始发展起来。这是继1958年后，中国地方小型工业又一次大发展的高潮。但由于这次地方工业的发展，是围绕着小钢铁、小机械、小化肥、小煤窑、小水泥（又称“五小”工业）等小重工业开展建设的，在指导思想上又过于强调自成体系，有的地区在地方工业建设中忽视了本地的资源特点和一些工业部门所必需的经济规模，又有一定的盲目性。

1970年、1971年经济发展虽然取得了较高的速度，但存在的问题也十分严重。

一是建设规模过大。1970年全国基本建设投资达到312.55亿元，比上年增加了111.68亿元，增长了55.6%，施工的大中型项目达1409个；1971年，基本建设投资总额进一步增加到340.84亿元，施工的大中型项目1692个。基本建设规模的急剧扩大，使得积累率迅速提高。1970年的积累率从1969年的23.2%猛增至32.9%；1971年又进一步提高到34.1%，超过了“大跃进”时期的1958年。这样大的建设规模和如此高的积累率，是当时经济发展水平难以承受的，造成人力和物力的全面紧张。

二是在经济建设中，过分偏重内地，重工业过重，使整个经济发展不协调。以1970年为例，这年农业投资只占全部投资的8.4%，轻工业只占全部投资的3.7%，低于1966年的11.7%和4%。非生产性建设投资，1970年只占全部投资的11.7%（“一五”时期为33%），其中住宅建设只占全部投资的2.6%（“一五”时期为9.1%），都是新中国成立以来比例最低的。这两年在抢建三线的同时，对沿海地区的投资限制过严，其结果不仅影响沿海本身的发展，而且反过来也削弱了沿海对内地的进一步支援。这就使得工业和农业、轻工业和重工业、沿海和内地的投资比例极不协调。

三是职工人数急剧增多，工资总额大幅超支，粮食销量超速增加。随着基本建设规模和重工业生产急剧膨胀，盲目增加职工现象比较普遍，职工人数迅速增长。1970年、1971年两年，原计划全民所有制单位增加职工306万人，实际增加了983万人，超过计划2倍多。到1971年底，职工人数达到5318万人。职工人数猛烈增加，使得工资支出和粮食销量大大超过计划。原计划1971年全民所有制职工工资总额为296亿元，实际达到302亿元；原计划1971年粮食销量为794亿斤，实际为855亿斤。这就使1971年出现了“三个突破”，即职工人数突破了5000万人，工资支出突破了300亿元，粮食销量突破了800亿斤。“三个突破”加深了消费品和商品粮的供需矛盾，造成了市场供应的紧张，商品供不应求，货币回笼不了，银行增发钞票超过了实际的需要，整个国民经济出现了危险的信号。

1971年9月林彪集团覆灭后，周恩来在毛泽东的支持下主持工作，批判极左思潮，抵制经济工作中“左”的错误政策，国民经济得到调整，主要包括以下方面的内容：

批判无政府主义和极左思潮。在经济工作上强调政治挂帅要挂在业务上，反对空头政治。反对对企业管理方面的虚无主义思潮，整顿和加强企业管理，抓经济核算，抓劳动纪律，抓质量管理、技术管理和安全管理。坚持按劳分配，反对平均主义，在一些企业恢复计件工资，试点计时工资加奖金制度。

针对前一段的无政府状态和企业下放后出现的新问题，强调加强经济工作的集中统一领导。强调经济计划的严肃性；基本建设要按程序办事，集中力量打歼灭战；职工总数和工资总数的控制权集中于中央，地区和部门无权擅自增加；财政资金和信贷资金要严格区分、分口管理，不准用银行贷款搞基本建设，所有企业必须按照国家规定交纳税款和利润，不准拖欠挪用；主要物资的分配调度权集中在中央和省、自治区、直辖市两级；各生产单位要保证完成国家生产任务，按合同组织生产和交货；大中型企业由中央和省、自治区、直辖市管理，不能层层下放。

调整农村政策。强调农村人民公社体制仍然坚持“三级所有，队为基础”，批判并纠正前一时期“穷过渡”“扩社并队”的错误做法；强调要贯彻按劳分配的原则，不能照搬照套大寨的劳动分配管理办法；农业必须全面发展，不能把党的政策容许的多种经营当作资本主义批判；恢复自留地和家庭副业。

发展对外经济关系。“文化大革命”开始后，中断了从国外引进技术设备。20世纪70年代初，中国外交出现了突破性进展，为发展对外经济关系创造了良好的条件。1973年，经周恩来安排，毛泽东批准，中国决定从美、日、英、法、意等十几个资本主义国家引进26套项成套设备和一批单机，其中包括冶金、电站、化肥、化纤、石油化工、合成洗涤剂等，还有43套综合采煤机组，计划用汇43亿美元（史称“四三方案”）。由于这次技术设备的引进是在“文化大革命”期间进行的，受到了“四人帮”的严重干扰。在引进项目的建设中也还存在不少问题，如建设高峰期过于集中，没有把引进技术和消化吸收很好地结合起来等等。但它毕竟改变了20世纪60年代中期以来中国自我封闭的状态，重新从西方发达国家引进先进技术设备，对于中国迅速提高工业技术、充实新兴产业起到了积极的作用。从引进的项目看，主要是提高冶金技术和加强能源、动力工业，为农业和市场服务，建设地区也以东部为主。因此，在一定意义上说，也是经济发展战略的某种调整。

开始抓科学研究和教育，计划生育的工作也开始摆在十分重要的位置上。

针对经济发展中出现的“三个突破”的问题，党和政府从1972年起，特别是在1973年，采取一系列措施，稳定国民经济。

首先是加强基本建设的管理，控制基本建设的规模。1972年全民所有制基本建设投资总额比1971年减少了12.86亿元，其中国家投资减少18.36亿元，施工的大中型项目比上年减少150个。1973年基本建设总额、施工的大中型项目比1972年略有增加，但还低于1971年的水平。投资方向也有所调整。如在1972年，农业投资比上年增加了3.7亿元，重工业投资减少了21.4亿元，若按管理系统划分，国防工业和国防科研减少最多，减少了31.3%。基本建设规模过度膨胀的势头得到遏制。

其次是加强对劳动工资的管理。强调劳动工资要加强集中统一管理，严格执行职工总数和工资总额的计划。1972年基本建设占用民工从1971年的1100多万人减少到370万人。1973年又要求把1972年超过国家计划自行招收的职工减下来，并动员一部分1970年以来的临时工回农村去，动员绝大部分基本建设占用的常年民工和不合国家规定进入城市的人口回农村去，1973年不再招收新职工。

再次是解决粮食购销差额问题。除了上述减少新增城市人口的措施外，还整顿城市粮食的统销，核减农村不合理销量，压缩民工过高的粮食补贴。经过努力，到 1973 年，全社会粮食收购 968 亿斤，粮食销量近 965 亿斤，做到了国内粮食收支平衡。

经过一年多的调整，到 1973 年，工农业生产增长，特别是粮、棉、油、麻、糖、烟等各重要农产品产量都是历史最高的一年，财政收入增加，财政收支平衡，对外贸易大幅度增长，国民经济形势有所好转。但国民经济中仍存在不少问题。主要是煤炭生产完不成计划，对整个国民经济发展的制约作用很大；运输紧张；基本建设规模仍然较大，投资效果差；企业亏损面大；等等。原打算 1974 年、1975 年把工作重点放在发挥现有企业潜力上，加强经济核算，狠抓薄弱环节，缩短基本建设战线，有计划地引进先进技术。但新的政治动乱再次使国民经济陷于混乱。

3. 1974 年至 1976 年经济的动荡起伏。

(1) “批林批孔”使国民经济陷于混乱。周恩来等老一辈革命家领导下的批判极左思潮的斗争，在各个领域中消除“文化大革命”造成的严重后果，受到“四人帮”一伙的反对。毛泽东在一些具体问题上支持过纠正“左”错误，但在全局上一直坚持“文化大革命”的理论，不容许从根本上否定“文化大革命”。这样就限制了对极左思潮的批判和对“左”的错误的纠正。1973 年下半年，中国掀起一股反“右倾复辟”的浪潮，使国内政治形势发生急剧变化。1974 年初的“批林批孔”运动，把批判“右倾复辟”推向高潮，使刚刚稳定的局势重新发生动荡。极左思潮再度泛滥，广大干部又一次受到冲击，有的地方甚至搞第二次“夺权”，打、砸、抢、抄之风再起，正常生产秩序再度受到冲击。这一年，工业总产值仅比上年增长了 0.3%，钢、煤、棉纱等重要产品产量下降，港口压船铁路堵塞，货运量减少，财政出现赤字 7.7 亿元，外贸逆差 6.7 亿元，市场商品供应紧张。

(2) 邓小平主持的全面整顿给国民经济带来转机。

“批林批孔”造成的社会动荡和经济混乱，引起了广大群众的强烈不满。毛泽东也深感忧虑。在毛泽东的支持下，1974 年底到 1975 年初，阻止了“四人帮”集团“组阁”的企图，并对邓小平委以重任。在 1975 年 1 月召开的四届全国人大一次会议上，周恩来重新提出在 20 世纪末实现

“四个现代化”的任务。从时间表上看，虽然是已经来不及了。但在“文化大革命”动乱的年代里，重提“四个现代化”本身的意义，是树立起了一面旗帜，是一个宣言，把全党和全国人民团结在这个旗帜下，与“四人帮”进行斗争。

四届全国人大后，周恩来重病住院，邓小平主持国务院工作，与“四人帮”进行了坚决的斗争。他首先抓住铁路运输和钢铁行业为突破口，相继召开了铁路会议、钢铁会议，以及国防工业、农业和科技会议，对国民经济进行全面整顿。内容包括批判极左思潮，提出要理直气壮地搞生产、抓业务，反对把搞生产、抓业务当作“唯生产力论”“业务挂帅”来批判；整顿企业领导班子，把那些专门闹派性的坏头头坚决调离，建立强有力的生产组织和领导系统；建立健全规章制度，狠抓劳动纪律；整顿科学教育工作；等等。

坚决而果断的整顿措施，迅速扭转了整个国民经济的混乱状况。铁路系统经过一个月的工作，从1975年4月起，几个过去严重堵塞的铁路局铁路运输得到疏通，日装车量上升，创造历史最高水平。钢铁工业到6月已超过全年计划平均日产水平。1975年上半年，工业生产情况有明显好转，5月、6月许多工业产品产量都创造了历史最高水平。

1975年，国民收入比上年增长了8.3%；工农业总产值增长了11.9%，其中工业总产值增长了15.1%，农业总产值增长了4.6%；各主要工业产品产量，钢增长了13.1%，原煤增长了16.7%，原油增长了18.8%，发电量增长了16%，棉纱增长了16.9%。国民经济的发展总体状况是良好的，但是由于急于弥补前几年的损失，以及引进项目建设的高峰期没有错开，1975年仍存在基本建设规模过大、积累率过高的问题。

(3)“批邓”、“反击右倾翻案风”使国民经济再受挫折。从1975年底开始，批邓、“反击右倾翻案风”开始。邓小平对国民经济实行整顿的各项措施都被批判为右倾翻案。实现“四个现代化”被批判为资本主义化，抓生产被批判为唯生产力论，加强管理被批判为“管、卡、压”，加强经济核算被批判为利润挂帅，贯彻按劳分配被批判为物质刺激，从国外引进技术设备被批判为崇洋媚外。大批干部被揪斗，经济管理机关瘫痪，企业合理规章制度被废除，生产秩序混乱。

1976年是中国的多事之秋。周恩来、朱德、毛泽东等党和国家领导人相继去世。唐山大地震造成巨大损失。“四人帮”制造混乱，使国民经济的发展再受挫折。1976年，中国国民收入比上年下降了2.3%，工业总产值增长了1.3%。粮食产量与上年持平，棉花减少了13.7%；钢产量下降了14.4%，棉纱下降了7.1%，煤炭产量增长了0.2%；铁路货运量减少了5.5%；进出口贸易减少了9%；财政少收了39亿元，并出现了近30亿元的赤字；市场供应十分紧张，人民生活十分困难。

二、以三线为重点的建设布局西移

20世纪60年代中期开始的经济建设，是立足于战争，把全国划分为一、二、三线，由国家集中大量人力、物力和财力，在较短时期内，在三线地区进行大规模的、以军工为主体的战略后方建设。这一建设经历了十几年时间，国家投资了2000余亿元资金。这是新中国经济发展过程中的一次重要的经济战略性转轨。

（一）经济建设的战略性转轨

1. 备战与三线建设思想的形成。

中国近代，生产力的布局呈沿海畸重、内地畸轻的不平衡态势。社会主义公有制及计划经济的建立，为改变这种不合理的生产力地区布局创造了前提条件。毛泽东在1956年发表的《论十大关系》一文中，就强调要重视沿海和内地的关系，以沿海支持内地的发展。“一五”、“二五”期间，曾有计划地进行内地建设，取得了一定的成绩。但是，当20世纪60年代中期决定大规模建设内地，特别是三线地区时，影响决策的最重要因素，不是经济布局问题，而是为了防御侵略战争。

20世纪60年代初期，国际局势动荡，战争因素急剧增长。考虑到苏联卫国战争初期的教训，中共中央作出了注意国际形势的发展，准备打仗，在长远规划中首先要搞好战略布局，加强三线地区建设的重大决策。所谓三线地区，是从战备需要出发，按战略位置的不同，将全国分为一、二、三线地区。一线地区是沿海和边疆地区的省、区；二线地区是介于一、三线地区之间的省、区；三线地区是全国的战略大后方。大后方是针对入侵之敌可能由中国北部和东南方向侵入而划定的。1970 年 9 月，《第四个五年国民经济计划纲要》（以下简称“四五”计划）中说：“全国大三线，一般来说，是在长城以南、京广线以西的广大地区。具体来说，西南的四川、贵州、云南，西北的陕西、青海和甘肃的大部分地区，中原的豫西、鄂西，华南的湘西、粤北、桂西北，华北的山西和冀西地区，是我国的大三线。”同时，在全国一、二线地区内，又依本地区情况，划出若干个地方为区内的三线地区，即小三线。中共中央和国务院决定把三线建设当成国民经济建设的头等大事来抓，这使经济建设发生了一次战略性转轨。

2. 经济建设转轨的总体设想。

由于预估国际形势非常严峻，认为战争会早打、大打，因而中共中央提出要抢时间、争速度，赶在战争爆发前尽快建设三线战略大后方。1964 年 8 月，中共中央书记处讨论研究三线建设问题，决定首先集中力量建设内地，在人力、物力、财力上给予保证。新建的项目都要摆在内地，沿海能搬的项目要搬迁。1965 年 8 月，国家建委召开全国搬迁工作会议。会议提出，搬迁项目要实行大分散、小集中，按照“分散、靠山、隐蔽”的原则建设，有的还要进洞，要消灭工厂的一切特征。在整个三线建设中，基本上是按照“停（停止在沿海新建企业）、缩（缩小沿海工业比例）、搬（把沿海地区的工厂搬迁到三线地区）、分（分批）、帮（老工业基地帮助新工业基地建设）”五个步骤进行的。为的是要把三线地区建设成部门齐全、工农业配套发展、工农产品基本能自给的战略后方。

备战的指导思想，对国民经济计划的方针、任务以及建设重点的最终确定也都起了决定性的作用。在制定和执行“三五”计划（1966 年至 1970 年）、“四五”计划（1971 年至 1975 年）的过程中，这种情况表现很明显。“三五”计划是从1964年开始编制的。同年4月，国家计委草拟一个《第三个五年计划（1966—1970）的初步设想》，提交5月召开的中共中央工作会议讨论。这个初步设想将解决人民的吃、穿、用问题列为发展国民经济的第一位任务。1965年4月12日，针对美国侵越战争不断升级的趋势，中共中央发出了《关于加强备战工作的指示》，明确指出，美帝国主义在越南采取扩大侵略的步骤，直接侵犯越南，严重地威胁着中国的安全，全党、全军和全国人民在思想上和工作上要准备应对最严重的局面。要加强备战，并采取必要的措施。依据中共中央提出的“备战、备荒、为人民”的战略方针，1965年9月初，国家计委重新草拟了《关于第三个五年计划安排情况的汇报提纲》（简称《汇报提纲》），明确提出，“三五”计划必须立足于战争，从准备大打、早打出发，积极备战，把国防建设放在第一位，加快三线建设，集中力量尽快地把三线地区的基础工业和交通业建设起来，逐步改变工业布局；发展农业生产，相应地发展轻工业，逐步改善人民生活。与此相适应，《汇报提纲》把建设重点放在三线地区，指出，把三线建设成为初具规模的战略大后方是关系“三五”计划全局、关系国家安危的大问题，也是解决长远和当前备战任务的一个根本问题，在这个问题上如果不采取坚定的态度，就会犯方针性的错误。1965年10月召开的中共中央工作会议，同意“三五”计划的基本方针为：“以国防建设第一，加速‘三线’建设逐步改变工业布局。”由此，经济建设的中心从解决吃穿用转变为备战。经济建设中心的转变，使国家资金的使用方向也发生了重大变化。在国家预算内投资中，农业投资比重由18%降为14.1%，工业投资比重由47%提高到52.4%，其中国防工业投资比重由9%～9.5%提高到10.2%，交通运输投资比重由11.5%提高到15.6%。从投资规模看，计划安排三线地区的投资达360亿元，占总投资额的42.4%。从建设项目看，“三五”期间计划施工大中型项目1475个，三线地区占55.8%。从建设内容来看，三线地区的国防工业、原材料工业、机械制造业和铁路运输的投资，占该地区总投资的72%，结构显然不尽合理，不利于农、轻、重比例关系的协调发展。按照《汇报提纲》的要求，“三五”计划期间各主要经济指标基本上都完成了计划。其中，工农业总产值超额16.2%～14.1%完成了计划，农业总产值超额2.2%，工业总产值超额21.1%完成了计划。然而，尽管“三五”期间绝大部分经济指标完成了计划，但这是以资源的浪费、各项比例关系的严重失调和人民生活水平的下降为代价换取的。同时，盲目追求高速度、高积累为以后国民经济的发展设置了障碍。

“四五”计划是一个“以临战姿态，准备打仗”的计划。“四五”计划最早编制于1970年初。2月中旬，国家计委拟订了关于“四五”计划报告的草稿，并提交正在召开的1970年全国计划会议讨论。在此基础上，经过多次修改，形成《第四个五年国民经济计划纲要（草案）》。纲要草案规定“四五”计划的奋斗目标是：狠抓备战，集中力量建设大三线战略后方，建立不同水平、各有特点、大力协同的经济协作区，初步建成独立的、比较完整的工业体系和国民经济体系。“四五”计划突出的特点是：在把备战作为经济建设中心环节的同时，对经济发展速度要求过急，确定的主要经济指标偏高。如要求1975年粮食总产量达到6000亿～6500亿斤，比1970年预计增长了30%～40%；钢产量达到3500万～4000万吨，比1970年预计增长了106%～135%；工业总产值达到4000亿元，比1970年增长了82%。这种安排脱离了国家财力、物力的负担可能，而且当时正值“文化大革命”的混乱环境，因而这个计划指标是不可能实现的，在执行过程中不得不于1973年7月、10月和1974年底进行了三次修改。按照修改后的计划考核，工农业总产值完成计划的101.7%，国家预算内基建投资完成了计划的101.6%，财政收入没有完成计划。“四五”期间，大中型项目投产率只有25%，基本建设新增固定资产交付使用率只有61.4%，每百元生产性积累增加的国民收入只有21元。这些都是新中国成立以来比较低的水平。

在“四五”计划期间，根据国民经济发展状况和备战的要求，中共中央决定以大军区为依托，将全国划分为西南、西北、中原、华南、华东、华北、山东、闽赣、东北、新疆10个经济协作区。要在每个协作区内逐步建立各有特点、各自为战、大力协作的工业体系和国民经济体系，并强调大力开展各省、区的小三线建设。要求各省尽快做到粮食自给有余，改变南粮北调的局面；要求加快江南各省的煤炭开采，到1972年扭转北煤南运；还要求各省、区都要能生产一定数量的钢，建立大中小结合、星罗棋布的钢铁工业布局；轻工业也要做到各省、区基本自给。

总的看来，“三五”“四五”时期经济继续增长。在“文化大革命”期间，统计系统受到严重破坏，大量的单位为了证明“抓革命”的成就，夸大经济增长的数字。同时，职工工资事实上处于冻结状态。这一时期，全国消费水平是1949年以来增长最慢的。对消费水平的抑制，使得国民收入中用于积累的比重不断提高，这意味着过高的投入，与同时期的人口增长率相比，国民经济增长状况是不佳的。

（二）以三线为中心的经济建设过程

1. 三线建设的第一个高潮的形成。

1964年做出建设三线大后方的决策后，国务院内成立了一个“小计委”，全面负责三线建设的规划工作。下半年，国务院会同有关部门联合组织的国防工业、铁路、矿山等几支庞大的考察选场工作队，先后在西北、西南和中南地区踏勘，初步选定了一批厂址和线路，大体确立了三线建设的顺利展开，进一步健全三线建设的组织管理体制。1965年2月，中共中央和国务院做出《关于西南三线建设体制问题的决定》，其主要内容有：（1）凡是在一个地区建设的综合项目，都应该采取集中领导、各方协作的方法，以中央主管部门为主负责统一指挥、统一管理，有关各省、市、自治区和各部门协助进行。（2）西南的中央直属建设项目，建设的施工力量、技术力量、设备和材料，由各有关部门统一安排，并由国家经委督促检查执行情况；所需的地方建设材料、地方协作产品、粮食和副食品供应、临时工等其他问题，由有关省、市、自治区负责安排。(3) 决定成立西南三线建设委员会，加强对整个西南建设的领导。同月，中共中央批准了“以重庆为中心的兵器工业基地的建设”方案。于是，以西南为重点，拉开了三线建设的序幕。

在实际建设过程中，首先采取了由沿海企业包建，从干部、技术人员到工人，从基建、设备到生产出产品，一包到底的做法。以后又提出了“老基地带新基地、老厂矿带新厂矿、老工人带新工人”的“三老带三新”的建设方针。为了抢时间，加快建设速度，大力提倡所谓“边勘察、边设计、边施工”的办法。同时，全国上下齐动员，宣传和鼓励好人好马上三线，激发人民建设三线的热情。这几年毕业的大学生，大部分分配到三线企业，许多工人和技术人员放弃城市优越的生活和工作环境，投身位于深山荒野的三线工程：谱写下一曲曲动人的凯歌。国家进口的机器设备，只有一台的，放在三线；有两台的，沿海和三线平分秋色 。为了对付战争，三线的工业布局按大配套安排，从能源、原材料到机械、电子、化工、军工等都自成体系，沿海有一套，三线也有一套。

自 1964 年至 1968 年，三线建设的重点放在西南，先后开始了修筑贯通西南的川黔、成昆、贵昆、湘黔等几条重要铁路线。建设攀枝花、包头、酒泉等几个大钢铁基地，以及为国防服务的 10 个迁建、续建项目。在四川、贵州、甘肃等省建设了一批为国防服务的石油、机械、电力项目。通过这一阶段的建设，西南三线战略后方基地已粗具规模。据初步统计，这一时期内地建设投资实际达 611.15 亿元，占全国基本建设投资的 66.8%。其中，三线地区的投资为 482.43 亿元，占基本建设投资总额的 52.7%。由此，形成了三线建设的第一个高潮。“文化大革命”的爆发，打乱了三线以及整个国民经济建设的发展历程。1968 年 3 月 6 日，国务院国防工办、国家计委、国家建委在北京召开的全国小三线工作会议认为：由于发生武斗，破坏了生产建设，以致原定三年建设规划，要拖到 1969 年才能完成。

2. 国防工业的“大规划”以及三线建设第二个高潮建设的形成。

1969 年 3 月 2 日，苏联边防军入侵中国黑龙江省珍宝岛，制造了严重的流血事件。15 日，苏联又出动了大批装甲车，坦克车以及武装部队，再次入侵珍宝岛和该岛西侧的中国河道，进行武装挑衅。中国边防部队被迫奋起自卫反击。“珍宝岛事件”以后，苏联不仅在中国边境地区集结了更多的兵力，而且不断在中国新疆巴尔鲁克山西部、铁列克提等地区，制造新的流血事件，严重威胁了中国的安全。面对这样严峻的局势。中共中央认为，应该大力发展兵器工业，加快三线建设的步伐。1969 年 4

月，在中国共产党第九次全国代表大会以后，中共中央决定由部队管理国防工业，在军委办事组下，先后设立国防工业领导小组，常规兵器工业领导小组及其相应的办事机构。林彪集团利用手里的权力，盲目扩大军工生产，乱批项目，乱要投资，急于求成，想在全国范围内搞独立完整的大军工体系。同年 6 月，军委办事处按照林彪提出的“用打仗的观点，观察一切，检查一切，落实一切”的要求，提出了一个庞大的脱离实际的国防建设计划，即“大规划”。鼓吹要搞全国范围内“独立完整的国防工业体系”，“要比洋人还要洋”，并声称“什么比例不比例，打仗就是比例”。为了把“大规划”付诸实践，1969 年 11 月召开了各大军区司令员参加的会议。这次会议在讨论研究规划方案时，仅兵器工业就要求在三年内新建 93 个项目，总投资估算 120 亿元，新建工厂建筑面积 1300 万平方米，新增职工约 90 万人，并且确定 1970 年“大规划”要全面铺开，形成全军、全民大办国防工业的局面。由于盲目扩大国防军工生产，1969 年的国防费比 1968 年猛增了 34%；1970 年、1971 年又分别递增了 15%和 17%，形成了由国防工业带动的整个三线建设的第二个高潮。由于国防工业的高指标，全国各地乱铺摊子，重复建设，造成极大的损失浪费。据不完全统计仅兵器工业从 1970 年到 1980 年，工程和器材损失报废达 2.26 亿元，加上停建缓建项目维持费 2.6 亿元，二者共计 4.86 亿元，相当于建设一个规模以千辆计的坦克车厂的资金。

这一时期，全国三线建设的重点，在继续建设西南的同时，逐步向湘西、鄂西、豫西转移。同时，为了建设小三线实现各地区经济与军事工业的自成体系和自给自足，突出强调了要大力发展地方的“五小”工业。1970 年 2 月，全国计划会议要求，各省、市、自治区都要建立自己的小煤矿。小钢铁厂、小化肥厂、小电站、小水泥和机械厂（以上不包括小水电，其他五项简称“五小”工业)。同时，国家还相应采取了一些政策性措施，支持“五小”工业的发展，如规定新建的县办“五小”工业，在两三年内所得利润的 60%留给县财政，继续用于发展“五小”工业；对于亏损的“五小”工业，经省、自治区、直辖市批准，可以由财政给予补贴。各地方对于“五小”工业也表现出了很高的热情。1970 年地方财政预算外资金用于发展“五小”工业的投资100万元，到1973年增加到1.48亿元，1975年又增加到2.97亿元。1970年，全国有约300个县、市办起了小钢铁厂，有20多个省、自治区、直辖市建起了手扶拖拉机厂，小型动力机械厂有90%左右的县建立了农机修理厂。到1975年，“五小”工业的钢、原煤、水泥年产量，分别占全国总产量的6.8%、37.1%、58.8%。“五小”工业的发展，对国民经济建设起到了一定的积极作用。但是，由于在指导思想上追求建立“小而全”的地方工业体系，许多地方重复建设、重复生产，造成经济布局的不合理，为地方经济的发展留下了严重的后遗症。

极左思潮给三线建设以重大影响，这特别表现在所谓的“政治建厂”上。1970年1月下旬，国家建委和有关部门联合在湖北省襄樊市召开全国基本建设现场会，主要内容是学习和推广属于大三线的第二汽车制造厂、江山制造厂和焦枝铁路的经验，即走“政治建厂”的经验；发动贫下中农参加基本建设，大打人民战争的经验；边建设、边施工安装、边生产，先生产后生活、先厂房后宿舍的经验；发扬“干打垒”精神，节约建筑材料的经验等等。这些经验，有的违背客观经济规律，有的不按基建程序办事，不仅给三线建设，而且给全国范围内的基本建设造成了严重的危害。

3. 对三线建设的调整。

1971年9月，林彪叛逃出国的“九一三”事件发生后，周恩来针对当时经济工作，特别是三线建设中出现的盲目性和急于求成等问题，着手对国民经济调整。调整的主要内容有：纠正经济工作中“左”的表现，修改“四五”计划纲要草案，努力压缩基本建设规模等。

1971年以后，中国在对外关系上取得了一系列的新的进展。战争暂时还不会爆发。因此，改变了“临战的姿态”，缓和了“狠抓备战”，注意了备战与各项经济的比例关系。例如，把“狠抓军工”改变为“继续加强军工”；把从备战角度强调发展农业改变为从农轻重比例角度发展农业；把沿海支援内地作为“主要任务”改变为“重要任务”。这些变化说明，以备战为基点的经济建设指导思想开始发生转变，从而为国民经济各项比例关系的进一步调整创造了一定的条件。

其次，沿海地区的经济发展受到重视。从 1970 年的国防建设“大规划”开始，国家连续三年用于三线地区的投资超过全国总投资额的 50%，并集中了全国最强的技术力量、施工力量和先进技术，使三线地区的生产能力得到迅速提高。但是，投资过于集中，也给整个经济发展带来了严重问题。由于施工难度大，而三线地区经济基础比较落后，造成大量施工队伍和物资积压；由于配套设施跟不上，使许多企业不能开工或开工不足；沿海地区由于资金、设备、技术力量不足，原有的经济优势难以得到发挥。这种状况如不改变，必将进一步阻碍整个经济建设的发展。由于经济建设指导思想发生变化，国家在这一时期对国民经济的整体以及三线建设提出了新的要求，把三线建设的大部分精力转向建成企业的配套设施和生产组织上来，以求尽快发挥其效益。同时，把“充分发挥沿海工业的生产潜力，并且适当发展”摆在与三线建设同等重要的地位。1973 年，对沿海地区和三线地区的投资比重已大体持平。1974 年至 1975 年对沿海地区的投资则大大超过了三线地区。从此时起，历时 10 年的大规模三线建设开始走上了一条漫长的调整、改造、配套、挖潜之路。

（三）三线建设对国民经济的发展的影响

1. 三线建设的成果和作用。

三线建设是在工业基础薄弱、交通很不便利的地区进行的。国家先后投入三线地区建设资金近 2000 亿元，形成工业固定资产原值 1400 亿元，建成全民所有制企业 29000 个，其中大中型骨干企业和科研单位近 2000 个，均占全国的 1/3。整个三线建设倾注了全国人民的心血，取得了一定的成绩。

其一，从宏观上调整了工业布局，使沿海与内地间的畸形状况有所改变。三线地区已形成重大产品专业生产、科研基地 45 个，各具特色的新型工业城市 30 个，初步建成了一个以重工业为主体的、门类比较齐全的战略后方基地。这个战略后方集中了国防工业、电子工业和机械工业的相当大一部分生产能力。

其二，西南等地区的交通状况有了初步改善。三线建设期间，先后修通了川黔、贵昆、成昆、湘黔、襄渝、焦枝、阳安等 7 条铁路干线，全长达 4928 千米，新增运力约 8000 万吨。公路通车里程增加到 37 万千米，路面质量大为改观。

其三，带动了三线地区工农业生产的发展，促进了商业、文化、教育和卫生事业的繁荣，一些偏僻山区和少数民族地区的面貌有了很大的改观。四川、贵州、云南、陕西、甘肃、河南的工农业总产值，1964 年为 309 亿元，1985 年上升到 2154 亿元，21 年间增长了近 6 倍。三线建设促进了内地能源资源的开发。三线地区矿产资源种类多，储量丰富，资源的开发分布相对集中，煤炭储量占全国的 1/4，铁矿、铜矿储量约占全国的 1/3，钒、钛、锰、铝、锌、锑、钨、磷的储量在全国都占有重要地位。三线建设期间新建和扩建了 20 多个黑色、有色金属大中型企业。1985 年，三线地区的钢产量已占到全国的 30%，有色金属的产量占全国的一半多。

其四，三线企业建设得比较晚，设备比较新，又由于国防工业属技术密集型，工程技术人员与工人的比例，相当于沿海地区工人企业的 3～4 倍。对于三线地区雄厚的技术力量和设备，人们形象地称之为“深山藏虎”。三线建设对于经济的发展和国防的巩固有一定的积极作用。

2. 三线建设存在的问题。

三线建设基本上是在“文化大革命”期间进行的。由于受到林彪、江青集团的干扰破坏，加之“左”的指导思想影响和缺乏经验，以及对战争的危险性看得过于严重，造成三线建设中存在一些严重问题。

首先，建设规模过大，战线拉得太长，要求过急，仓促上马，不按基建程序办事，一些建设项目未经周密勘探就盲目定点，没有搞好总体设计就全面施工；片面追求速度，忽视施工质量，辅助和配套设施没有建成就凑合投产。不仅造成了许多返工浪费，而且把一些工厂建在断裂层、滑坡带、山洪口或缺水区，遗留一些以后不好解决的工程建设问题。

其次，片面强调“山、散、洞”，致使微观的生产布局不合理。少数企业钻山太深，布局过散，把一个工厂、一个基地建在几个县内，纵横上百千米，拉大了车间的距离，割裂了合理的生产流程，给生产的组织管理带来了许多困难。

其三，由于企业远离城镇，信息不灵，协作不便，必然会导致技术逐步落后，成本增大，缺乏竞争力。

其四，片面强调生产，忽视生活福利。职工住房简陋，子女生活、住房困难，文化生活贫乏，医疗条件很差，严重影响职工队伍的稳定。

除三线建设本身的问题外，三线建设对整个国民经济的发展也有消极影响的一面。如片面强调各地区建立独立的经济体系，没有注意发挥各自的资源优势；把大量资金、技术投到多年以后才能见效的新基地的开发上，忽视沿海老基地扩大再生产所需要的物力、财力，影响老基地充分利用和合理发展，到头来也是内地建设所需的资金和物力得不到充分供应；过分突出国防工业，挤了农业、轻工业的发展。

十多年的三线建设留下了重要的经验教训。其中主要的是：只有正确估计形势，才能制定出正确的经济发展战略；在执行经济发展战略的过程中，必须量力而行，全盘规划，兼顾国民经济各部门、各地区间的协调发展，充分利用和发挥各自的资源优势；在改变生产力布局的过程中，要按照客观经济规律办事，不能操之过急；在国防建设中，要正确处理好其特殊规律与一般规律的相互关系；在社会主义建设中，要调动广大群众的积极性，发挥职工主人翁的作用，但同时也应该主动、充分地关心群众生活，改善与职工利益密切相关的物质待遇。

三、“文化大革命”时期农村经济状况

（一）农业生产

1. 农业生产条件的改善。

“文化大革命”期间，紧张的政治氛围使广大农民的生产热情受到压抑。就广义概念的农业来说，生产是停滞不前，少数种植业虽然有所发

展，但这种打破整个农业生产平衡、脱离整个国民经济多种需要的单向不平衡发展，造成整个国民经济大系统和农业子系统的巨大内耗。但不管怎么说，农民在这十年中付出了辛勤的劳动，还是使农业生产条件有所改善，主要表现在农田水利基本建设的发展，购买的农业机械增多，农业科学技术的推广和广泛施化肥、农药等方面。

“文化大革命”时期，在原有水利设施的基础上，又新建和续建了一大批工程。如子牙河工程、江都水利枢纽工程、丹江渠道主体工程，修治了新汴河，治理沱河、湖南欧阳海灌渠、新沂河、红卫河、苏北灌溉总渠等。1976 年淮河流域的农田灌溉面积达 1 亿亩，比 1965 年扩大了 1 倍。1975 年全流域粮食产量比 1965 年增长了 70%，农田水利基本建设的经济效益较为显著。在没有河湖的地区，打机井提取地下水来灌溉农田。据 1972 年 5 月的统计，河北、河南、山东、山西、陕西、甘肃、黑龙江、吉林、辽宁、安徽、北京、天津等省市，1966 年到 1971 年新建的机井，相当于“文化大革命”前十多年机井建设总数的 3 倍。其中，河北、河南、山东三省新建机井 40 多万眼，相当于“文化大革命”前的 5 倍，利用机井灌溉的面积占总灌溉面积的一半。大量水利工程的兴建，加上农业排灌机的使用，全国农田灌溉面积由 1965 年的 49582 万亩，增加到 1975 年的 64925 万亩，增长了 31%。同期，有效灌溉面积占总耕地面积的比重，由 31.9%上升到 43.4%。农田水利工程的兴建，改善了耕地质量。到 1975 年为止，全国耕地中的盐碱地已有一半以上改造为良田。但是，有些地方脱离实际，花费了大量的人力、物力和财力搞一些“花架子”工程，劳民伤财，效益较低。有些地方只修建主体工程，田间灌溉系统不能配套。有些水库、河、渠因管理不善和未加整治而被淤塞或报废，使工程效益大大降低。

1966 年 2 月，毛泽东对中共湖北省委《关于逐步实现农业机械化的设想》作了批示。3 月，又就这一问题给中共中央写了一封信。他指出，要充分发挥地方的积极性，逐步实现农业机械化。此后，各级政府重视农业机械化问题，到 1972 年，全国已有 96%的县建立了农机修造厂，农业机械生产量大幅度增长。在国家的扶植下，许多公社、生产大队、生产队购置了农业机械。从功率来看，全国农村农业机械总动力的拥有量，1977 年比 1965 年增长了 9 倍多。农业机械的广泛使用，无疑能减轻农民的劳动强度、提高农业生产效率。存在的问题是：不少的地方不顾当地的实际情况，盲目行事，生产的农机具不配套、不适用，不能充分发挥农业机械的效率。从全国来看，1978 年与 1965 年相比，农业机械总动力增长了 969.3%，而机耕面积只增长了 161%，机电灌溉面积增长了 207.6%。许多生产队使用机器后，未能及时给多余的劳动力找到出路，致使生产队开支增加，收入减少，经济效益反而因使用了高效率的农业机械而降低。

“文化大革命”时期，农业科学技术的研究和应用虽受到很大阻力，但广大农业科学工作者在极为困难的环境里，做出了不少成绩。1968 年，中国已经找到了解决国内外农业生产上长期以来被认为是难以解决的马铃薯退化问题的途径，育出小麦杂交后代“红旗一号”。1970 年浙江省带头普遍推广“小苗带土移栽”新技术，提高了粮食单产。1972 年，中国科学院与湖南农业科学院共同研制成杂交水稻良种。1976 年，我国培育出的由小麦和黑麦人工综合而成的一个异源八倍体小黑麦通过试点，为瘠薄干旱的高寒地区发展细粮生产开辟了新途径。良种研究成果的推广较为迅速，据 1974 年的统计，水稻良种已占全国水稻播种面积的 80%左右，小麦良种也占到小麦播种面积的 80%以上。选用这些丰产性能好、抗锈病、抗倒伏能力强的水稻、小麦良种，加上栽培技术的改进，打破传统的稻麦种植界限，稻麦两熟制已经由大江南北扩展到长城内外。这一时期，杂交高粱、杂交玉米等新品种的研究和推广工作也迅速展开。

1966 年以后，国内生产的与进口的农用化肥和农药有较大的增长。1976 年与 1966 年相比，农用化肥和化学农药的产量分别增长了 117.7%和 49.2%。农用化肥产量的增长，逐步改变了种植业的施肥结构，每公顷耕地的化肥施用量从 1965 年的 18.7 公斤增加到 1978 年的 88.9 公斤。高效化肥的施用，使作物的生长周期缩短，化学农药的普及，使作物的抗病虫害能力显著增强。

在贯彻“以粮为纲”方针的情况下，发展农业生产大多放在增加粮食产量上。1966年，全国粮食产量为21400万吨、棉花为233.7万吨、油料为386.4万吨。1976年这三项的产量分别为28631万吨、205.5万吨和400.8万吨。除了粮食产量增长较快（增长幅度为33.8%）外，油料产量增长很慢，棉花产量下降了12%。

2. 农村社队企业和国营农垦企业的发展状况。

农村社队企业最初产生于1958年。三年困难时期下马后，一直没有得到恢复，20世纪70年代后社队企业才逐步得到恢复和发展。1971年，队办企业产值为38.8亿元，到1976年已经达到119.6亿元。通过社队企业来安置农业剩余劳动力，以工补农，为解决农业机械化和农业现代化的资金问题提供了一条可行的道路。但是，“文化大革命”时期限制商品生产和商品交换，搞“一平二调”，社队企业不能放开手脚去生产市场适销对路的商品，生产潜力远未得到充分地发挥。

国营农垦企业，由于接受城市下放的知识青年和部分居民而得到发展。1976年同1966年相比，粮食产量增长了49%，耕地面积增长了28.4%，职工人数增长了75.4%，农业总产值增长了119.5%。国营农垦企业的农业生产也是以片面发展粮食生产为主的，其他作物增长缓慢，或有所下降，如棉花产量，1976年比1966年下降了11%。就经济效益来看，这一时期是农垦企业建立以来搞得最差的时期。1966～1976年的十一年中，国家共向农垦企业投资46.6亿元，除了1966年略有盈利外，其余十年，年年亏损，亏损额共计32亿元。这个时期形成的问题，决定了以后几年不可能不继续亏损。据1978年的统计，全国农垦企业的产值利润率为－1.09%，累计固定资产投资产值率为52.3%，销售收入利润率为－1.23%，粮食商品率为30.48%，这些指标分别比1965年下降125.9%、15.3%、124.7%和11.9%。

3. 对农业生产发展的基本估计。

“文化大革命”时期，农业生产增长速度比（除“二五”时期以外）其他各计划时期都要低。有些年份还出现了负增长。这可以通过以下统计资料反映出来（见表6-1和表6-2）：

表 6-1 各时期农业生产增长速度比较 单位:%

时期	“一五”时期	“二五”时期	三年调整时期	“三五”时期	“四五”时期	“五五”时期
发展水平	124.8	80	137.2	121.3	121.5	128.2
年均增长速度	4.5	－4.3	11.1	3.9	4.0	5.1

资料来源:《中国统计年鉴(1983)》,中国统计出版社1983年版,第149页资料计算。

表 6-2 1967—1976 年农业总产值增减变化情况 单位:%

年份	1967年	1968年	1969年	1970年	1971年	1972年	1973年	1974年	1975年	1976年
农业总产值与上年相比	＋1.6	－2.5	＋1.1	＋11.5	＋3.1	－0.2	＋8.4	＋4.2	＋4.6	＋2.5

资料来源:根据《中国统计年鉴(1983)》,中国统计出版社1983年版,第149页资料计算。

在这个时期,农业生产仍能取得某些进展的原因主要是:(1)通过新中国成立以来十七年经济建设的实践,已经比较清醒地认识到,在我们这样一个经济不发达的农业大国里,不以农业为本,就无法支撑起一个稳固的国民经济框架。加上20世纪60年代初,三年经济生活严重困难的教训,国家对农业更加重视。尽管这一时期受“左”的思想的干扰,在经济建设的实践中对农、轻、重的比例关系处理得不太好,但始终没有对农业撒手不管。即便是1967~1968年武斗、“夺权”运动闹得最凶的时期,中共中央也一再发布指示,不准以运动冲击农业生产,几乎年年都强调要不误农时,“打响春耕第一炮”,号召各个行业支援春耕、夏收、秋收。(2)国家还采取一系列保护农业稳定发展的优惠政策。如,降低农业生产资料、农药的零售价格,同时提高农副产品、土特产的收购价格;对受灾地区减免农业税;实行增产不增税,稳定社队负担,使社队能够把增产的部分生产物用作再生产。(3)国家拿出大量的资金和物资支援农业的发展。1966年财政支农资金是54.1亿元,1976年增加到110.5元,增加了104.3%。农业贷款增加近3.5倍。许多地方农业贷款长期收不回来,后来国家统一供销,这些农业贷款变成国家对农业的无偿贷款。这一时期，工业向农业提供的农业资料大幅度增长。1975 年与 1965 年相比，农用钢材增长了 202.2%，农业用电量增加了 393.5%，农用水泥增长了 537.9%，农业化肥和化学农药 1976 年比 1966 年分别增长了 117.7%和 49.2%。加上农用机械的大量生产、国家投资兴修农用水利工程等，提高了农业生产的装备水平，增强了农业生产抵御自然灾害的能力，提高了农业生产效率。（4）农业生产的主要力量是集体所有制经济单位的成员，他们是自负盈亏，只有发展生产才能解决自己吃饭问题的劳动者。这是集体所有制经济形式内部的自组织功能。（5）“文化大革命”时期人口和劳动力迅速增加。人口压力以及决策上的“以粮为纲”，使这个时期的农业生产结构基本上是两个约等式，农业≈种植业，种植业≈粮食生产。过剩的农业劳动力既不能大规模地转移到搞经济作物，转移到林、牧、渔业，转移到社队工副业上去，又不能自由流入城市。这使单位耕地负载的劳动力不断增加，平均每亩种植粮食作物的耕地上所投入的劳动力人数，1956 年为 0.09 人、1966 年 0.13 人、1976 年为 0.16 人。这种通过增加劳动集约度，对土地进行精耕细作，也是农业生产，特别是粮食生产增长的一个因素。当然，农民的辛勤劳动和分配中积累比重大，使劳动积累和资金积累增加，这是农业发展的根本原因。这十年气候条件较好，也是不应忽视的一个因素。

如果从经济意义上进行分析，这一时期的农业生产发展状况，无论是同其他历史时期相比，还是同农业生产水平较高的国家相比，都是很差的（参见表 6-3）。

表 6-3　各时期农业生产经济效益比较

农业生产经济效益	“一五”时期	“二五”时期	1963～1965 年三年调整时期	“文化大革命”时期
每个农业劳动力负担的耕地面积（亩）	11.65	10.57	9.36	7.89
每个农业劳动力养活的人口数（人）	3.15	3.22	3.10	3.01

资料来源：根据《中国统计年鉴（1983）》，中国统计出版社 1983 年版，第 103、120、154 页资料汇编。

农业生产经济效益的下降，不仅影响了农业扩大再生产的正常运行，也使农民生活长期得不到应有的改善。

（二）农民生活状况

农民的收入分配状况。把家庭副业、自留地、集市贸易当作“资本主义尾巴”来割的做法，堵塞了农民利用闲暇开展多种家庭经营，以自己的力量勤劳致富的门路，社员的收入基本上靠生产队的分配。生产队的生产完全听从上级的指挥，上级领导叫生产什么就生产什么，叫何时下种就何时下种，没有生产经营的自主权，不能因地因时制宜去种植收益最大的作物。在“以粮为纲”的方针制约下，一切都要给粮食生产让道，在不适宜种植粮食作物的地区或地块上强行种植，农业生产效益很差。加上积累比例大，分配给社员的不可能多。据统计，1965 年社员人均集体分配收入是 52.3 元（其中现金 14.5 元），1976 年为 62.8 元（其中现金 12 元），平均每年只增加 0.95 元，而且现金分配还下降了 17.2%。当然，社员人均集体分配收入的减少与该期内农业人口的迅速增长有关。1966～1976 年，全国农业人口从 61229 万人增加到 77376 万人，增长了 26.4%。这种增长速度大大地抵消了农业生产发展本应给每个社员带来的物质利益的增加。

农民的消费状况。农业生产经济效益的下降，使得农民从生产队分得的作为消费资料的产品和用现金购买到的基本消费品的数量，几乎没有什么增加，甚至还出现负增长。1976 年与 1966 年相比，全国农村居民人均粮食、食用植物油、猪肉和各种布料的消费量，分别增长－2.07%、－7.94%、3.47%和 16.88%。1967 年至 1976 年，农村居民人均购买消费品的支出，平均每年只增加 1.32 元。问题在于每年增长的这么一点购买力，还常买不到适用的消费品，社员只有将钱存入信用合作社和银行，所以社员个人储蓄，1976 年比 1966 年增长 152.7%。农民在吃、穿、用、住方面基本上没有什么改善。同一时期，农村居民人均生活用煤的消费量下降 12.4%。在秸秆不够的情况下，要解决燃料的问题，只得伐木掘草，以解燃眉之急，生态平衡进一步被破坏。

农村文化、教育、卫生状况。农村的文化，教育和卫生状况，在“文化大革命”时期也没有得到应有的改善。1976 年与 1966 年相比，农村小学、中学学生人数都有显著的增长，但学校的教学质量却严重下降。学制缩短了，师生花大量的时间参加政治活动与生产活动。一批有教学经验的教师挨批挨斗，或回家劳动，师资水平下降。不少学龄儿童和青少年由于家庭经济条件差，入不了学，农村的文盲率有所回升。农村文化活动单调，民间文艺社团有的被取消，有的被强迫去学样板戏或移植样板戏。仅有的几部“有教育意义”的影片来回重复放映，传统的灯会等活动遭到禁止。由于物质生活改善缓慢，或某些方面的恶化，不少地方农民的精神文明程度退化，新中国成立后逐渐减少的买卖婚姻、包办婚姻又死灰复燃。在医疗卫生方面，自 1966 年 6 月 26 日毛泽东发出“把医疗卫生工作的重点放到农村去”的指示后，农村的合作医疗事业有了长足的发展。到 1976 年止，全国有 90%以上的大队实行了合作医疗制度，5 万多个人民公社基本上社社有卫生院。农村赤脚医生数已达到 180 万人，平均每万农业人口中有 23 个赤脚医生，加上卫生员、接生员，农村共有 600 万左右的初级卫生保健人员。农村卫生机构每万人拥有的床位数，由 1965 年的 5.10 张增加到 1975 年的 12.30 张。由于赤脚医生没有经过正规的专业训练，接生员、卫生员更是如此，加上农村医疗机构的药品不齐，医疗器械简陋，大多只能处理常见的简单疾病。而且，农民收入低微，虽然合作医疗收费极少或不收费，药品几次降价，多数农民还是无钱医病。

四、“文化大革命”时期经济体制的变动

（一）生产领域的体制变动

生产领域体制的变动，主要体现在工业、农业和基本建设管理体制

的变更上。农业体制的变动已经在前一章中分析。在工业中，继1958年第一次管理体制改革后，20世纪60年代初开始酝酿第二次改革。1966年3月，毛泽东在给刘少奇的一封信中说：“一切统一于中央，卡得死死的，不是好办法。”① 由于“文化大革命”的发动，推迟了改革的行动。经过1967年、1968年最混乱的两年后，政治经济局面稍有平稳，工业管理体制的计划便又被推上台来。1969年2月至3月召开的全国计划会议，提出了企业管理体制要以“块块”（即地方）管理为主，中央直属企业可以分为地方管理、中央管理和双重管理三种形式。1970年3月5日，国务院拟定《关于工业交通各部直属企业下放地方管理的通知》。随后，一场以下放企业为中心的工业管理体制改革便在全国范围内开展起来。在这次下放中，鞍山钢铁公司、武汉钢铁公司、包头钢铁公司、第一汽车制造厂、第二汽车制造厂、洛阳拖拉机厂、大庆油田、开滦煤矿、吉林化学工业公司等许多关系国民经济全局的重点企业都被下放。中央部属企业，1965年有10533个，1970年下放后只剩下142个；其产值占全民所有制工业总产值的比重，由46.9%下降到8%。一些大型国营企业下放后地方管不了，不得不仍由中央各部代管，生产计划和物资供应仍然“条条”纵向下达，地方主要管劳动和资金。这样，造成中央、地方多头、多层管理，人权、财权、物权、计划权彼此脱节。组织工作跟不上，协作关系受到破坏。过急过猛下放企业，没有给企业带来活力，反使经济效益下滑。按1980年不变价格计算，1970年全民所有制工业企业全员劳动生产率比1965年增长了13.2%，1976年却比1970年下降了9.8%。1976年全国工业企业资金利润率只及1965年的一半，亏损企业达1/3，亏损额达73亿元。

在基本建设方面，1970年拟定《第四个五年计划纲要（草案）》时，为支持地方发展“五小”工业，提出了试行基本建设投资大包干，即由地方负责包干建设国家规定的任务，为了扩大地方的投资权限，把基本

① 毛泽东：《关于农业机械化问题的一封信》，《毛泽东文集》第8卷，人民出版社1999年版，第427—428页。

折旧基金下放给地方用于设备更新、技术改造和综合利用。1976年这部分基金达到100亿元，但实际上有1/3被挪用于盲目上马的基本建设。后来，在1976年，国务院安排80亿元专项资金由各省、市、自治区在今后五年内统一掌握、重点使用。最后，又在1974年进一步规定按“四三三”的比例分配投资，即40%由中央主管部门直接安排，30%由中央各部门与地方协商安排，30%由地方统筹安排。这样，由地方安排的投资占预算内投资的比重，由1969年的14%提高到1975年的27%左右。由于缺乏正确的行业规划和强有力的计划指导，全国近300个县办起了小钢铁厂，有90%以上的县建立了县农机修造厂。在这些地方工业中，大多数带有盲目性的重复建设，造成了浪费。

（二）流通领域的体制变动

流通领域的体制变动主要反映在商业和物资管理体制的变动上。“文化大革命”初期，许多地方再次大力削减合作商店，保留下来的也是比照国营商店的办法来管理。集市贸易经常处于不合法的状态，到1976年则几乎全部被关闭。商业部门再次实行企业下放，政企合一。1970年6月，商业部、粮食部、全国供销合作总社、中央工商行政管理部门相应地撤销了省级专业公司，由各级商业行政部门直接处理各项经济事务。与此同时，商业企业层层下放。商业体制的这种变动是1958年那次体制变动的放大，危害也比那次体制变动更大些。合作商店和集市贸易实际上被取缔，流通渠道单一化。各级专业公司、批发站的下放，使每个专区有无必要都设一个归同级商业部门管理的专业公司和二级站，造成机构重叠、冗员增加。而且按行政区划组织商业流通，统一的市场被分割，中央必要的集中统一领导被削弱，专业公司业务指挥系统中断，商品调拨不灵，经营管理混乱，浪费现象严重。

“文化大革命”时期，物资管理体制主要有如下变动：1970年撤销物资管理部，把统配物资的平衡工作交给国家计委管理；统配金属材料、机电设备、化工材料、建筑材料、木材的销售管理工作和5个专业公司及将其一级站划给有关工业部门；各省、市、自治区的物资局相继被撤销；1971年起，对部分重要物资实行“地区平衡、差额调拨”试点。因生产计划由中央掌握和物资由地方掌握的矛盾难以协调，这种办法未能推广。1972年，大量物资管理权下放，统配和部管物资由1966年的579种减少为217种，削弱了对物资的统筹安排和综合平衡，致使很多物资处于无人管理的无政府状态。问题出现后，周恩来主抓物资整顿工作。到1973年，统配、部管物资回升到617种。1975年，邓小平整顿经济工作时，加强物资集中统一管理，认真解决物资分散、积压、浪费问题。同年11月，重建国家物资总局，原有的169个物资专业公司中有134个先后恢复由物资部门领导，但接踵而来的“反右倾翻案风”运动又使正在着手解决的问题被搁置下来。

（三）分配领域的体制变动

分配领域的体制变动主要体现在财政、信贷、工资管理体制的变动上。“文化大革命”时期，财政体制变动频繁。1968年，由于生产停滞，有的省、自治区的财政收入竟不能保证正常的经费开支。为了保证地方的必要的支出，暂时实行了收入全部上缴，支出全部由中央分配的办法。1971年至1973年，在经济体制“大下放”“大包干”的情况下，财政实行了收支包干的体制，即地方收支指标核定后，收大于支的，包干上缴中央财政，支大于收的，由中央按差额包干补助。1974年至1975年，实行“收入按固定比例留成（即地方从所负责组织中按一定比例提取地方机动财力），超收另定分成比例，支出按指标包干”的体制。1976年实行“收支挂钩，总额分成”的体制。即把地方负责的总收入同地方财政总支出挂钩，以地方财政总支出占地方总收入的比例，作为地方总额分成比例，地方按此比例分得财政收入。这是1959年实行过的办法。财政体制的频繁变动，基本上是为解决临时困难而为之。在批判“利润挂帅”时，企业在发展生产的基础上增加盈利，同时也增加财政收入的做法遭到批判。企业的奖金制度也同时被批判掉了，改为按工资总额11%的比例从成本中提取职工福利基金，平均主义进一步得到发展。在工商税制上，为简化税制合并了许多税种，减少了税率档次，使税收的经济杠杆作用削弱。在批判“条条专政”之后，又盲目下放企业、下放财权，不仅未调动企业增产节支的积极性，反而造成中央财政财源枯竭、财力分散。中央直接掌握的财力只占到全国财政收入总额的百分之十几，而分散在地方的财力多被用作盲目扩大基本建设，致使不少地方连简单再生产都难以维持，造成生产下降，财政收入减少的恶性循环。

“文化大革命”时期，否定商品、货币在社会主义制度下的积极作用，银行信贷管理体制遭到破坏。1969年10月，中国人民银行总行并入财政部，成为财政部所属的二级机构。这是“文化大革命”时期经济体制的特殊处之一。对过去银行工作中许多正确做法的错误批判，给银行工作造成了极大的混乱。信贷计划管理遭到严重的削弱和破坏，信贷收支不能平衡，货币发行很不正常，1966年至1969年连年增加货币发行。贷款经济效益很差，在上述四年中，国营企业定额流动资金增长了40.6%，银行贷款增长了46.5%，工农业总产值增长了25.8%，国民收入增长了21.1%，财政收入仅增长了11.3%。针对1971年职工人数，1972年召开了全国银行工作会议。这次会议重申了银行工作在社会主义历史阶段的重要作用，强调银行工作必须有一定程度的集中统一，重新制定了《信贷、现金计划管理办法》，实行了“统一计划，分级管理”的管理体制。这对恢复被破坏的信贷计划管理，加强银行工作，促进经济发展，起到了一定作用。1975年，财政部起草了《关于整顿财政金融的几个问题》的文件，重新提出“统一领导，分级管理”的原则，但此文尚未颁发就被“四人帮”当作“批邓、反击右倾翻案风”运动的反面教材予以批判，使刚有好转势头的信贷管理体制又趋于混乱。“文化大革命”时期还简化了利率种类、下调利率水平，利率不能有效地成为调节资金运动的经济杠杆。

在劳动工资制度方面，也由于盲目下放，造成了不良的后果。1971年11月30日，国务院发出通知，决定改革全国全民所有制企业、事业单位的临时工、轮换工制度、根据这个决定，全国临时工、轮换工900多万人（其中，从事常年性生产的约650万人，从事临时性、季节性生产的人约250万人）中的大多数转为固定工，使临时工在职工总数中的比重，由12％～14％降为6％，使固定工几乎成为单一的用工制度，不利于企业效益的提高，增加了国家安排就业的压力。在1970年至1971年间，将增加临时工的权力下放给各省、自治区、直辖市，有的省、自治区、直辖市又进一步下放给专区、省辖市。各地从农村大量招收职工，加上临时工、合同工快批转正，造成职工人数和工资总额突破国民经济计划的控制限额。1970年至1972年，全国全民所有制企业职工增加1200万人，是新中国成立以来第二个职工人数增加数量与速度最快的时期，中央不得不于1972年收回下放的权力。“文化大革命”中，劳动工资制度也是僵化的，正常的工资晋升制度废止，十年间仅在1971年对职工调过一次工资，调资面只有28％。对一些行业、部门和工种行之有效的计件工资制被取消。1969年取消按计划完成情况提取奖金的制度，改为按职工标准工资总额的一定比例提取职工福利基金，把企业综合奖改为附加工资，固定发放。这些都使按劳分配的形式单一化，平均主义进一步发展，严重挫伤了广大干部、职工的积极性。

“文化大革命”时期发生的以盲目下放权力为中心，以简化税收、信贷、劳动工资制度为重要内容的体制变动，是以追求高指标，建成自给自足、自成体系的协作区为指导思想的。在步骤上是一哄而起、仓促行事，缺乏必要的论证、试验与其他准备工作，又是在不正常的经济、政治环境下进行的，改革仍是在中央和地方管理权限的分配上兜圈子。盲目下放权力的结果使国家宏观失控，简化税收、信贷、劳动工资制度又使经济杠杆对经济的调节作用更加削弱，形成了既僵化又散乱的经济管理体制的模式。这种经济体制的基本特征，是以指令性计划为主，以行政手段为主，排斥商品货币关系。与这种经济体制相适应的，是以党代政、以政代企、权力过分集中的“一元化”领导的政治体制。

五、“文化大革命”时期经济建设的经验教训

（一）经济建设的主要成就

粮食生产稳定增长。1966 年，我国粮食产量为 4280 亿斤，1976 年为 5726.1 亿斤，1976 年比 1966 年增长了 33.8%，平均每年增长近 3%。人均粮食产量 1966 年 582 斤，1976 年为 615 斤，1976 年比 1966 年增长了 5.7%。就平均每年的人均粮食产量而言，1967 年至 1976 年为 583.6 斤，比“一五”时期的 596 还低了 12.4 斤。

兴建了一批大型企业，引进了一些先进的技术和设备。建成的和在建的大型企业有：年产 5000 万吨原油的大庆油田，山东胜利油田，天津大港油田；贵州六盘水，四川宝顶山、芙蓉山，山东六州等大型煤矿；甘肃刘家峡，湖北丹江口、葛洲坝等大中型水电站；四川攀枝花钢铁厂，甘肃酒泉钢铁厂，成都无缝钢管厂，贵州铝厂等冶金企业；湖北第二汽车制造厂，四川德阳第二重型机械厂，陕西富平压延厂，四川大足汽车厂，等等。自“文化大革命”开始到 20 世纪 70 年代初，引进工作完全处于停顿状态。1973 年初，先后从日本、美国、联邦德国、法国、意大利、瑞士、荷兰等国引进了 13 套大型化肥装置，形成了年产 357 万吨合成氨和 580 万吨尿素的生产能力。武钢引进的“一米七”轧机，建成投产后可能形成热轧 300 万吨钢板，冷轧 100 万吨钢板，7 万吨硅钢片能力的大型自动化生产线。还有 4 套大化纤，3 套石油化工，1 个烷基苯厂，43 套综合采煤机组，3 个大电站，以及透平压缩机、燃气轮机、工业汽轮机制造工厂和斯贝发动机等。

在交通运输和邮电通信方面，1959 年动工、1968 年建成的南京长江大桥，是中国第一座自行设计建成的具有世界先进水平的铁路、公路两用桥，全长 6700 米。内地铁路建设全面铺开，建成了几条重要的铁路干

线：全长1085千米的成昆线（四川成都至云南昆明），1970年全线通车；全长820千米的湘黔线（湖南株洲至贵州贵阳），1974年西达贵州贵定，完成了该线的主要路段；全长760千米的焦枝线（河南焦作至湖北枝城），1970年7月建成。还有襄渝线（湖北襄樊至四川重庆）、京原线（北京至山西原平）、枝柳线（湖北枝城至广西柳州）、太焦线（山西五阳至河南修文）、通坨线（北京通县至河北坨子头）等铁路线相继动工修建。1974年建成黑龙江大庆至河北秦皇岛的我国第一条输油管道，接着又建成河北秦皇岛至北京、山东临邑至江苏南京等输油管道。1976年建成全场1700多千米的中同轴1800路载波通讯干线和连通全国20多个省市的微波通讯干线。北京、上海各建了一座卫星地面站。

科学技术方面，继1966年成功爆炸了我国第一颗氢弹，成功发射了第一枚导弹之后，1969年首次成功进行了地下核试验。1970年成功发射了第一颗人造地球卫星。同年成功研制第三代小规模集成电路计算机。1971年3月3日，又发射了一颗科学试验卫星。1972年，中国科学院与湖南农业科学院共同研制成籼型杂交水稻良种。同年在云南高山宇宙线实验室发现了一个可能比质子重10倍以上的重粒子。1975年11月26日，成功地收回了人造地球卫星，成为世界上继美国、苏联之后第三个能收回卫星的国家。

“文化大革命”时期，政治局势大动荡，但是，社会主义制度的根基和广大人民群众建设社会主义的主人翁态度没有变，绝大多数工人、农民、知识分子、解放军指战员，以主人翁的责任，坚守工作岗位，在不同程度上抵制“文化大革命”的错误，使国民经济并未因动乱而完全停止进展，尤其是在人们对待三线建设的态度与三线建设的成就上，表现得更为清楚。

新中国成立头十七年，建立了独立的工业体系，恢复和发展了农业生产，培养和造就了一大批经济、文化建设的骨干力量，积累了正反两个方面的经验，改善了科学、文化、教育、卫生的落后局面。这些工作及其成就所产生的“滞后效应”，正好在“文化大革命”期间逐步得以发挥。1967 年至 1976 年间的气候正好是农业产量基本稳定的重要因素之一。

“文化大革命”中，毛泽东对林彪、江青集团利用运动破坏、搞乱社会生产秩序的行径做过多次严肃批评，这对于稳定经济局势起到了一些作用。为了尽量减少“文化大革命”造成的损失，党和国家的其他领导人做了不懈努力。1976 年“二月抗争”，政治局多数成员对“文化大革命”的错误做法提出了强烈的批评，对林彪、江青一伙进行了正义的斗争。1971 年冬，周恩来提出要批判极左思潮，批判空头政治，转变企业管理的混乱局面，提出抓整顿、抓生产、抓业务的方针。针对林彪、江青集团把农业多种经营当作“资本主义”批判，搞穷过渡等“左”的错误，着手在农村纠“左”，落实党的农村政策。1972 年至 1973 年，国民经济仍得到较大发展。1975 年邓小平主持召开了解决工业、农业、交通、科技等方面的一系列会议，狠抓了铁路运输、钢铁生产等薄弱环节，迅速扭转了铁路运输长期阻塞，钢铁生产欠产，整个工业下降的局面。工业总产值比 1974 年增长了 15.1%，农产品产量除油料作物外都有所增长，农业总产值比 1974 年增长了 4.6%。

“文化大革命”时期，中国在外交上获得了重大成功。1971 年底恢复了在联合国的合法席位。1972 年初中美两国发表上海联合公报。同年 9 月，同日本恢复邦交关系。开始打破资本主义世界对中国经济技术的长期封锁，为开展对外技术交流，发展对外贸易提供了有利条件。国际关系的改善为国内经济发展创造了有利条件。“文化大革命”期间，中国共引进 70 多项成套设备和单机，进出口贸易总额突破了过去 110 亿元左右的水平，1974 年猛增到 290 多亿元。

（二）“文化大革命”给经济建设带来的严重后果

1967 年至 1976 年，国民经济是在政治运动强烈地不断地冲击过程中，在僵化体制的轨道上，在管理散乱的局势下艰难地运行。经济建设出现了三次大波动，损失巨大。按正常年份的增长速度推算，“文化大革命”期间中国国民经济所遭受的损失估计达 5000 亿元。损失数额之大是空前的。“文化大革命”给经济发展带来的严重后果具体表现在以下几个方面。

1. 经济发展速度下降。

同新中国经济史上其他时期相比较，“文化大革命”期间经济发展是缓慢的。工农业总产值和国民收入每年平均增长率，在1967—1976年间是7.1%和4.9%，“文化大革命”前十四年，即1953年至1966年是8.5%和6.2%，“文化大革命”后八年，即1977年至1984年是8.3%和7.7%。

与同一时期的发达国家相比，也能看出速度上的差距。从国民生产总值看，按1982年汇率计算，1965年，日本为3633亿美元，中国为1040亿美元。1975年，日本为7762亿美元，中国为2036亿美元。1975年与1965年相比，日本和中国分别增长了102.5%和95.2%。中国国民生产总值的增长速度在这十年中比日本差7.3%。从国民收入来看，日本1966年至1975年增长了145%，平均每年递增9.4%。同期，中国增长了95%，平均每年增长了6.9%。十年总计的增长速度，中国比日本差了50%，为日本的65.5%，平均每年递增的速度，中国比日本差2.5%，为日本的73.4%。按人口平均计算，日本1975年比1965年增长了118%，平均每年增长了8.1%；中国1975年比1965年增长了41%，平均每年增长了3.5%。可见，人均国民收入的增长速度差距更大。

比较经济发展速度，只有把比较的各方面放在一个大致相当的基点上，才具有可比性。日本在第二次世界大战中成为战败国，国民经济严重衰退，1945年至1953年财政年度末是其战后恢复阶段，这与我们1949年从国民党手中接过满目疮痍的乱摊子，到1952年完成国民经济的恢复工作大致是同步的。当然，中国所恢复到战前水平比日本低，因此在我们进行对比的起点（即1965年）上，中国经济发展的水平也比日本低。但是，经济发展起点低的国家，在比较低的起点上达到一定的发展速度，较之于经济发展起点高的国家要容易。因此，在同一时期，中国经济发展速度要低于日本，更能说明中国在该时期经济发展与世界先进国家的差距越来越大。

2. 国民经济重大比例关系失调。

积累与消费的比例失调。“文化大革命”头三年，由于到处夺权搞武斗，许多工程陷入停顿状态，积累率比1966年平均下降8.8%。1970年，社会秩序和生产秩序稍有好转，高积率、高速度的思想又开始抬头。从1970年到1976年的七年中，积累率都在30%以上，最低的一年是1976年，因“反击右倾翻案风”，基本建设工程受阻，积累率为30.9%，最高的一年是1971年，因大搞内地和国防工业建设，积累率竟高达34.1%。从时期的对比来看，大致相当于“文化大革命”过程的“三五”和“四五”时期的积累率（分别为26.3%和33%）。这两个五年计划时期的积累率都高于经济发展比较协调的“一五”时期的积累率。积累率过高必然影响人民消费水平的提高。1965年，国民收入使用额中消费比重为72.9%，1975年降为66.1%。同时，在积累额中用于非生产性积累的比重也在下降。“一五”时期非生产性投资占总投资的比重为33%，在“文化大革命”时期，这一比重下降到17.2%。非生产性投资的减少，使住宅、教育、文化、卫生、环境保护等方面的设施大量欠账，降低了人民的公共消费水平。

产业结构比例不协调的情况加剧。1966年，国民收入中农业所占比重为43.3%，1976年降低到41%，工业所占比重则由38.2%上升到43.3%。工业内部，轻重工业比例失调，在工业净产值中，轻工业所占比重由1966年的47.2%下降为1976年的40.4%，重工业所占比重则由52.8%上升为59.6%。在重工业内部，原料工业占的比重，1966年是38.3%，1976年下降为34.9%；相同年份，制造业所占比重由50.5%上升到52.8%。在农业内部，由于片面强调“以粮为纲”，有些地区用毁林开荒、围湖造田的办法来增产粮食，经济作物及牧业、渔业受到排挤。在农业总产值中，牧业和渔业的比重，分别由1966年的14.2%和1.7%。下降为1976年的14%和1.5%；在种植业中，粮食产量稳定增长，棉花产量在原地踏步，成为国民经济的薄弱环节。商业占国民收入的比重，由1966年的10.3%下降为1976年的7%，运输业这个原有的“瓶颈”进一步缩小，其净产值占国民收入的比重，由1966年的4.2%下降为1976

年的 3.8%。

3. 经济效益全面下降。

由于国民经济比例严重失调、国民经济体制僵化、管理混乱，也由于片面强调发展内地工业和国防工业，“文化大革命”期间国民经济各部门的经济效益普遍下降，从工业看，1966 年全民所有制工业企业每百元资金实现利税为 34.5 元，1976 年降为 19.3 元，每百元工业总产值实现利润，1966 年为 21.6 元，1976 年降为 12.6 元。上述这两项指标，1976 年比 1966 年分别下降了 44.1%和 42.5%。从农业看，农业总产值中若扣除队办企业的产值，1975 年农业总投入的生产率（即总产出与总投入之比）比 1965 下降了 6%。从基本建设看，1966 年固定资产交付使用率为 70.4%，1976 年下降为 58.9%，1976 年比 1966 下降了 16.3%。

4. 国库亏空，财政出现赤字。

由于经济效益下降，财政收入跟不上生产发展的速度。工农业总产值 1976 年比 1966 年增长了 99.1%，平均每年增长 7.1%。财政收入 1976 年比 1966 年只增长 39%，平均每年增长 3.4%。由于内地建设、国防开支、支援农业和弥补全民所有制各部门、各企业亏损等等，财政支出增加很快。在 1967 年至 1976 年的十年中，1967 年、1974 年、1975 年、1976 年出现的财政赤字，总额达 65.1 亿元，其余六年的财政结余，共计 29 亿元，冲销赤字后还欠账 36.1 亿元，以上只是账面情况。透过经济现象，还可以看到如下事实：（1）由于片面追求产量，不顾质量，国营企业的废、次品率高，国家商业、物资部门把这些废、次品收购入库，并计缴了利润，这部分财政收入实际上是没有相应物资保证的虚假收入。（2）本应由财政拨付的流动资金不足，从而造成过多的信贷支出和货币发行，应该看作是财政向银行透支，这是一种变相的财政赤字。（3）由于重积累轻消费，对人民生活欠账很多，虽然这在当时从账面上不易反映出来，但人为压低人民生活水平的欠账，为以后财政收支的平衡工作埋下了祸根，这部分欠账是“滞后”赤字。

5. 物资缺乏与冻结物价。

由于生产情况极不正常，市场商品供应逐渐紧张，物价有失去控制的危险。国务院遂于 1967 年和 1970 年两次发布文件，冻结物价。这种模仿战时经济的强制手段，是迫不得已而采取的。用这种办法获得的物价稳定虽然能暂时缓和市场供应矛盾，但随着经济状况的恶化，供求矛盾会更为加深。1971 年，由于基本建设投资超过 300 亿元，积累率高达 34.1%，职工人数突破 5000 万大关，工资总额超过 300 亿元，市场供应矛盾日趋严重。突出地表现在 1971 年至 1972 年粮食、棉花购销价格倒挂，被迫进口和动用库存粮棉物资，出现粮棉两大主要商品收支的“大窟窿”。1971 年后，商品供应量与社会购买力长期不均衡，每年货币流通量与商品流通量的比例一般都在 1∶6.5 左右，而正常条件下两者的比例应为 1∶8 左右。为了弥补商品可供应量与社会购买力之间的差额，几乎每年都要安排临时性的增产任务。即使这样，市场上吃、穿、用等各类商品仍然全面紧张，凭票证供应的商品种类不断增多。

6. 人口增长过快，就业困难，人民生活水平下降。

“文化大革命”开始后，各级政府机构基本上陷入瘫痪状态，计划生育工作无法纳入议事日程，生育又恢复到无政府状态。20 世纪 50 年代人口快速增长时期增加的人口，到该时期正逢生育年龄。“三五”时期人口年平均增长速度高达 26.3‰，净增加人口 10454 万人。1970 年，在拟定“四五”计划纲要（草案）时已经发现这一问题，周恩来强调要把计划生育工作纳入国家计划。从该年开始，由于采取了大力控制出生率的措施，1973 年又恢复解散多年的国家计划生育委员会，使“四五”时期人口增长率降低到 21.7‰。但是，由于“三五”时期人口增长太猛，人口基数很大，人口增长的绝对数在“四五”时期还是达到 9428 万人。1967 年至 1976 年人口增加了 19175 万人。这些新增人口，从短期来看，只是消费者而不能为社会创造财富；从长期来看，一般在维持和发展生产所需要的劳动力人口已呈饱和状态的情况下，人口增加与增加人口为社会劳动所带来的经济效益成反比。无论从近期还是从远期来看，过量的人口增长都会给国民经济的发展和人民生活的改善背上沉重的包袱。

由于企事业单位对劳动力的需要量，要受到生产发展规模、社会对职工消费资料提供能力、职工劳动保护和福利设施等一系列因素的限制，招工增长速度呈下降趋势。1953年至1966年，增加职工3595万人，平均每年增长9.5%，1967年至1976年，全国增加职工3475万人，平均每年只增长5.3%。同时，第三产业萎缩，城镇劳动者就业门路变窄。我国的第三产业本来就落后，“文化大革命”中把许多正当的商业，服务业当作资本主义的东西砍掉，这样做不仅拖住了第一、第二产业的后腿，给人民群众的生活带来许多不便，而且也堵塞了扩大劳动者就业的门路。据统计，1965年第三产业劳动者占整个社会劳动者人数的10%，1975年下降到9.3%，大批成长劳动力找不到饭碗。在组织城镇知识青年“上山下乡”（十年估计下放有1600万人）的同时，还大规模组织城镇居民下乡，从事农业生产。从1970年开始却又从农村抽调大批青壮年劳动力进城（从1970年、1971年两年就招收了600多万人)，造成城乡劳动力大对流。由于城镇知识青年真正铁心务农、“扎根”的很少，大多数只是接受几年“再教育”就要回城就业，而工矿企业和事业单位因已超计划招收了来源于农村的职工，不可能再扩大计划大量招收新职工。城乡劳动力对流，加剧了本来已经很突出的就业矛盾，给当时和后来安置城镇青年就业造成了极大的困难。

由于经济发展速度缓慢、经济效益差、人口增长快、就业困难等问题，人民生活水平下降。在收入水平方面，1966年，全民所有制单位职工的平均工资是636元，1976年降为605元，1976年比1966年降低了4.9%。这一时期，因为限制农民经商，农产品商品率低，加上工农产品剪刀差依然很大，农民货币收入减少。在物资消费水平方面，1966年全国城乡居民平均每人的粮食和植物油消费量分别为379斤和3.5斤，1976年为381斤和3.2斤，1976年与1966年相比，粮食消费量增长了2斤，增长率只有0.53%，食用植物油的消费量下降了0.3斤，即下降了8.6%。由于自留地、开荒地等归公的原因，农村居民在这两方面的消费量可能比统计数字上还要减少许多。在文化生活水平方面，全国城乡居民平均每人文化生活服务的支出、文教用品及书报杂志类费用支出占社会商品零售额的比重，都降到“二五”以前的水平（见表6-4)。

表 6-4　各时期城乡居民文化生活服务支出比较

时期	“一五”时期	“二五”时期	1963～1965 年三年调整时期	1966～1975 年即“三五”“四五”时期
城乡居民每人文化生活服务的年均支出（元）	3.84	6.70	6.60	5.93
文教用品及书报杂志类费用支出占社会商品零售额的比例（%）	3.60	4.60	4.10	3.60

资料来源：根据《中国贸易物价统计资料（1952—1983）》，中国统计出版社 1984 年版，第 27—28 页和《国内零售市场商品供求关系统计问题》，中国统计出版社 1985 年版，第 47 页有关资料汇编。

（三）经济建设的经验教训

1967 年至 1976 年间，国民经济大起大落，损失严重。

1. 搞社会主义建设，必须弄清什么是社会主义。

长期以来，由于不能始终如一地坚持以实践作为检验真理的唯一标准，由于轻视知识和未能及时进行总结实践经验的理论研究，不给这种研究以应有的环境，不能大胆解放思想，不能展开争论，在实践中不断丰富和发展马克思主义，以致对许多根本性质的问题，如：在中国建设社会主义要经历哪些发展阶段？在每个阶段中，什么是社会主义性质的？什么是资本主义性质的？什么是建设社会主义过程中所必须做的和必须经历的？认识上不清楚，或经常摇摆、反复。林彪、江青集团利用这种理论上的混乱，把关于未来社会的一般特征，当作搞社会主义永恒不变的僵死教条和“绝对真理”，利用和迎合广泛存在的小生产者的经济思想，把以平均主义为特征的小生产者的农业社会主义的东西冒充科学社会主义，或掺入科学社会主义的理论体系中，人们对什么是社会主义、什么是资本主义、怎样建设社会主义等问题的思想认识搞得更加混乱。因此，林彪、江青集团打着干社会主义的旗帜进行反社会主义阴谋活动，能够欺骗一些群众跟着他们一起搞“革命”，结果是无产阶级自己革自己的命。政治、经济、文化全部被打乱，整个社会向着贫穷、愚昧、落魄的自然经济退化，国民经济向着崩溃的方向滑动。由此可见，只有弄清楚什么是社会主义和资本主义，并结合中国实际情况，走出一条适合中国国情的建设社会主义的新路子，才能团结广大干部群众同心同德建设繁荣富强的社会主义。

2. 弄清社会主义社会的主要矛盾，创造一个有利于社会主义经济建设健康发展的安定环境。

早在1962年党的八届十中全会上，关于阶级斗争是社会主义社会主要矛盾的错误观点，已形成一个完整的理论体系，提出了“以阶级斗争为纲”，对待一切问题都要用阶级斗争的眼光来分析，把社会主义社会还不可避免会存在的、形式上同资本主义社会一样的，或带有资产阶级权利的东西，当作在任何情况下都会产生资产阶级的条件。断章取义地阐述资本主义的论述，作为阶级斗争年年讲、月月讲、天天讲的理论根据。在“文化大革命”中，这种理论和实践搞乱了人们的思想，破坏了正常的社会秩序，企业无法正常生产，机关无法正常办公，学校无法正常教学，各行各业都处于停顿或半停顿状态。没有一个安定的政治局面与社会秩序，经济建设便无法进行。1966年至1976年的事实说明，不从根本上纠正对社会主义社会主要矛盾的错误认识，把全党全国人民的工作重心转移到社会主义经济建设上来，就不能形成一个安定团结的政治局面，就不能防止冲击和破坏经济建设的错误政治运动的悲剧重演，就不能保证国民经济持续有序地稳步发展。而且，在无产阶级夺取了政权，生产资料私有制的社会主义改造基本完成后，要巩固人民民主政权，在国内就是要迅速发展生产力，而不是搞阶级斗争。

3. 进行社会主义建设，对生产力布局要有一个全面发展的总体战略。

改变不合理的生产力布局，应该考虑两种战略：(1) 改变历史上形成的现代化工业集中于东南沿海少数几个城市的状况，在进一步加强要害地区经济建设的同时，搞好对内地的开发。利用沿海地区的资金、技术优势，带动落后的内地，特别是少数民族聚居地区经济的振兴，促进各地区经济、政治、文化平衡发展，搞活全国“一盘棋”。(2) 防御外来侵略，扩大和巩固战略后方。

从20世纪60年代中期起，由于对国际形势的估计错误，以为世界大战迫在眉睫。在生产力的布局上基本上只考虑后一种战略。同时，这种布局的变动，没有认真计算国家现有财力、物力和技术力量是否跟得上，搞得过快过急。片面加强国防和与之相关的重工业，忽视农业、轻工业、文教卫生、生活服务和社会福利等方面的建设；片面强调搞内地建设，而不再向沿海地区投资。在内地和国防建设中，为了备战的目的，片面强调要把内地省区建成自成体系的大三线，又在各省搞小三线。这种战略带来的后果是：（1）经济建设根据备战的需要，形成大三线区和各省“大而全”及省区内各地县、各部门和部分企业的“中而全”或“小而全”的经济框架，限制了地区间、部门间、企业间的分工协作，限制了商品生产和商品交换，国民经济从整体上看是向着自给自足的产品经济退化。各经济主体都不重视产品的价值实现，不重视成本、利润，相互间不存在竞争。劳动生产率普遍下降，经济效益差。（2）在内地和国防建设中，忽视科学的建设程序，执行了“边勘察、边设计、边施工”的错误方针，施工项目报废率高，加上许多三线建设项目在交通不方便的山区进行，往往是投入很多，收益不大，投资回收周期长。（3）许多军工企业不能做到平战结合，只能生产国防物资，不能转产民用品。不少骨干企业是封闭或半封闭系统，不能或很难与国民经济中其他部门或者企业衔接配套。这种顾此失彼的生产力重组，表面上看，生产力布局由东南沿海向西南、西北内地推进，改善了历史上形成的生产力布局不平衡状况。但是，许多新建项目实际上并不能达到等量投资一般所能达到的经济效果。而且，内地和国防建设项目摊子铺得过大，与整个国民经济和项目所在地区的经济结构不协调，这便造成两种新的不平衡：一方面是内地产业结构的不平衡；另一方面由于抽走了本应留作沿海老工业基地改造和发展的资金、物资和技术力量，使沿海地区得不到进一步的发展，不能为国家提供更多的积累，这又造成宏观经济的不平衡。

因此，生产力布局要综观国防、国内经济和政治形势，根据国内现有的社会和经济负担能力，量力而行，不可操之过急。要坚持国民经济宏观平衡，不可采取片面发展任何一方面的不平衡战略。只有这样，才能兼顾各方面的利益，使生产力重组的经济效益最优化。据此，20 世纪 60 年代中期至 70 年代中期的经济建设战略是一种失误。

总之，“文化大革命”带来的深刻经验教训和值得深思的问题是：搞社会主义建设必须弄清什么是社会主义，必须弄清社会主义社会的主要矛盾是什么，搞社会主义建设还必须有一个全面发展的总体战略，只有发展商品经济，才能从根本上清除封建思想的残余。在“文化大革命”中，中国国民经济和科学技术取得的成就，不是“文化大革命”带来的成果，而是由于中国共产党内健康力量和人民以各种不同形式对“文化大革命”的错误进行了抵制和斗争，使其破坏作用受到了一定程度的限制而取得的结果。正因为如此，充分肯定“文化大革命”期间经济建设和科学技术等方面所取得的成就，与彻底否定“文化大革命”运动是不矛盾的。

第七章
国民经济的恢复
和发展道路历史性转折的开端

在“文化大革命”结束后的两年中，随着社会和生产秩序逐步走向正常，国民经济得到了迅速的恢复。但由于经济工作中长期存在的急于求成的错误没有得到纠正，对“文化大革命”给国民经济造成的严重困难认识不足，在经济工作中又出现了一系列重大失误，国民经济重大比例失调的问题更加突出。事实证明，不从根本上解决经济工作中“左”的错误指导思想，中国的经济建设就不能走上健康发展的轨道。1978 年底，中共中央召开了十一届三中全会，对经济政策做出了重大的调整，标志着中国经济的发展历史性的转折的开端。

一、国民经济的恢复和经济建设中的失误

（一）国民经济的恢复

1976 年 10 月，中共中央粉碎了“四人帮”，结束了“文化大革命”，社会秩序逐渐恢复。国家采取了一系列的措施，促进国民经济走向恢复发展，使国民经济开始摆脱了停滞下降的局面，出现新的转机。这些措施主要包括：

第一，重建国民经济的指挥和领导系统。国家逐步恢复和充实了各级综合经济管理机构，在组织上，清除了各级经济领导部门“四人帮”帮派势力，恢复了一大批经验丰富的经济管理干部的职务。

第二，从疏通铁路运输入手，恢复国民经济的循环系统。1977 年 2 月，全国铁路工作会议召开，重申了铁路运输由铁道部统一指挥，采取有力措施解决铁路严重堵塞问题。从 3 月开始，铁路日装车量超过历史同期最高水平，四五月间，达到历史最高水平。水运货运量也创历史同期最高水平。交通系统的畅通，带动了整个国民经济的恢复。

第三，恢复工业生产秩序。1977 年 2 月至 5 月间，冶金会议和工业学大庆会议召开，要求从企业进行各方面的整顿入手，恢复工业企业的生产秩序。1978 年 4 月，开始贯彻《关于加快工业发展若干问题的决定(草案)》。这个决定对企业整顿的任务、基本制度和工作方法做了具体规定。决定强调企业是生产单位，必须以生产为中心；通过整顿，各企业要建立起强有力的领导班子和又红又专的产业大军，要建立和健全以岗位责任制为核心的各项规章制度。此后，工业企业的生产秩序逐步恢复。

第四，由安徽、四川两省带头恢复、落实一系列实行农业合作化以来行之有效的经济政策，初步调动了广大农民的生产积极性，促进了农业的恢复。

第五，发展国内、国际贸易，疏通流通渠道。为了迅速改变物资分配领域中的混乱状况，“文化大革命”结束后，加强了对重要物资的集中统一管理。1978 年，统配、部管物资增加到 689 种。统配煤矿、大型水泥厂以及国家重点企业生产的重要物资，由原来的“地区平衡、差额调拨”，改由国家计委统一平衡分配，国家物资总局统一调拨管理。1978 年 7 月召开的全国财贸工作会议重申“发展经济、保障供给”的方针，提出反对闭关锁国，发展对外贸易，提高财贸工作水平。流通领域的物资积压与阻滞现象有所改善，对外贸易也得到迅速发展。

第六，恢复和发展科学、教育事业。继 1978 年 3 月全国科学大会召开，4 月全国教育工作会议召开。这两次会议充分肯定了科学、教育在国民经济中的重要作用。全国科学大会明确指出，科学技术是生产力，中国科技人员绝大多数是工人阶级的一部分。大会通过的《一九七八——一九八五年全国科学技术发展规划纲要（草案）》，对自然资源、农业、工业、国防、交通运输、海洋、医药卫生、文教财贸等27个领域和基础科学、技术科学两大门类的科学技术研究任务作了全面安排。

上述一系列方针政策的贯彻执行，使国民经济在1977年至1978年间得到了较快的恢复和发展。1977年和1978年，社会总产值、国民收入、工农业总产值和工业总产值分别比上年增长10.3%、7.8%、10.7%、14.3%和13.1%、12.3%、12.3%、13.5%。人民生活有所改善，教育、科技、文化、卫生事业也开始逐步恢复发展。特别是1977年底恢复了全国高等院校入学考试，标志着中国高等教育事业重新步入了正常发展的轨道。

1977年至1978年，国民经济的进展，是在前十年经济徘徊、曲折、停滞的基础上获得的。在这两年中，许多在“文化大革命”中停产、半停产的企业开始生产了，一些在建项目加快建设速度竣工投产了。因此，这种进展在一定程度上具有恢复的性质。同时，这两年的经济工作片面追求高速度，在国民经济较快增长的背后隐藏了许多不合理的因素。

（二）国民经济主要比例关系的严重失调

1. 经济工作中急求成、急过渡的“左”倾错误继续发展。

“文化大革命”的结束，为正确总结中国经济建设的历史的经验教训、纠正社会主义建设中一系列“左”的错误提供了可能。但是，由于“左”错误还没有肃清，“文化大革命”结束和国民经济开始恢复性增长后，在农村继续批判所谓资本主义，搞穷过渡；在经济建设方面急求成，搞新的“全面跃进”。

(1) 继续推行农业学大寨运动和提出不切实际地实现农业机械化目标。

在“文化大革命”刚刚结束后的1976年底，第二次全国农业学大寨会议召开。会议要求，到1980年，全国1/3的县建成“大寨县”。1977年11月确定，1977年冬和1978年春，在全国选择10%的生产大队实行统一核算，为所有制进一步过渡创造条件。这样，在一段时期内，不但没有恢复中国共产党在农村工作中一些比较正确的政策，反而再次造成了政策和思想的混乱。一些地区继续搞“大批促大干”，批判所谓的“资本主义倾向”，“堵资本主义的路”，限制农民的家庭副业和集市贸易，在分配上搞平均主义，在农村体制方面搞撤区并社，基本核算单位由小队向大队过渡。这就挫伤了农民的生产积极性，阻碍了农村经济的发展。

1978 年 1 月召开的第三次全国农业机械化会议，提出了“全党动员，苦干三年，为基本上实现农业机械化而奋斗”的目标。这个目标是不切合实际的。从工业方面看，它脱离了中国工业发展的总体水平，农业机械生产能力，原材料、能源供应能力；从农村经济自身看，农业发展的程度和农业劳动力转移的状况、农业集体经济组织的积累与购买能力、农民的文化技术素质等，都不具备在几年内基本实现农业机械化的条件。为了早日实现农业机械化，一些地区搞了许多重复建设，粗制滥造了一些高耗低效的农业机械，造成人力、物力、财力的很大浪费。为与实现农业机械化相适应，不少地区不讲实效，盲目大搞农田基本建设；许多社队用提高积累、减少分配，甚至通过平调来筹措资金，购买农业机械，加重了农民的负担。

(2) 庞大的十年规划和经济建设的新跃进。

由于经济工作中急于求成的指导思想尚未得到系统的清算，对“文化大革命”给国民经济带来的破坏的广度和深度估计不够，对长期以来形成的国民经济比例失调状况认识不足，在国民经济刚刚取得恢复性进展后，就提出要实现“国民经济新跃进”的要求。在经济建设的速度和规模上，提出了一系列不切实际的目标和指标，导致经济建设工作中重新出现了不顾客观实际，急于求成的失误。

在国民经济发展目标方面，1977 年提出 2000 年以前国民经济三个阶段的发展目标。第一个阶段，第五个五年计划的后三年（1978—1980 年），建立独立比较完整的工业体系。第二阶段，在第六个五年计划期间（1981—1985 年），基本上建成六个水平不同、各有特色、农轻重比较协调发展的经济体系的经济大区，极大地改变经济上的落后状态。第三个阶段，在 2000 年以前，全面实现四个现代化，在各生产技术领域，多数接近、少数赶上和超过世界上经济最发达国家的水平。

应该说，上述经济发展的总体目标，在1964年三届全国人大的政府工作报告就提出来了：“第一步，用十五年时间，即在一九八〇年以前，建成一个独立的比较完整的工业体系和国民经济体系；第二步，在本世纪内，全面实现农业、工业、国防和科学技术的现代化，使我国国民经济走在世界的前列。”① 从中国的实际情况看，即使排除了之后“文化大革命”的破坏的因素，当时制定的目标也过高过急了。但这在当时毕竟是35年的长远目标，对近期经济工作还没有发生明显的影响。1975年四届全国人大政府工作报告再次重申了在20世纪末实现四个现代化的目标，但如前所述，其政治意义大于经济意义。国家计委根据这个设想，于1975年编制了发展国民经济十年纲要。

1977年底，“文化大革命”刚刚结束，国民经济急需调整，但此时不仅再次提出20世纪末实现四个现代化，而且把1975年编制的发展国民经济十年纲要的各项指标加以提高，形成了严重脱离实际的十年发展规划修订草案，并加紧付诸实施。1978年1月，又修订了这个规划的指标，要求从1978年到1985年，国家要新建和续建120个大型项目，其中有10个大钢铁基地、9个有色金属基地、8个煤炭基地、10个大油气田、30个大水电站、6条铁路新干线和5个重点港口等。为此，1978年至1985年的8年间，国家预算安排的基本建设投资相当于过去28年的总和。

在完成十年规划的压力下，1978年基本建设规模迅速扩大。1977年全民所有制基本建设投资总规模为382亿元，1978年猛增到501亿元，增长31.2%。1978年，5万元以上的在建项目达6.5万个；其中大中型项目达到1732个，比1977年增加290个。到1978年底，全国在建项目总规模为3725亿元，扣除已完成的部分，还需要1600亿元投资，差不多相当于“四五”计划规定的基本建设投资总额，未完成工程全部完成尚需7至10年。1978年基本建设投资增长的幅度，超过了国民收入和财

① 周恩来：《向四个现代化的宏伟目标前进》，《周恩来选集》下卷，人民出版社1984年版，第479页。

政收入的增长速度，超出了能源、交通、建筑材料增长的可能，基本建设规模与国力严重不适应。

为了配合十年规划的建设，1978 年中国政府加快了成套设备的引进和利用外资的步伐。到 1978 年底，与西方国家签订了引进成套设备的 22 个大项目。这些项目的总投资约 600 亿元，所需外汇 78 亿美元，全部要用现汇支付。重视先进技术的引进和利用外资，这无疑有利于中国的经济建设。但 1978 年的这次集中地引进成套设备，是在急于求成的指导思想下进行的，规模过大，不仅超过了国家财力的可能，超出了国家外汇的支付能力，而且这些引进项目的建设使得基本建设规模更加庞大。同时，这次引进的项目大部分是耗能大的钢铁、化工项目，加剧了能源的紧张和国民经济的比例失调。

总之，1978 年的基本建设投资和大规模的技术设备的引进，没有能着眼于协调国民经济各部门的比例关系和加强薄弱环节，而仍按片面发展重工业的方针进行，结果是加剧了国民经济各方面的紧张关系。

2. 国民经济比例关系进一步失调。

从积累和消费的比例关系看，自 1970 年以来，中国积累率一直在 30%以上，人民生活欠账甚多。“文化大革命”结束后，经济处于恢复阶段，理应适当调整积累与消费比例关系。但 1977 年和 1978 年两年基本建设投资额猛增，致使 1978 年积累率高达 36.5%，是在新中国历史上仅次于 1959 年和 1960 年的高年份。1977 年至 1978 年两年间新增国民收入使用额，用于消费的部分只占 38%，积累和消费的比例更加失调，成为国民经济各方面关系极度紧张的重要原因。

农业越来越成为国民经济的薄弱环节。1967 年至 1976 年间，棉、油、糖 3 种农产品的人均年产量，分别下降 30%、20%、10%，人均粮食年产量也还低于历史最高的 1956 年的水平。在 1977 年后，应着力扭转这种状况。但由于继续贯彻优先发展重工业的方针和农业政策的失误，1977 年和 1978 年在工业高速发展的同时，农业发展相对缓慢，农业总产值在工农业总产值中的比重持续下降。“文化大革命”前的 1965 年，农业产值占工农业总产值的比重为 37.3%，1976 年下降为 30.4%，1978 年又下降为27.8%。1977年至1978年，一方面基本建设规模迅速扩大，购买力增加；另一方面，刚刚粉碎了“四人帮”，人民生活改善的政治压力也很大。在农业的发展落后于整个国民经济发展的情况下，不得不越来越多地从国外进口农产品。1978年进口的粮食为1976年的3.7倍，进口的棉花为1976年的2.7倍，进口的砂糖为1976年的2.3倍，当年用汇21亿美元，占进口总额比重约1/5。

在工业内部，轻工业与重工业，加工工业与能源、原材料工业比例极不协调。轻工业在工业总产值中的比重，从1965年的51.6%，下降为1978年的43.1%，消费品市场供应紧张。能源短缺的情况十分严重，全国一年约短缺1000万千瓦发电能力，大批企业因缺少能源、动力、原料经常处于停产半停产状态，有20%左右的工业生产能力发挥不出来，每台农机供应的动力用油只够跑几十天。从能源内部比例关系看，由于靠强化开采增加原油产出，造成油田产量过快递减，全国油田综合递减率1975年为2.5%，1976年为5.1%，1978年为6%。在煤炭工业方面，采掘接替紧张和采掘比例失调的矿井，占统配矿总能力的22%。这种竭泽而渔的生产方式严重破坏了能源生产的后续能力。

交通运输业的发展与整个国民经济发展的比例关系也在恶化。1977年至1978年期间的运输弹性系数（即货运量增长速度与工农业总产值增长速度之间的比值）仅为1.0，而在“一五”“二五”时期分别为2.3和2.1。由于运输能力的不足，山西省积压大量煤炭运不出去，有的在矿区自燃。由于港口的吞吐能力不足，外贸船舶停港时间长，1978年仅这一项损失就达8000亿美元。

由于国民经济比例关系严重失调，经济体制存在种种弊端，1977年至1978年，国民生产经济效益低下，1978年全国重点企业主要工业产品的30项主要质量指标中，有13项低于历史最高水平；38项重要消耗指标中，有21项没有达到历史最高水平。国营工业企业每百元工业产值提供的利润、每百元资金实现的利税、资金利润率等指标，都大大低于1965年的水平。

“文化大革命”期间人民生活欠账甚多。1977年至1978年国家给大约40%的城市职工增加了一级工资，但全民所有制职工的年平均工资仍只有644元，还低于1963年至1965年的水平。在农村，全国还有139万个生产队（占生产队总数的30%），社员人均年收入低于50元。全国人均粮食、食油的消费，基本上还维持在新中国成立初期的水平。城市居民的住房、入学、就医都十分紧张。

城镇人员就业是当时十分引人注目的问题。“文化大革命”中动员了1600多万知识青年上山下乡。20世纪70年代末期，大批知识青年和“文化大革命”中由于各种原因下乡的人员纷纷返城，加上城市中原有的待业人员，城市滞留待业人员总规模达到上千万人，成为严重的社会问题。

1977年至1978年经济建设中从指导思想到实际工作的失误，加剧了长期以来形成的比例失调，国民经济发展中潜伏着深刻的危机。认真肃清“左”的错误，把经济的发展引上一条适合中国情况的健康轨道，成为生产力发展的迫切要求。

二、国民经济发展道路历史性转折的开端

（一）经济领域的拨乱反正

粉碎“四人帮”之后，中国共产党和全国广大人民，对国家从困境中奋起充满希望，以极大的热情投入经济建设工作。随着社会和生产秩序逐步走向正常，国民经济得到恢复和发展。但由于经济工作中长期存在的急于求成的错误没有得到纠正，对“文化大革命”给国民经济造成的严重困难认识不足，在经济工作中又出现了一系列重大失误，国民经济重大比例失调的问题更加突出，国民经济发展中潜伏着深刻的危机。事实证明，要想使中国经济发展走上健康的轨道，实现历史性的转折，不仅要推翻“文化大革命”期间“四人帮”在经济理论上制造的谬论，

还需要进一步实事求是地对新中国成立以来经济建设历史进行系统的反思，对什么是社会主义、怎样建设社会主义等重大理论问题进行认真反思。而要想对这样的重大理论问题进行反思和重新认识，就必须恢复党的实事求是的优良传统，解放思想，把马克思主义的基本原理同中国实际相结合，总结中国共产党领导中国人民进行社会主义经济建设实践中的经验与教训，创造性地运用和发展马克思主义。而批判“两个凡是”，开展真理标准问题的讨论，为重新确立马克思主义的思想路线奠定了理论基础，引领了经济领域的拨乱反正的展开和不断深入。

1. 批判“两个凡是”和开展真理标准问题的讨论。

“文化大革命”结束之初，人们还受到“左”的思想的严重束缚。1977 年 2 月 7 日，《人民日报》、《红旗》杂志和《解放军报》发表题为《学好文件抓住纲》的社论。这篇社论在强调揭批“四人帮”的同时，公开提出“凡是毛主席作出的决策，我们都坚决维护，凡是毛主席的指示，我们都矢志不渝地遵循”的方针（后被称为“两个凡是”）。由于这一方针是以当时传达党中央声音的方式公布的，因而得到普遍宣传。这一方针的推行，给揭批“四人帮”划定了界线，也给肃清“文化大革命”期间“四人帮”在经济理论上制造的谬论设置了障碍，实事求是地对新中国成立以来经济建设历史进行系统的反思更是难以进行。

“两个凡是”方针的提出在党内和全国人民中引发了一些议论。许多人不赞同“两个凡是”。1977 年 2 月和 4 月，邓小平同前来看望他的一些中央负责同志谈话时明确指出：“‘两个凡是’不行”，这“不是马克思主义，不是毛泽东思想。”4 月 10 日，他致信华国锋、叶剑英并转党中央，提出“我们必须世世代代地用准确的完整的毛泽东思想来指导我们全党、全军和全国人民”。5 月 24 日，他在同中央两位同志谈话时，又一次批评了“两个凡是”。他指出：“毛泽东同志说，他自己也犯过错误。一个人讲的每句话都对，一个人绝对正确，没有这回事情。”“毛泽东思想是个思想体系”，“我们要高举旗帜，就是要学习和运用这个思想体系”。同年 7 月，中国共产党第十届中央委员会第三次全体会议在北京召开。这次会议最重要的成果是邓小平再次复出，担任中央党政军领导职务。他在会上所作复出后的第一次讲话时再一次强调："要对毛泽东思想有一个完整的准确的认识，要善于学习、掌握和运用毛泽东思想的体系来指导我们各项工作。只有这样，才不至于割裂、歪曲毛泽东思想，损害毛泽东思想。""毛泽东同志倡导的作风，群众路线和实事求是这两条是最根本的东西"。邓小平对实事求是的倡导，有鲜明的针对性，有效地抵制了"两个凡是"的影响，极大地推动了纠正"左"的错误思想的进程。

1977 年 9 月，为纪念毛泽东逝世一周年，一些老革命家纷纷发表讲话或撰写纪念文章，宣传毛泽东倡导的党的优良传统和毛泽东思想的精神实质，重点论述了坚持实事求是的必要性，呼吁恢复党的优良传统。

由于"两个凡是"思想的严重束缚，我们在拨乱反正，纠正"文化大革命"时期的错误政策，批驳"四人帮"散布的种种谬论时，收到的党内外质疑的声音，其依据往往是党的九大、十大的文件，尤其是毛泽东的论著。这就涉及究竟以什么标准来认识和判定政策与路线的是非问题。这既是一个马克思主义的认识论的理论问题，更是我党实事求是的思想路线的重大理论基础问题。这个问题受到一些中共领导人的高度重视。在他们的关注下，经过人民日报社编辑部、《光明日报》编辑部、中央党校酝酿、组织，由胡耀邦最后审阅定稿，《实践是检验真理的唯一标准》一文，在 1978 年 5 月 10 日在中央党校内部刊物《理论动态》上首先刊发。5 月 11 日，《光明日报》在以"本报特约评论员"的名义头版发表了此文，新华社当天发了通稿。12 日，《人民日报》《解放军报》《解放日报》等报纸全文转载了这篇文章，13 日又有多家省报转载。由此，一场关于真理标准问题的大讨论以不可阻挡之势在全国展开了。

《实践是检验真理的唯一标准》一文，重申了马克思主义认识论的一个基本原理：社会实践不仅是检验真理的标准，而且是唯一标准。文章明确地指出：凡是科学的理论，都不会害怕实践的检验。马克思主义的理论宝库不是一堆僵死不变的教条，它要在实践中不断增加新的观点、新的结论，抛弃那些不再适合新情况的个别旧的观点、旧的结论。现在，无论在理论上或实际工作中，"四人帮"设置的不少禁锢人们思想的禁区，还没有被完全打破。对于这些禁区，我们要敢于去触及，敢于去弄清是非。凡有超越于实践并自奉为绝对禁区的地方，就没有科学，就没有真正的马列主义、毛泽东思想，而只有蒙昧主义、唯心主义、文化专制主义。共产党人不能用现成的公式，去限制、宰割、裁剪无限丰富的实际生活，应该勇于研究新的实践提出的新问题。只有这样，才是对马克思主义的正确态度。

这篇文章虽然主要是对马克思主义认识论的一个基本问题做正面阐述，但实际上是从思想路线方面批判“两个凡是”的观点，并且触及盛行多年的思想僵化和个人崇拜现象。由于文章观点的鲜明和尖锐，以及文章发表的声势，立即在全国引起关注。在邓小平等一批老一辈革命家的引导和支持下，这场讨论迅速冲破层层阻力，形成一股要求解放思想，实事求是的历史潮流，从而推动了拨乱反正的进程，为实现党和国家的历史性转折奠定了思想基础，也引领了经济领域的拨乱反正的展开和不断深入。

2. 经济理论和实践的拨乱反正。

批判“两个凡是”和真理标准问题的讨论，为经济领域的拨乱反正提供了思想路线的基础，随着全国拨乱反正工作的深入，经济领域的拨乱反正也不断深化。在“文化大革命”期间，“四人帮”在经济理论上制造了大量的谬论，给经济理论带来了严重的混乱。批判“四人帮”在经济问题上散布的谬论，是经济理论拨乱反正的开始。在此基础上，随着拨乱反正不断深入，中国长期以来形成的僵化的经济体制和优先发展重工业的经济发展战略的弊端也逐渐被人们所认识。运用马克思主义的观点，实事求是地对新中国成立以来经济建设历史进行系统的反思，成为中国社会主义经济理论拨乱反正的重要任务。

1977 年 3 月召开的全国计划工作会议针对当时经济领域存在的思想混乱明确指出，要恢复和发展国民经济，必须揭发批判“四人帮”的罪行，澄清被“四人帮”搞乱了的思想界限。会议提出并回答了“十个要不要”等重要问题，在全国人民心目中相应地树立了必须加强党的领导，必须全心全意地依靠工人阶级，必须搞好生产，必须贯彻各项规章制度，必须加强经济核算必须增加社会主义积累，必须坚持“各尽所能，按劳分配”的原则，必须培养并依靠无产阶级的专家，必须引进并利用国外先进技术，必须充分坚持社会主义的计划经济等“十个必须”，初步澄清了经济工作中的思想混乱。在此基础上，经济理论界进一步开展了对经济理论一系列重大问题的拨乱反正与重新思考，内容主要集中在以下几个问题上。

一是批判了攻击社会主义经济建设是所谓“唯生产力论”的谬论和对政治与经济关系的颠倒。指出中国共产党领导中国人民进行伟大革命，推翻旧的社会经济制度，建立新的社会经济制度的根本目的，就是为在中国实现工业化和经济现代化创造更有利的社会经济制度条件。因此，在社会主义经济制度建立以后，中国共产党的重要任务，就是领导全国人民进行经济建设，大力发展生产力，改善人民生活，早日实现国家工业化与经济现代化，努力赶上西方资本主义发达国家，重新屹立于世界之林。这样也才能充分体现社会主义制度优越于资本主义制度。为此在社会主义现阶段，中国共产党和国家的工作重点必须转移到四个现代化建设上来。

二是集中讨论了社会主义的生产目的问题。认识到社会主义经济发展的根本目的是满足广大人民的需要。从“一五”计划开始，为了早日建立我国的工业体系，巩固国防，我们实施了优先发展重工业的发展战略，在积累与消费的关系方面实行高积累、低消费。其结果，一方面通过近30年的努力，我们建立了独立的、比较完整的工业体系；另一方面，长期以来，人们生活改善较慢，全国人民为实现国家工业化做出了巨大牺牲。高速度地进行工业化建设，固然也是为了实现人民的长远利益，但是人民生活不能随着经济的发展而不断得到改善，不利于调动人民的积极性。所以，我们不能只为了单纯地追求某些高指标而扩大再生产，而必须处理好建设与人民生活的关系，积累与消费的关系，人民长期利益与近期利益的关系。要使人民生活随着生产力的发展得到改善。只有这样，才能充分调动起全国人民的热情，团结广大人民积极投身于社会主义经济建设事业。

三是讨论了关于按劳分配问题。这是社会主义分配制度的原则问题。

在我国的社会主义经济建设的过程中，对按劳分配原则的认识及其贯彻出现过数次曲折，“文化大革命”时期对按劳分配原则的曲解和责难达到了高峰。通过讨论，批判了关于按劳分配是“产生资本主义和资产阶级的经济基础和条件”、是“社会主义发展的障碍”等谬论，明确了按劳分配是社会主义公有制的产物，是社会主义经济制度的分配原则，是发展社会主义生产力的重要手段。实行按劳分配不但不会产生资本主义，而且是最终消灭一切形式的资本主义和资产阶级的重要条件。讨论还进一步涉及在实际工作中怎样体现按劳分配原则的问题。讨论还提出，当前工作的主要错误倾向是平均主义；要搞好管理工作，必须贯彻物质利益原则，让人们通过实现自身物质利益来调动劳动积极性。

四是讨论了我国社会主义阶段下的商品经济问题。社会主义制度中的商品生产问题，既是一个重大的理论问题，又是一个重大的政策问题。能否正确认识和处理这个问题，关系到社会主义事业的成败。经过讨论，批判了“四人帮”攻击社会主义商品生产和商品交换是“既保护老资产阶级，又孕育着新的资产阶级”的经济条件，认识到社会主义商品生产和商品交换与私有制条件下的商品经济有重要的区别。在社会主义条件下，商品生产和商品流通将继续长期存在，必须大力发展社会主义商品经济和商品交换。

五是提出经济工作要按经济规律办事，就要进行经济体制改革。1978 年 10 月 6 日，胡乔木发表题为《按照经济规律办事，加快实现四个现代化》的文章，集中地体现了这种认识。文章从历史唯物主义的高度，科学地总结了“大跃进”和“文化大革命”的经验教训，特别是“唯意志论”所造成的惨痛损失，针对当时又重新冒出来的高指标、高口号等现象，强调经济工作必须按照客观经济规律办事。按经济规律办事，就是要按价值规律、按供求关系办事。文章强调，要十分重视企业和个人的作用，要发挥中央、地方、企业和个人四个积极性，要把国家、集体、个人的利益直接地结合起来，使企业中的每个人都能从物质利益上关心国家计划的完成，关心企业经营的成果，要贯彻按劳分配原则，处理好有关个人物质利益的问题。文章对我国经济建设普遍存在的机构臃肿、缺乏效率、过多地依靠行政的方法领导经济工作的弊端进行了系统的分析。文章主张，在经济工作中，行政方法的管理应当缩小到十分必要的范围，而大量的经济工作应当由政府行政行为转为企业经营的范围。企业本身也要尽量缩小纯粹行政方法的管理，扩大依靠经济手段的管理。为了扩大经济组织和经济手段的作用，需要对旧的经济体制进行改革。为了真正按照经济规律办事，要建立起一套适应现代化需要的科学的管理制度和管理方法。

此外，经济理论的拨乱反正还在以下方面取得进展：初步探讨了中国社会主义经济体制的改革，开始认识到中国式的社会主义经济体制的内容应该是所有制结构是多层次的；企业是相对独立的商品生产者；应当利用市场机制和各种经济杠杆的作用。探讨了中国社会主义经济发展中积累与消费的关系，农业、轻工业、重工业的比例关系，等等。

经济领域拨乱反正在实践中的成果，突出的表现是突破"左"的农村政策的尝试。

粉碎"四人帮"后，在揭批"四人帮"和农业学大寨的群众运动中，农业生产有了一定程度的恢复。但由于"两个凡是"方针的影响，农村工作中有许多"左"的政策仍在延续。在拨乱反正的过程中，一些地方负责人开始从本地的实际出发，对农村政策进行大胆调整。其中走在前面的是安徽省和四川省。1977 年 11 月，中共安徽省委制定了《关于当前农村经济政策几个问题的规定》，主要内容是：允许生产队根据农活特点建立不同的生产责任制，尊重生产队的自主权；减轻社队和社员的负担；落实按劳分配政策；允许和鼓励社员经营自留地、家庭副业；开放集市贸易等。其中最受欢迎的一条就是尊重生产队的自主权。从此，安徽省农村工作的拨乱反正加快了步伐。1978 年 2 月，中共四川省委根据本省的实际，制定了《关于目前农村经济政策几个主要问题的规定》，主要内容是：将农民的自留地由占总耕地的 7%扩大到 15%；取消不准农民搞家庭副业和不准农民自销多余产品的禁令；开放集市贸易；实行因地制宜种植农作物的方针；尊重生产队的自主权；支持农民采取包产到组的形式经营土地；鼓励发展多种经营；等等。这些措施有效地调动了农民的生产积极性，使四川省的农业形势迅速好转。

1978 年夏秋之际，安徽省遇到百年罕见的大旱，秋种难以进行。面对严重灾情，安徽省委决定将凡是集体无法耕种的土地，借给社员耕种，谁种谁收，国家不征收公粮，不派统购任务。这一决定立即激发起农民的抗灾积极性，全省迅速完成了当年的秋种计划。在实行借地度荒的过程中，安徽肥西县山南公社的部分社队干部和农民群众仿照 20 世纪 60 年代初实行的“责任田”，索性再度搞起了包产到户。这一消息不胫而走，引起了一些干部的震惊，担心再次背上“复辟资本主义”的罪名。针对这种担心，10 月 11 日，时任中共安徽省委第一书记万里在省委会议上鼓励大家：“坚持实践是检验真理的唯一标准，省委没有决定的，只要符合客观情况就去办，将来省委追认。”根据万里的意见，安徽省委没有像过去那样对包产到户马上禁止，也没有匆忙做出结论。这使肥西县的包产到户的做法受到保护，也鼓励了省内其他地区开始进行改变生产管理方式的尝试。此后，凤阳县梨园公社小岗生产队又悄悄地把耕地全部分到农户，允许各家在完成上交国家、集体的任务后，所得收入全部归己。这种包干到户的做法，彻底地改变了人民公社统一经营、统一核算、统一分配的生产经营管理体制。这一年，安徽省不但平稳地度过灾荒，而且一部分地区还获得较好收成。

在农业合作化以来的 20 多年中，农民群众创造的包产到组、包产到户和包干到户这些经营形式曾经几起几伏。但是这些形式适应现阶段农村生产力的发展状况，因而深受广大农民的欢迎，具有顽强的生命力。这一次再度出现，既是这种顽强生命力的体现，又是突破“左”的农村政策的大胆尝试。

经济领域拨乱反正的不断深入，对“四人帮”在经济理论上制造的谬论进行批驳，运用马克思主义的观点，实事求是地对新中国成立以来经济建设历史进行系统的反思，其所取得的成果，为即将展开党的十一届三中全会实现中国发展道路的历史性转折，提供了重要的经济理论和政策的支持。

（二）党的十一届三中全会是国民经济发展道路历史性转折的契机

经济理论上的拨乱反正，是经济发展道路历史性转折的先导。1978年12月召开的党的十一届三中全会，标志着国民经济发展道路历史性转折的开始。

党的十一届三中全会决定全面纠正“文化大革命”及其以前的“左”的错误，坚决批判了“两个凡是”的错误方针，充分肯定了必须完整、准确地掌握毛泽东思想的科学体系。会议高度评价了关于真理标准问题的讨论，认为这对于促进全党同志和全国人民解放思想，端正思想路线，具有深远的历史意义。一个党，一个国家，一个民族，如果一切从本本出发，思想僵化，那它就不能前进，它的生机就停止了，就要亡党亡国。会议确定了解放思想，开动脑筋，实事求是，团结一致向前看的指导方针。在这一方针的指引下，确立了正确的政治路线、思想路线和组织路线。这次会议是中国共产党的指导思想回到马克思列宁主义正确轨道的开始，是中国共产党和国家各个方面工作发生历史性转折的开端。在此基础上，会议解决了与中国社会主义经济建设有关的一系列重大问题。

关于把工作的重心转移到经济建设上来。早在新中国成立前夕，毛泽东在党的七届二中全会上就明确提出，从现在起，党的工作重心由农村转移到了城市，城市工作的中心任务是恢复和发展经济。这是中国共产党顺应中国将由革命战争时期转变到经济文化建设新时期的客观要求，首次提出工作重心的转移。在基本完成生产资料所有制的社会主义改造后，中国共产党第八次全国代表大会，准确分析了社会主义经济制度基本建立后国内主要矛盾，明确了党和全国人民的重要任务是集中力量发展生产力，再次提出了工作重心转移到经济建设上来的方针。由于我们对于社会主义建设缺乏经验，工作指导上发生了一些缺点和错误，特别是“文化大革命”时期林彪、江青反革命集团的破坏，妨碍了党的工作重心转变的完成。实践证明，保持必要的社会政治安定，按照客观经济规律办事，中国的国民经济就高速度地、稳定地向前发展，反之，国民经济就发展缓慢甚至停滞倒退。党的十一届三中全会果断地结束全国范围内揭批林彪、“四人帮”集团的大规模政治运动，停止使用以“阶级斗争为纲”的口号。决定从1979年起，把全党工作重点和全国人民的注意力转移到社会主义现代化建设上来，团结全国人民，齐心协力，为早日实现中国的四个现代化而奋斗。

关于经济体制的改革。这次会议初步总结了新中国成立以来经济建设的经验教训，提出，新中国成立以来的实践证明，实现四个现代化，要求大幅度地提高生产力，也就必然要求多方面地改变同生产力发展不适应的生产关系和上层建筑，改变一切不适应的管理方式、活动方式和思想方式，因而是一场广泛、深刻的革命。在恢复和坚持了长时期行之有效的各项经济政策的基础上，还要根据新的历史条件和实践经验，采取一系列新的重大的经济措施，对经济管理体制和经营管理方法着手认真地改革。指出现在我国经济管理体制的一个严重缺点是权力过于集中，应该有领导地大胆下放，让地方和工农业企业在国家统一计划的指导下有更多的经营管理自主权；应该着手大力精简各级经济行政机构，把它们的大部分职权转交给企业性的专业公司或联合公司；应该坚决实行按经济规律办事，重视价值规律的作用，注意把思想政治工作和经济手段结合起来，充分调动干部和劳动者的生产积极性；应该在党的一元化领导之下，认真解决党政企不分、以党代政、以政代企的现象，实行分级分工分人负责，加强管理机构和管理人员的权限和责任，减少会议公文，提高工作效率，认真实行考核、奖惩、升降等制度。采取这些措施，才能充分发挥中央部门、地方、企业和劳动者个人四个方面的主动性、积极性、创造性，使社会主义经济的各个部门、各个环节普遍地蓬蓬勃勃地发展起来。

关于国民经济的调整。这次会议分析了国民经济发展中存在的一系列问题，初步提出了调整的任务和措施。会议指出，当前国民经济中一些重大的比例失调状况没有完全改变过来，生产、建设、流通、分配中的一些混乱现象没有完全消除，城乡人民生活中多年积累下来的一系列问题必须妥善解决。必须在今后几年中认真地逐步地解决这些问题，切实做到综合平衡，以便为迅速发展奠定稳固的基础。基本建设必须积极而又量力地循序进行，要集中力量打歼灭战，不可一拥而上，造成窝工和浪费。要在生产迅速发展的基础上显著地改善人民生活，这是全国人民最为关心的大事。

关于对外开放。会议提出，必须在自力更生的基础上积极发展同世界各国平等互利的经济合作，努力采用世界先进技术和先进设备。

这次会议深入讨论了加快农业发展的问题。全会认为，全党目前必须集中主要精力把农业尽快搞上去，因为农业这个国民经济的基础，这些年来受了严重的破坏，目前就整体来说还十分薄弱。只有大力恢复和加快发展农业生产，坚决地、完整地执行农林牧副渔并举和“以粮为纲，全面发展，因地制宜，适当集中”的方针，逐步实现农业现代化，才能保证整个国民经济的迅速发展，才能不断提高全国人民的生活水平。因此，必须首先调动我国几亿农民的社会主义积极性，必须在经济上充分关心他们的物质利益，在政治上切实保障他们的民主权利。从这个指导思想出发，全会提出了当前发展农业生产的一系列政策措施和经济措施，其中最重要的是：人民公社、生产大队和生产队的所有权和自主权必须受到国家法律的切实保护；不允许无偿调用和占有生产队的劳力、资金、产品和物资；公社各级经济组织必须认真执行按劳分配的社会主义原则，按照劳动的数量和质量计算报酬，克服平均主义；社员自留地、家庭副业和集市贸易是社会主义经济的必要补充部分，任何人不得乱加干涉；人民公社要坚决实行三级所有、队为基础的制度，稳定不变；人民公社各级组织都要坚决实行民主管理、干部选举、账目公开。会议认为，在今后一个较长时间内，全国粮食征购指标继续稳定在 1971 年到 1975 年“一定五年”的基础上不变，绝对不许购过头粮。为了缩小工农业产品交换的差价，全会建议国务院做出决定，粮食统购价格从 1979 年夏粮上市的时候起提高 20%，超购部分在这个基础上再加价 50%；棉花、油料、糖料、畜产品、水产品、林产品等农副产品的收购价格也要分别情况，逐步作相应的提高。农业机械、化肥、农药、农用塑料等农用工业品的出厂价格和销售价格，在降低成本的基础上，在 1979 年和 1980 年降低

10%到15%，把降低成本的好处基本上给农民；等等。

党的十一届三中全会是纠正“左”的错误，探索中国特色的社会主义道路的新的起点。尽管当时对中国经济建设中许多问题的认识和采取的措施还是初步的，但树立了解放思想、实事求是的思想路线和以经济建设为中心的政治路线，就保证了中国的经济向着健康的道路继续前进。党的十一届三中全会成为国民经济发展道路历史性转折的开端。

结 束 语

中国共产党领导中国人民进行新民主主义革命和社会主义革命的目的，就是为了改造旧中国的社会经济制度，建立起有利于生产力发展的新制度，领导中国人民进行现代化建设，实现民族独立、国家强盛、经济发展、人民幸福，并不断缩小与发达国家的差距，使中华民族重新屹立于世界之林。在领导中国人民进行伟大的民主革命的过程中，中国共产党把马克思主义的基本原理与中国具体实际相结合，制定了新民主主义革命的路线，创立了新民主主义经济理论，并在此指导下，取得了全国革命的胜利，建立了新中国。在新中国成立之初的3年中，全面贯彻新民主主义经济纲领，使国民经济得到了奇迹般的恢复。在获得巨大政治优势和国营经济控制了国民经济命脉的有利条件后，在短短4年时间里便完成了生产资料所有制的社会主义改造，建立起苏联式的社会主义经济体制，展开了以重工业为重点的大规模经济建设。在完成社会主义改造后和进行第一个五年计划的建设中，以单一公有制和计划经济为特征的经济体制、优先发展重工业的经济发展战略的弊端就已经初步暴露。从20世纪50年代中期开始，中国共产党人就提出了探索中国自己的社会主义道路的任务，并在不断总结在经济建设中的经验教训中，取得了适合或比较适合国情、有利于促进生产力发展的宝贵的认识。其中包括，要及时完成工作重心的转移，以经济建设为中心，大力发展生产力；在我国现阶段，在公有制占主体的同时，还要允许个体经济、私营经济的存在，在实现农业集体化后还要适当地保留一部分农民家庭经营的小自由；实行经济计划的同时，还要一定程度上允许市场发挥作用；要正确处理中央与地方、国家与企业的关系；既要抓住时机加快经济的发展，又要量力而行，循序渐进，处理好多快与好省的关系；处理好农业、轻工业、重工业，国防建设与经济建设，积累和消费，国家建设和改善人民生活等国民经济重大比例关系；合理进行生产力的区域布局；要学习国外，包括资本主义国家的先进技术与管理经验，在坚持自力更生的基础上，加强对外交流与合作；等等。但这些认识在党内还不统一、不巩固，还没有完全突破传统社会主义的体制框架而形成中国社会主义经济新的发展道路。因而在“左”的思想的干扰下，对中国社会主义建设道路的探索曲曲折折，有时甚至发生逆转，出现了“大跃进”和“文化大革命”的严重失误，国民经济遭受巨大损失，人民生活长期得不到改善，并落后于世界的发展潮流。“文化大革命”结束后，经过拨乱反正，批判“两个凡是”，开展真理标准问题的讨论，形成了思想解放的大潮，中国共产党和全国人民通过总结社会主义经济建设经验教训，形成了寻求社会主义经济建设新道路的共识。党的十一届三中全会凝聚了这种共识，重新确立了党的马克思主义的思想路线、政治路线、组织路线。在经济建设方面，会议决定把以经济建设为中心的社会主义现代化建设，作为中国共产党工作的重点，提出了对经济体制改革和对外开放的任务。这标志着中国共产党人在新的时代条件下的伟大觉醒，显示了党顺应时代潮流和人民愿望，开辟建设社会主义经济新的道路的坚强决心，一个以改革开放和社会主义经济现代化建设为主要内容的历史新时期开始了。

后　　记

本书从治国理政的角度，简要回顾了 1949 年至 1978 年中国共产党领导中国人民进行社会主义经济建设的历程。其间，中国共产党领导中国人民完成了民主革命的遗留任务和社会主义革命，建立了社会主义经济制度，经济建设取得了巨大的成就，建立起独立的比较完整的工业体系，发展了国防尖端技术，为此后的经济建设奠定了重要的物质基础。同时，由于指导思想的错误，也出现了“大跃进”和“文化大革命”时期的经济工作的重大失误，造成经济建设的巨大损失。历史的经验证明，要把中国这样一个落后的农业大国建设成为社会主义的经济强国，必须把马克思主义基本原理与中国具体实际相结合，走一条中国特色的社会主义道路。而总结中国共产党经济工作的经验与教训，深刻认识国情，揭示中国经济发展规律，则是探索中国特色社会主义经济建设道路的必经之路，也是笔者写作的目的。新中国成立后，中国共产党治国理政包括政治、经济、社会、文化、外交、军事国防等各个方面，各个方面相互联系、相互影响，本书在内容上，对这种联系和影响反映得还不够，希望读者给予批评指正。